1990年代，東北タイ地域社会は大きく変わった。
家族の絆，働き方，地域社会の構造，NGO・NPOによる地域開発，市民社会形成の議論を見ていくことで，
タイの地域社会はグローバルな経済変動や中央集権的政治に翻弄されるだけではなく，
新しい自己理解や社会像をも生み出していることが理解されるだろう。

Social Development and Cultural Change in Northeast Thailand

北海道大学大学院文学研究科
研究叢書

東北タイの開発と文化再編

櫻井義秀

北海道大学図書刊行会

研究叢書刊行にあたって

北海道大学大学院文学研究科は、その組織の中でおこなわれている、極めて多岐にわたる研究の成果を、より広範囲に公表することを義務と判断し、ここに研究叢書を刊行することとした。

平成十四年三月

目次

第Ⅳ部　地域開発におけるNGO・NPOの役割

第Ⅰ部　地域社会変動と文化再編

上：ノーンクーン村につづく道
下：2004年に再訪した村で近況を語り合う筆者と村の人たち

第一章　調査研究の課題と方法

第一節　東北タイとの関わり

「東北タイ(isaan)」という言葉には懐かしい響きがある。「東北タイ」のイメージは一昔前の「日本の東北」に不思議に重なり合う。自然の厳しさ、生活の厳しさ。機会を求めて都会に出て行く若者。バンコクで聞かれる彼らの言葉のなまり。頑健な体、朴訥でねばり強いといった東北人らしさもよく似ている。政治経済の中心と周辺という社会的位置関係が地域性を生み出す。

私が東北地方(山形県)出身ということもあり、東北タイという土地柄、人柄を形容する紋切り型の言葉に笑ってしまうことが多々ある。しかし、私もそのようなイメージによって東北タイに足を踏み入れた者の一人であった。

私が東北タイを初めて訪れたのは一九八八年の夏である。学生時代から、東北タイの中学進学者に奨学金給付(一年で一万円)を行うNGOに入っていた。ようやく職を得たので、そのプロジェクトが実施される地域を実際に自分の目で見てみたいと思い、現地スタッフに受け入れを依頼した。格安航空券でバンコクに着き、タイの上野駅とでもいうべきバンコク中央駅(hualamphong)から寝台列車でウドーンターニーに向かった。ウドーンターニーの現地事務所からワーカーに案内してもらい、ソンテーオ(乗り合いトラック)で水たまりをよけながらラテライトの赤土道を二時間、そして道がさらに悪くなりバイクの荷台に座って一時間乗り継ぎ、ようやく青々とした水田に囲まれた聚落に到着した。奨学金給付を手伝う中学教師の家に泊めてもらい、ワーカーの英語通訳の助けを借りて、村の事情を聞いた。その村では一名だけ給付対象であった。私の資金を受けて中学に通っている女子中学生の家にも行った。小さな畑と出面賃だけで生計を立てる農家であり、下にも弟妹がいた。中学卒業後働くつもりだという。

その晩は宿泊先にほかの小学生の親たちが数名来た。親たちは、奨学金があれば子供を中学に進学させられるが、なければ、家で農業を手伝わせるか、バンコクに働きに出すしかない、うちの子供にも給付を、と訴えた。最も貧しいという理由で給付を受けている家と、その次に貧しい家との差は誤差のようなものである。同じような経済水準の家が十数軒あり、先生方は子供の成績と家庭事情を勘案して給付先を決めていたが、親たちの不満が出てきたという。子供は子供なりに不公平と受け取っただろう。私は自分の金が確かに役立っているのを確認し、感謝もされたのだが、このプロジェクトの重苦しさを感じた。私はこの子ども一人の中学生の分を終えてからそのNGOをやめた。私が開発援助という行為を考えた最初であった。

その後、ともかく農村の実情を知ろうということで農村社会の調査を行い、次いで、村から出稼ぎに行くバンコク郊外の工場労働者の調査に移っていった。

一九九五年三月、私はバンコクの在タイ日系鉛筆製造工場において、労働と生活構造の聞き取り調査を行った。しかし、最後に自由回答をしてもらうと、どうにも要領を得なかった。「将来、何か具体的な目標を持っているか。どのような生活設計、人生設計を考えているか」という質問である。二〇歳前後とはいえ、自分で生活の糧を得ている若者たちである。モラトリアムをたっぷり与えられた先進国の若者とは違うはず。二、三年先の近い将来でもいいし、一〇年後の展望でもいい、何か自分の希望、夢を聞かせてもらいたいと私は思っていたのである。

ところが、「将来」という時間の幅を簡単に理解してもらえなかった。何年先と時間の幅を具体的に指定して、しかも、その内容は、例えばということで私が話した家庭を持つとか、家を持つとか、いかにもありそうな事柄を選択してもらうことが多かった。

この質問を十数人に繰り返しているうちに、質問を設定し、それを今問うている自分に呆れてきた。将来への洞察力を欠いていたのは、ほかならぬ観察者の私であった。将来への夢はもちろん誰にでもあるし、夢としてならどのような夢でも描ける。しかし、自分が将来どのようにしたいかという主観的願望と、自分がどのような境遇に置かれているのかという認識を突き合わせることなしに、将来を構想することはできない。

この工場でいえば、労働者に期待されていることは限られた熟練であり、職場での昇進や昇給を容易に期待させない学歴や職制の壁がある。一般工員の給与水準では、共働きをしても家や車を揃えていくことは難しいだろう。耐久消費財の価格は日本とほぼ同額であるし、地代は日本の地方都市よりもバンコクの方が高い。しかし、彼らの給与はアセアン諸国の水準にとどめられている。さらにいえば、ほとんどの工員が農村部に仕送りしている。彼らには、農村では考えられぬほどの現金収入を得てもなお、消費生活を享受する域には容易に到達できない現実がある。

日本では、明治以降の近代化、戦後の高度経済成長の過程で、次の世代は前の世代より確実に豊かになり、しかも、個人の努力次第で人生はどのようにも切り開けるという信念が生まれた。近年の低成長や社会的閉塞感から、必ずしも日本の若者が将来に夢や希望を抱けない状況が出てきたといっても、依然として一九八〇年代から、日本では職業や趣味を通した自己実現、生きがいが求められている。「将来を構想しながらすごす」ことが規範化され、また可能であった特異な世代、社会に私は属していたのである。

私は調査者としてタイに乗り込んでいったが、まず調査されるべきは私の認識と経験の構造及びその構造化の機序であることに気づいた。私は無色透明の観察者ではない。私は観察、分析、考察することで、ある種の事柄に関する事実認識を作り上げる。しかし、自身の概念の意味、言葉の奥行きを彼らのそれと比較、吟味することなしに、私の言葉、認識の枠組みを用いてタイ社会で生活する人々のリアリティを拾い上げられる保証はない。

このようなことを考えるうちに、私の調査対象は、タイ地域社会の現実というよりも、その社会的事実を認識し、構想する地域住民や、地域住民に働きかけるNGO・NPOの言説や活動に変わっていった。タイ社会を数十年捉えてきた「開発」の政治経済、文化に関心が移ってきたのである。

二〇〇二年一月、私はタイ東北部のナコンパノムで開催された第八回国際タイセミナーに出席し、「東北タイの地域開発とNGOの役割」と題する発表を行った。この時、自分は周回遅れのランナーの気分だった。農村開発の発表は私だけ。タイ研究の主要なテーマは、グローバリゼーションとタイ経済、消費社会・情報社会におけるサブカルチャーといった先進工業国のものであり、環境保護の課題もそれほど多くはなかったと記憶している。社会学ではポスト・モダンの社会分析が主流であるとも聞いた。社会学は元来が社会変動を捉えるための社会分析の枠組み・方法論であるから、時代の潮目や趨勢に自ずと目が向く。タイの社会学者の認識は、タイが後期資本主義のポスト・モダンの段階へ移行しつつあるということなのであろう。

私はタイ社会には前近代、近代、後期近代の諸相が併存しているのではないかと考えている。もちろん、このような近代という社会の到達目標自体、西欧社会の尺度のおしつけという面がないでもないが、西欧化と同時に、近代化には社会発展の道筋としてある程度の了解事項はあるのではないかと思う。私なりの言葉を使えば、近代とは、個人の自己決定の自由度が増し、それを社会的に保障する制度が確立される時代である。先の例でいえば、教育達成を通して職業や社会的地位の獲得が開かれることであり、そのために子供たちに中等教育が保障され、高等教育の機会も能力に応じて与えられる仕組みを社会が持つことである。また、夫婦共働きで農林水産業に従事し、あるいは労働者として働けば、健康で文化的な生活をおくり、子供に教育を与えられる最低限の生活水準を社会的に保障する政策を政府が行うことである。さらには、民族や宗教、性における少数者の人権に配慮する社会的公正の法的施策が実施される社会ともいえる。

このように考えてみると、日本でもタイでも近代化が十分に達成できたといえない社会的領域がまだまだあるのではないか。むろん、個人の自己決定や自己実現がある程度達成されたがために、自己選択のストレスをセラピー産業で癒したり、自己実現の理念がソフト・ハードの両面で商品化されたりするポスト・モダンの領域もタイ社会にはある。こうした諸問題の解決に、タイの「自然」や「田舎の暮らし」、「仏教的修養」が特効薬になるという考え方が出てきており、ポスト・モダンとプレ・モダンがリンクする現象も起きている。しかしながら、多くの社会においては、社会の課題は近代の制度的達成であろうと思われる。現代タイ社会の動態を、個人の自己決定・自己実現の度合い、及び社会的公正の達成という観点から見ていきたいと考えている。

第二節　分析視角と調査研究の方法

一　社会変動と文化再編の分析視角

本書では東北タイ地域社会の変動を描出し、それに伴って地域住民や地域組織の文化がどのように再編されるのかを明らかにしようとする。しかしながら、地域的限定をするとしても、東北タイという全体社会を扱うわけではない。調査研究の対象となる社会とその変動の局面は極めて限定されたものである。そのような部分社会の動態を調査研究で明らかにし、先行研究や関連分野の調査研究と比較検討しながら、最終的には、東北タイという地域社会と文化の問題を論じようと考えている。初めに、本書で用いる「社会」や「文化」という概念、及び両者の関連について基本的な考え方を述べておきたい。

社会を広義に定義すれば、自然との対比で捉えられる政治経済や文化の諸領域を含む人間社会の営み全てになろうが、社会学では、社会的行為や社会関係が集積した集団組織や地域社会を考察対象にすえる。従って、社会変動の意味することは、集団組織や地域社会の構造上の変動である。集団組織には基礎的な生活欲求を充足する共同体的な基礎集団である家族・親族組織があり、これらの生活共同関係が集積されて聚落社会が形成される。聚落を含み込む全体社会の政治経済システムが変化する中で、地域住民の生活欲求も変化し、聚落内で充足できない社会的欲求を限定的に充足する様々な機能集団に関わるようになる。学校、職場、役所、様々な商業施設といった社会的結節機関に関わりながら、地域住民の生活世界は拡大し、聚落や生業において培われてきた社会観は大きく変化していくことが予想される。しかしながら、生活圏・社会圏の拡大は、資本主義経済システムや国家の行政的管理の浸透をも伴い、地域住民は国の政治や経済の動向に注意し、様々な便益やサービスを得るために現金収入を求めて、都市への出稼ぎはおろか、国を越えて移動することも起きる。学校教育、行政的指導、商業メディアの浸透及び、出稼ぎ労働者の持ち込む異文化により、地域内の文化は自足的な安定の基盤を崩され、支配的な文化圏に適合的な変容を遂げるであろう。それと同時に、地域住民の主体性を取り戻す集合的シンボルとして新たに伝統的な文化に再編されることもあろう。

かなり図式的な説明となったが、このような変動期の部分社会には、家族にせよ、村落にせよ、全体社会の諸勢力が入り込み、生活構造全般を規定するように変わってきた。本書では、農村家族、農業村落という部分社会の基礎集団と、工場組織という職場世界、地域開発NGO・NPOという機能集団の分析が行われるが、どの社会単位一つをとっても全体社会との連関を考察することなしには、社会の動態が捉えられない。逆に見れば、社会単位一つ一つの動態が全体社会と関係するがゆえに、部分社会の動態を分析することで全体社会の趨勢を予測することも可能となる。

次に、文化の問題である。文化は本来、言語や宗教、慣習、生活様式、世界観を包括する広い概念である。しかし、本書では、地域、時代的限定の中で生活者が経験する社会的時間を象徴的に表現する価値及び価値表出の行為を文化という言葉で限定的に用いることにしたい。もちろん、筆者は広義の文化こそ、文化研究の主要な対象であることを認める。言語や宗教のように体系化・制度化したものは構造が相対的に安定しており、また、文化体系独自の発展の論理を持つこともあるだろう。しかし、本書の目的が社会変動の動態を記述することにあり、社会変動の現実をそこに生きる生活者がどのように受け止め、適応していくのかを考えようとしているので、個人の現在の意識と密接な関連を持つ文化様態を考察対象にすえようと考えている。このような文化概念であれば、それは自己認識といったり、個人のアイデンティティと言い換えたり、あるいは集合的には社会意識ということも可能であろう。しかし、自己認識や社会認識を生み出す思考様式の型は単なる意識ではなく、文化として制度化された型に近い。人はそのような型によって社会事象を解釈し、行為の戦略を考えるのである。ただし、筆者は宗教・民族・文化伝統等の個別的・安定的文化要素により構成される文化的パーソナリティ論は採用せず、生態的・歴史社会的な環境要因により構築された慣習的な生活様式、実用的な知識に基礎を置くハビトゥスのような意味で、文化の型を考えている。社会変動期において当該社会を再生産する構造的要素が変化していけば、それに適応するために文化の型も変化しうる。また、自己や社会のアイデンティティを維持する戦略として、生活者は文化の型を積極的に組み替えていくのである。

本書が操作的に用いる文化再編という事象には二つの含意があり、一つは、社会変動の影響により、そのような文化様式という型が変容を余儀なくされるという局面と、もう一つは、生活者が積極的に変化に対応する中で文化様式を組み替えていく運動的局面である。前者は、農村世界から都市、労働者の世界へ移動した人々の文化変容という問題として論じられよう。後者は知識人やNGO・NPO活動家が新しい開発理念を提唱しながら、地域文化の復興運動を推進する中で生じている社会現象であり、本書の後半で述べられる。

二　調査研究の方法

調査研究の成果を考える際に、著者の論文を熟読することは当然として、著者の調査余話を直接聞いたり、実際その人がどのようなやり方で調査をしたのかを第三者から聞いたりすることで、論文の行間が読めてくることがある。国内の地域研究であれば、実際その地に足を運ばなくとも、自分の調査経験から、おおよそどのような調査方法でやったのか推測することはそう難しくはない。しかし、海外の地域研究では、なぜ、そこで調査を実施したのかという問題意識は分かっても、調査が可能であった諸条件を知ることが難しい。それはその地域社会へ読者の想像力がなかなか及ばないことと、調査者が調査地の「事実的事柄」と「知見」のみ公表し、特別な場合（調査法研究の指導書等）を除いて、調査のコンテキストを語らないことから来る。しかし、同学や後進の研究者にとって、具体的にどのような手順で調査を進めていったのかは、調査データや知見以上に重要な情報である。

現在、社会学における社会調査の議論は、大量観察データの社会統計分析よりも、社会調査のコンテキストに移っている。調査者と被調査者の間に発生する権力の問題、データの信頼性の問題、調査という社会的実践の意味を問う問題など多方面に及んでいる。二〇〇一年、第七四回日本社会学会のシンポジウムでは「社会調査の困難」が論じられた［日本社会学会二〇〇三］。これらの諸点に対して本書でも留意しながら、調査のコンテキストを予め語っておくことは、本書の調査データの信頼性、筆者の知見の妥当性を評価するうえで、読者に有用であろうと思われる。

まず、調査の準備期間としての長期滞在、調査費用の助成を得た財団等からの費目をあげ、次いで、本書に関わる調査研究の実施期間、調査要領等を説明したい。

タイ長期滞在期間

①一九九〇年八月～九一年三月　チュラロンコン大学社会調査研究所客員研究員

②一九九七年三月～九七年一二月　マハーサラカーム大学東北タイ文化研究所客員研究員

海外の地域研究を行うには、語学と予備知識のしこみが不可欠である。しかし、筆者はNGO活動から突如タイの地域研究を思い立ったので、学部や大学院でタイ研究の訓練を受けていない。そこで、オン・ザ・ジョブ・トレーニングの方式で、調査研究をしながら基礎的力もつけていくというやり方にしたが、タイでの長期滞在に二度恵まれたことは幸いだった。

最初は、筆者の前職である北星学園女子短期大学在職中に私費研修で出かけたものである。前年度、東北タイ地域開発NGOのスタディ・ツアーに参加した際、チュラロンコン大学のスリチャイ・ワンゲーオ準教授の知遇を得て、受け入れ教官になってもらった。ほぼ四カ月間のタイ語研修と二カ月間の農村調査に充当した。

二度目は、バンコク等の都市圏の大学ではフィールドとの距離がありすぎると思い、地方大学に拠点を移したものである。研究協力をしてくれる人物を求めて、一九九五年に東北タイのウボンラーチャターニー教育大学、マハーサラカーム大学、ウドーンターニー教育大学の各大学の研究者を訪問した。マハーサラカーム大学では予定していた研究者に会えなかったが、偶然入った東北タイ文化研究所でワナサックピジッター・ブンスーム氏と出会い、知遇を得て、受け入れ研究員の依頼を行う。一〇カ月間、この大学を拠点に東北タイの各地を回ることができた。

研究費等の助成状況

下記①から⑦まで、全て筆者が研究代表者である。

①一九八八年　文部省科学研究費　奨励A「東南アジアにおける祖霊観念と祭祀構造の研究」

②一九九二年　文部省科学研究費　奨励Ａ「タイ国農業村落社会の変動に伴う互酬的家族規範の変容過程に関する研究」
③一九九三年　庭野平和財団研究助成「東南アジアにおける開発と宗教観念の関連をめぐる研究」
④一九九四年　杉野目財団研究助成「東北タイ農村の近代化と文化変容をめぐる研究」
⑤一九九五年　稲盛財団研究助成「東北タイにおける資本主義化過程と労働者の主体形成」
⑥一九九六年　庭野平和財団研究助成「自力更正的開発と文化伝統——開発僧の事例を中心に——」
⑦一九九七年　松下国際財団研究助成「開発言説と対抗的文化運動——政府・ＮＧＯ・民衆の実践——」
⑧二〇〇〇〜〇二年　日本学術振興会科学研究費　基盤研究Ｂ(2)(海外調査)「東北タイの地域発展と市民社会形成」

海外での調査研究には渡航費用、滞在費用、調査経費が必要である。所属の教育・研究機関から研究費を支給されない大学院生や若手研究者は、研究助成なしに海外での研究は困難である。しかし、研究助成は概して研究成果が見込めそうな体裁の整った計画書、計画遂行力を示す業績に裏打ちされたものになされることが多い。このような計画を作る力量を身につけるためにこそ、調査研究を重ねなくてはならないのであるが、その時期に研究資金を欠くことが多い。筆者がタイ渡航費用を研究助成で捻出できるようになったのが、③からである。この当時、文部省の科学研究費で海外渡航はできなかった。その後、複数の民間財団から助成を受けたが、当時の筆者の調査能力からすると幸運であったし、大いに勇気づけられた。

本書の調査研究期間

本書に関わる調査は、下記の期間に実施された。

①農業村落調査　一九九一年一〜三月にかけて二カ月間の村落住み込み。九一〜九二年にかけての二回計三

週間の本調査と補足調査。その後、ほぼ隔年ごとに往訪。

②日系企業調査　一九九三〜九八年にかけて数回の往訪。本調査は一九九五年二週間。

③タイＮＧＯ調査　一九九五〜九八年にかけて数回の往訪。一団体につき、一、二回ずつの聞き取りとイベントの参加等。

④日本ＮＰＯ調査　一九九九〜二〇〇四年にかけて毎年の往訪。一回につき、二、三日程度。

⑤タイ社会論文献資料調査　一九九〇年から現在まで調査や学会・研究会参加、ＮＰＯ活動等の様々なタイ訪問の際に、書籍を書店で購入、図書館等で閲覧・複写を行う。

複数の調査の実施期間が重なっているが、筆者の調査研究は二、三のテーマを同時進行で行うことにしている。調査研究は、身元引受人(大学での受け入れ教員)への依頼、調査の許可(上記①から④までの調査は、タイ学術研究会議(National Research Council of Thailand)から調査許可を得ている)、対象地の関係者(出先機関として副郡長等への挨拶、大学関係者、村長、受け入れ世帯等)との関係いかんで調査の条件が整ったり、全くできなかったりする。また、調査してみても、集めたデータの量や質、及び研究者の力量から先行研究に付け加えるべき知見を出せずに終わる場合も少なくない。単独テーマで一定期間調査して成果を上げられないのでは、研究助成を受けた意味がないし、大学における業績評価に耐えられない。そのような理由で、複数の研究テーマでリスクを回避するやり方をとっている。

調査の留意点

㈠調査のコンテキスト

調査者と被調査者との社会関係はデータの質に影響する。それは避けられないが、バイアスとみなされるべきではない。何らかのきっかけがなければ調査は開始されないし、調査のためにはどんな人的つながりも活用するべきであろう。筆者の場合、ほとんどの調査が個人的なつながりできっかけをつかんだものである。農村調査においては、最初のNGO活動で知遇を得た中学教師の自宅に二カ月間置いてもらった。村落の草分けで富農であったその一族の信用を借りながら、様々なイベントに参加して村人に顔を覚えてもらった。本調査はその後、短期的に二回行っている。

工場調査では、タイの最初の長期滞在期間に、語学学校で知り合った日系企業の工場長のはからいで、その工場で調査が可能になった。本調査を挟んで数年間、毎年、工場長、日本人技術者の方と交流しながら話を伺った。

タイNGOの調査は、マハーサラカーム大学東北タイ文化研究所の研究員の信用と大学の看板で調査を申し込み、その後数回、個人的に話を聞きに行った。

日本のNPOは筆者自身が理事(現在は代表)をしていたので、活動の表裏含めて相当の知識を持っていた。しかし、逆に、メンバーの労務管理的問題については公表できないデータの方が多いことも事実であり、一長一短がある。

(二)調査者のパースペクティブ

調査のフレーム(分析枠組み)によって見えてくるものと見すごすものが出てくる。しかし、タイ地域調査を初めて行った筆者には、全ての経験が新しいものであり、それらを整理するフレームも長らく持てなかった。最初の調査では調査地の中に入るだけであり、帰国して頭を冷やしてから、フレームを考え、再調査、補足調査を行った。フレームがないために見えないものも多かったかもしれないが、必要ないと切り捨てたものも少なかったはずである。

先に書いたパースペクティブ(分析視角)は現在のものであり、当時はデータと経験の海を泳いでいたにすぎない。

㈢社会調査の能力と対応

調査能力は調査経験と研究の進展に伴い増していくものであるが、人により力量に相当の差がある。それがデータの質、解釈に大きく関わってくる。筆者の場合、タイ語あるいはラーオ語の語学力がタイ・プロパーの研究者に比べて明らかに低い。それを補うために、直接の聞き取りよりも調査票調査を重視した。その方が定型的な質問をタイ語ででき、確実にデータをとれると考えたからであり、自由回答の内容は調査補助者にテープ起こしをしてもらい、後に辞書をひきながら訳していった。調査補助者は、中学教師の友人であったり、研究所で雇用したアルバイトであったりした。

㈣調査の還元と知見の公表

外国人の研究者はデータだけとって帰る、タイ社会に何を還元したのか。こういう問いをスリチャイ先生には随分と聞かされたが、日本でも近年社会調査を行う場合は、被調査者からの問いに応答することが迫られている。筆者は、英語で発表した論文等は図書館へ寄贈し、知り合いの研究者に手渡すなど行っているが、タイ語の論文がないために、直接被調査者に読める形での還元はまだ行っていない。NGOやNPO活動は、研究とは別の形でタイ社会との接点を持ち続けたいということで行っているにすぎず、社会調査の還元に関しては宿題が多い。

社会調査と知見の公表に関わる諸問題は、オリエンタリズムの問題ともからめて、本書のV部、タイの共同体文化論と市民社会論で論じているので参照して頂きたい。

第三節　本書の構成

本書は、5部から構成される。

I部では東北タイ地域社会の変動と文化再編を考察するにあたって参照すべき先行研究のレビューを行い、次いで、東北タイにおける開発の社会史を概観している。一九六〇～八〇年代にかけて東北タイ農村社会に関わる研究では、京都大学の人類学者たちに主導されたドンデーン村研究プロジェクトに代表される人類学・生態学的な農村コミュニティの構造分析が主流であった。家族・親族の構造、政治的社会関係、農業と生活構造、宗教文化等、社会構造と社会関係、慣習・文化の全てが分析され、村落が小宇宙的コミュニティとして描かれている。一九八〇～九〇年代には、社会学の本格的な農村社会変動の調査が関西の社会学者を中心に行われたが、研究の視点は農村社会の階層分解にあった。農業経営の変化と市場経済の村落への浸透がどのように農民の階層分解を伴い、土地なし農民や労働者を生み出していくのかが調査された。この時期には農村の地域開発に関わる研究もなされた。しかし、東北タイ農村社会は、市場経済に巻き込まれただけではなく、タイの開発の政治にも巻き込まれていく。東北タイを理解するための序説として、この側面を開発主義の社会史で概観している。

Ⅱ部では、農業経営や社会的互助慣行が変化する中で、農村家族や彼らの生活文化、宗教活動・意識がどのように変化しているのかが描かれる。実際に結い等の労働交換はもはやほとんど行われていない。子供たちも出稼ぎに行って農村に経済的基盤を持たない現在、生活の互助は日常生活と宗教行事に見られるのみである。共に働き共に食べるという相互扶助の精神はもはや村の精神とはいえず、農地を分与するから年老いた親の扶養を要求するという倫理的規範も経済合理性を失ったイデオロギー的な拘束に見えてしまう。そうした中で、精霊崇拝と上座仏教の慣習的行為がどのように変化していくのかを描き出そうと努めた。

Ⅲ部は、農村から出稼ぎや移住で都会に出てきた若者たちが、労働者としての身体と意識を鍛え上げていく過程を工場労働者の生活構造と労働の分析から考察している。彼らは定型的な作業にも熟練を要することを知り、技術の習得に意欲を持つ者もいる。しかし、給与と待遇が期待するほど上がらず、自立するという将来的展望も描けないことから長続きせず、別の機会を求めて転職していく。それは従来、ジョブ・ホッピングや機会主義と称されるアジア型労働意識として文化論的に論じられてきたが、本書では、日本とタイ側の労使関係、職場組織の編成の中で構造化された労働者の戦略的行為であることを明らかにした。
日本型経営と呼ばれるものも日本的な精神構造が固有のものとしてあるのではなく、大規模基幹産業の特定の労使関係、職場組織、労働慣行の中で一定期間実体化した労働のパターンにすぎない。そうした労働のパターンだけを、アジアの工業特区において未熟練労働者や一部の技術者に要求しても無理があることを本調査は示唆している。

Ⅳ部は、地域開発の主体と考えられる三つのアクター、すなわち、地域住民、行政、地域開発NGO・NPOのうち、NGO・NPOの分析に当てられる。換金作物生産や新しい農業技術よりも複合農業や自然農法、適正技術を用いて、自足的・自律的農業経営や村落の住民組織形成を目指す地域開発NGO・NPOが少なくない。そうした団体で事例研究を行いながら、地域開発NGO・NPOが直面する問題や課題を明らかにしようというのがこの調査の目的である。一九八〇〜九〇年代のタイ社会では、共同体文化論、市民社会論の中で、このような地域開発、社会形成の運動主体としてNGO・NPOの役割が強調された。

筆者の独自の視点は、NGO・NPOの組織運営・経営の問題が市民社会形成の問題とリンクするという点にある。つまり、地域開発NGO・NPOが自足・自律的生活を理想に掲げるのであれば、海外の大型NGOの傘下型組織という状態を脱し、自前で事業体の組織活動を行い、広くタイ市民に様々な活動への参加を呼びかけることで参画型の社会活動が一地域を越えて実現する。それがタイ社会で論議される具体的な市民社会形成の試みにつながるのではないかという視点である。

事例分析では、タイの地域開発NGO・NPOとして三団体の事例と日本主体の教育支援型NPO一団体の活動を取り上げる。完全に自足的・自律的組織運営に至った活動事例は得られなかったが、そうした目標への模索と戦略の構築に見るべきものが多い。他方、旧来型の傘下型NGOは資本投下に見合う成果を上げていなかった。日本語教育NPOの活動には、一九九〇年代の日本における文化の問題と日本語政策の問題が関連している。この部分のみ、日本社会の分析が入り込んでいるが、タイと日本の文化交流を考える際、日本社会の分析は不可欠である。

Ⅴ部の論考は、タイの共同体文化論、市民社会論の批判的検討である。前者はチャティップ・ナートスパー、後者は北原淳の研究によりながら、タイの現代社会論の展開を、タイ社会変動という大きな構図の中に位置づけようとしている。ⅡからⅣ部までは調査を行った実証研究であったが、Ⅴ部のみ、文献資料をもとに筆者のタイ社会を理解する視角の議論を展開している。論点は、タイ人の自己理解、社会認識に対して、外国人がアカデミズムの立場でタイを他者、対象として認識した事実的事柄をどのような形で提示すればよいのかという問題である。

人文・社会科学の研究には、研究対象への直接的な社会的還元よりも文化の蓄積に貢献することで、広く社会形成の一翼を担うという意識がある。しかし、調査研究がそのまま文化的蓄積になったと信じられる時代は終わった。自画像(自己認識や自社会への理念)を反転させた形でなされる他者認識を調査行為、研究として正当化し、相手に強要していないか、研究者がゆがめられた歴史や社会像を構築することに貢献してはいないか、ふだんの自省が求められている。しかも、文化がアイデンティティ・ポリティックスの象徴的資本となるに至って、社会や文化を記述することが政治的問題に発展する可能性を常に秘めている。こうした問題に関わる論考を最後に置くことで、調査研究という社会的実践に対する筆者の認識を最後に示したいと考えている。

第二章　社会変動と地域開発

本章では、本書が研究課題とした農村社会の変動、農民の労働者化に関わる先行研究を検討する。タイの農村社会研究にはそれなりの蓄積があり、筆者が付け加える資料的事実や論点は部分的なものである。しかし、その部分が全体の研究史においてどのような意味があるのかを考えるために、専門家には自明なことも含めてタイ地域社会に不案内な読者にも理解しやすいように説明してみた。

次いで、調査対象地域である東北タイの社会史を概括的に説明した。東北タイには貧困というイメージがリンクされているが、それはサリット政権以来の開発主義（経済・政治的実践と文化的啓蒙）の効果である。現在は、衣食住には事欠かずとも、現金収入が少ないために消費社会を享受し、子供に教育投資を十分できないということから貧しさを地域住民が否が応でも認識するようになってきた。二節では具体的な村落社会を記述する予定であるが、村落外の開発主義の主体を理解しやすくするために、行政とＮＧＯ・ＮＰＯの二つのアクターが地域開発にどのように関わってきたかを説明してみた。

第一節　タイ地域社会の研究

一　タイ農村社会変動の過程

タイ農村研究の第一人者である北原淳によれば、近代タイの農村史は①一八七〇年代から一九二〇年代までの小農民社会の形成段階、②一九三〇年代から六〇年代までの小農民社会の分解段階、③一九七〇年代以降の小農民社会の変質段階の三段階に分けられるという。一九世紀後半、賦役を義務づけられていた農民や農奴身分の農民が現王朝の近代化政策の中で解放され、自由農民となって新たな入植地に展開し、小農民の村落社会を作った。しかし、未耕地の減少に伴い土地を占有できない小農民が小作化し、農村内部にも階層分解が生じてきたというのが北原の整理である。中央政権や地方貴族の勢力が及ばない未開の森林地帯を有していた東北タイでは、国の支配を受けることが少ない農民社会が存在し、フロンティアの消失が二〇世紀の中盤以降であったために、農民層分解は開発の早い中部ほど進んではいなかったと考えられる。しかし、未耕地を占有できた農民も、天水依存の水田すら作れない条件の悪い山裾や高地では、換金作物生産で失敗して負債を抱えるなどして無産化することも二〇世紀後半に進んだ[北原一九九〇：一一八]。ここまでが第一から第二の段階である。

確かに、一時期までは土地の所有規模、所有関係が農村社会における農村家族・親族の地位、政治経済的な社会関係の基礎となっていた。現在は、農村社会に商品経済が流入し、農業経営、子供の教育、耐久消費財の購入などに現金が必要であるにもかかわらず、農業収益があまりにも低いために、自ら出稼ぎに出て、子供を勤め人にする農家が多い。農村における出面労働者が不足し始めており、農業後継者不足もそう遠いことではないだろう。これが第三段階の農村社会であるし、筆者の調査研究はこの時期のものである。

従来のタイ農村社会の研究は、第一、第二段階の比較的安定した推移を見せていた農村社会を対象としたものが多く、変動しつつも持続するタイの文化的要素やタイ社会の構造に関わる人類学的研究が多かった。シャープに率いられたコーネル大学のタイ研究がスタートしたのは一九四七年のバーン・チャン村落調査からであり、彼はその後二十数年の間にコーネルとタイの研究交流の基礎を築いた。ここから四五〇項目の調査、五〇本の博士論文が生まれたという[Skinner and Kirsch 1975: 9-24]。このような海外の大学によるプロジェクト型の研究を京都大学も実施している。この時期のエスノグラフィーはタイ社会史との接合を念頭に置きながらも、やはり村落構造や宗教的信念の体系からタイの文化・社会構造を理念型として記述したものが多く、同時代の人類学の性格を色濃く残している。

もちろん、地域的偏差を気にかけることで、画一的なタイ文化、タイ社会論を否定する議論もあったが、西欧社会の自己理解である個人主義と他者化されたアジア社会の集団主義という二項対立的認識が研究の動機づけとなっていたことは否めない。ルースな社会構造、パトロン—クライアントの二者関係、状況主義的行為規範などの文化的パーソナリティ論も、この時代の問題意識を反映した議論といえよう[Embree 1950]。また、ルースな社会構造論を否定するポッターの議論[Potter 1976]もまた、灌漑施設の共同体利用規制を持っていた北タイ農村の事例を拡大解釈する構造論であり、基本的なタイ認識の視座を変えるまでには至っていない。

日本におけるタイ農村社会の研究は、水野浩一の業績を嚆矢として、おおむね二つの研究グループによって主導されてきたといってよい[水野一九八一]。農村社会変動の研究は北原を中心とした関西在住のタイ研究者グループで綿密に分析されている[北原一九八七、一九九〇]。これに対して、京都大学東南アジアセンターによるドンデーン・プロジェクトは自然科学、社会科学班総勢二〇名近くの研究者を擁し、水野浩一が一九六〇年代に調査した東北タイのドンデーン村を二〇年後に再調査した[福井一九八八、口羽一九九〇]。両グループによる研究の性格は、前者が農業経済、社会経済史を中心としたアプローチで村落の構造・動態分析に力点を置いたのに対し、後者は農業生態学・文化人類学から多角的に村落の生活構造を分析したといえる。筆者の研究方法は後者に近く、村人や出稼ぎ者の文化形成に関心がある。しかし、研究の対象となる人間の文化を構造化する社会システムの分析なくして、近年のタイ社会変動は把握できない。本書の研究対象は、主に関西タイ研究グループと重なる。

現在、第三段階の変動期そのものを対象にした研究は、人類学独占の段階から、社会学や経済学、歴史学、その他の人文・社会科学に領域が拡大し、問題の設定も細分化した。そのために、タイ農村社会論というような大きなテーマの議論は極めて少なくなった。大がかりな議論を展開する最後の世代に属する北原の所論は章を別に設けて検討するが、多くの研究は個別の問題意識との関連でなされている。日本に限定しても、農村復興論を第三世界のオルターナティブな開発論との関連で評価し、地域の実践をフォローする鈴木規之[鈴木一九九三]や、タイ農村における共同体組合論[山本博一九八八、一九九〇]、日本農村社会学における自然村論や村落の互助組織論を生かした農村社会の分析[佐藤康行一九九二、一九九三、一九九七]、地域開発における自治的な住民組織形成の議論[重富一九九六]、タイの糖業形成史という領域から農村社会・経済変動を明らかにする研究[山本博史一九九八]、自然環境保全政策下にある少数民族や開拓民の森林利用[佐藤仁二〇〇二]等多様である。農村社会という設定を超えたタイ社会論は、新中間層の形成を含む市民社会論や[岩崎一九九八、服部・船津・鳥居二〇〇二]、その虚像ぶりを政治過程分析から明らかにする議論[玉田二〇〇三]、経済社会全体の変動をマクロに捉える議論[末廣一九九三、二〇〇〇]をも参照しなければ、リアリティを持つ分析や知見を提出できない状況にある。

次項では、農村社会の構造的側面よりも、社会変動を規定する社会システムの機構的側面を概観してみたい。

二　現代タイ社会の階層・地域間格差

近代タイ社会の構造を規定する社会制度として、国民国家成立以降の王権―上座仏教―政治体制のトライアッドと、経済的な制度として資本主義経済システムが考えられる。

タイ上座仏教について付言すれば、タイのサンガ(僧団)が王権や政体に政治的正統性を付与する機能は国教的性格を示すものであるが[石井一九七五、Tambiah 1976]、知識人が仏教教典の解釈や仏教の社会的役割に対する認識を変更することで、既存の政治体制に捉われない理想的な王権、政治論を生み出し、体制批判の論拠を築くこともある。一九七〇年代の民主化の時代に、学生運動やNGO活動家に社会変革の思想的影響を与えたプッタタート比丘や、その思想的影響を受けたスラク・シワラク、プラウェート・ワシーらの知識人がその例にあげられよう[Buddhadasa 1986、野津二〇〇二]。この政治文化的制度に関しては別の機会に論じることにし、本書では社会経済の側面に議論の焦点を絞りたい。

後発的近代化を始めたタイにおいては、資本主義経済システムへの包摂のされ方、あるいは政治体制による資本主義経済の受容の仕方について、歴史的な形態をその時点、地域ごとに論じていく必要があろう。ここではひとまず全体社会としてのタイ社会という領域を設定しておく。チャイアナンによれば、タイの近代国民国家は多民族社会を統合するために、官僚が国家アイデンティティを創出し、タイ民族ではなく、国民としてのタイ人、仏教徒等のレトリックを用いて国家の求心力を高めていった[Chai-anan 1991]。タイでは初期資本主義段階のブルジョワジーは華僑であり、彼らは政治への参加を見合わせて華人資本を形成、その後財閥化し、その力を経済力に特化していった[スキナー一九八一]。一九六〇年代以降、サリット・タナラット元帥が強化した政治・文化的トライアングルの体制に、開発主義の政治・経済政策が付加され、タイは経済発展を遂げていくことになる[末廣一九九三]。主役は軍・官僚の政治エリートと華人系資本家である。しかし、一九八〇年代後半には、経済的に安定した基盤を持ち、政治への高い関心を持った都市中間層が台頭し、民主化への動きが活発化したといわれる。そこで、官僚制国家としてのアイデンティティ危機を感じた軍が、一九九一、九二年のクーデターを企図し、流血事件に及んだ。この後、軍、官僚のパワーエリートから、資本家、ホワイトカラーたちに政治的権力の基盤が移動し、資本家層出身のタクシン首相の登場をもって、経済システムが政治・文化の領域を構造化している普通の資本主義国家になったといえる。もちろん、このような見取り図はあくまでも概略であり、一九七三年及び九二年の民主化の主体が、前者は学生・労働者で、後者は都市の新中間層という定番の解釈は単純にすぎるだろう。この問題は市民社会論の章で詳しく取り上げることにする。

現代のタイ社会では、政治・経済領域のパワーエリートと一般大衆との間、及び都市ホワイトカラーを中心とした新中間層と、国民のおよそ五分の四を占める地方農民、漁民、山地の少数民族との間には、政治への影響力、経済力において、極端な格差が生じている。これらの明瞭に格差が見てとれる社会集団間の対抗関係を正面にすえた階級・階層分析は、一九六〇年代以降の軍事政権下で共産党の活動が非合法化され、マルクス主義の文献が普及しづらかった経緯もあって、タイ国内ではそれほど進んでいない[北原一九九六：一六三―一六七]。

マルクス主義的な社会分析が弱い理由は、タイ社会に社会主義的思考と行動が根づくまでの時間的余裕が与えられなかったということではないか。プリーディー・パノムヨンの世代が持ち込んだ社会民主主義の政治が熟する前に、ピブーンソンクラームの軍事独裁の体制に移行し、東西冷戦体制下で中央集権的な開発の政治が行われてきた。また、東北地方では、自由タイ運動と連携する地域の自律的発展を求める運動も抑圧された。次いで、タイの学生運動や労働運動に多大な影響を与えたタイ共産党が非合法化され、中国共産党に指示を仰ぐ地下活動に学生たちが失望して森から出てきたといわれる。かつて学生運動を行った世代は、親の階層を引き継いで実業界に入っていく者、学問の世界に進む者、地域開発NGOとして草の根の活動を継続する者と様々に分かれていった。それらの人たちはそれぞれの世界で社会変革の思想を語っていると思われるが、社会理論としては傍流である[Ungpakorn 2003]。

その結果として、タイの社会分析は社会問題を生み出す構造分析よりも、対処療法的な政策論か、精神主義的な社会改造論に傾きやすい。例えば、スラム研究は生活の悲惨さの実態報告及びその苦痛の低減策が主であり、そうした生活の困難さを生み出した全体社会の分析にはなかなか進まない。このような関心のあり方は、社会の再生産機構を変革するために市民社会段階において確立された合理的手段、つまり、コーポラティズムや政治活動に向かわず、宗教カリスマに依拠したユートピア主義や草の根、直接的行動を旗印とするポピュリズムを志向する傾向がある[北原一九九六：九一―九三]。

現在のタイでは、階級・階層分析が社会科学の中心テーマではないが、タテの格差はヨコの格差として認識され、問題化されている。これは、階層間格差が都市と農村部の地域間格差とほぼ対応し合っているために実感的でもある。しかし、ここには問題を変質させる効果もある。社会階級・階層の編成が全体社会を再生産するメカニズムであるということを認識することに比べて、地域的格差を社会の機構的側面として考察することは難しい。つまり、地域の格差はそれぞれの歴史の結果として、ある意味で自然環境のように受容されているからである。低開発の地域社会に外部から資本・技術を導入して働きかけることが政治的恩恵ですらある。プライマリー都市バンコクから地方に、政治・経済・文化の影響が及んでいく過程が近代化、開発の社会史である。しかし、これは権力・資本の中枢にあるバンコクのエリート階層が、安価な土地、労働力という地域間の比較優位性を徹底的に利用し続けるために、適度に農村部の過剰労働力にインセンティブを与えていると見られないわけではない。地理的空間は社会階層へと構造化され、その格差は決して縮まらないのが事実である。これは、近代化・開発ということで、そのポジティブな側面、地域社会の「発展」が強調され、事柄の裏面である「搾取」が隠されてしまうことを示す[Escobar 1991: 656-668; Escobar: 1984-85: 384-392]。

地理学者のハーシュは、周辺地域が国家の開発の過程に巻き込まれるのではなく、自発的に参加することによっても、地域的な自律性を喪失すると指摘している。地域住民の主体性は主観的には確保されるが、客観的には開発の理念・手段を外部から持ち込むことによって、中央の政策・資本との連携なしに発展を考えられない状態になる。これが、地域の開発を資本主義的経済システムの枠内で実践する際のジレンマである。彼によれば、近年のタイ農村は水田に適さない開拓地を商品作物生産に当てているために、種苗・農薬・農業機械等の購入資金の工面、生産物の市場価格変動への耐久力の有無等の点で、資本力が農民内部の階層を決定する要因になっており、かつてのような土地や労働力の保有だけが階層の規定要因ではなくなった[Hirsch 1990; Hirsch 1994: 320-334]。しかも、農業が現金収入の面では出稼ぎほど見合わないことがはっきりし、農外収入の多寡が農業世帯の経済階層を規定する現段階では、農業生産手段の保有や労働交換のやり方を中心に村落の構造分析をやっても、農村の現実、すなわち変動から焦点がずれてしまうのである。農村における資本主義経済の浸透の度合いは、中心からの距離に比例している。バンコクはもとより地方都市周辺の農村ではベッドタウン用に土地が買い占められ、値上がりを待って塩漬けにされている。田舎町に近い土地の肥えた古い農村では稲作と市場に出す野菜・果樹等を作って自給でき、現金収入を得られる。山地や丘陵地を開墾した農村では、商品作物生産に特化し、最も不安定な農民層をなしている。農村地帯でも、その地域ごとに商品経済との関わりの度合いが違い、結果的に営農形態、出稼ぎの状況が異なるのである。

三　タイ社会における労働市場と労働力移動

タイ社会の近代化・資本主義化を地域社会レベルの構造変動から明らかにする研究は、まずは農村社会が開発の進展に伴い、国家の開発計画(他国からの経済協力も含めて)・商品経済体制に巻き込まれ、農業経営形態・村落の社会関係・伝統文化の諸領域で様々な変化が生じていることを克明に記述するモノグラフから始められた。変動の構図を描出することに力点を置く北原・田坂らは、労働市場・労働力移動の見取り図を明らかにする事例研究を生み出している。農村過剰労働力の移動、都市部の雑業層か未熟練工層への参入、その後工場労働者あるいは小規模自営業者として階層上昇していくといった大まかな労働市場の図式が明らかにされ、労働者への聞き取り調査による生活誌も出てきている。北原は東北地方のサトウキビ栽培農場で季節労働者に、竹内隆夫はチョンブリー市住区への移住者の聞き取りを行っている[北原・赤木一九九五：一四二―一五七、一九〇―一九六]。また、田坂は労働力移動、労働市場への参入モデルを示している[田坂・宮本一九八九：一二七―一四三]。

この過程を筆者の調査結果も交えて一般的に述べるならば、農民は村から出稼ぎした先行者のつてをたどって工場に直接行くか、とりあえず村を出て先行者の元に居候し、就業の機会をうかがうかの二つのパターンがある。後者の場合、日雇いの建設労働、屋台、バイクやサムロー(タクシーの一種)の運転等、雑業につき、より安定した仕事を求めていくことになる。しばしばこの雑業従事者の月収は工場労働者の最低賃金を上回るが、それは商売の道具を自分のものにしてからのことであり、新規参入者は借り賃を払ってようやく自分の食い扶持を稼ぎ出す程度である。労働市場としては、失業者や待業者の上に、順に雑業層、学歴・資格のない未熟練工、熟練工や事務職員、大学卒のマネージャー・クラスやエンジニアが層をなしている。熟練工やエンジニアの人材は慢性的に不足しているため高賃金であるが、未熟練工の場合いつでも採用できるため賃金は低くすえおかれる。従って、同じ工場でも職種で最大一〇倍近くの格差ができる。このような労働市場に地方出身者が参入し、それぞれの階層ごとに労働者意識を持っているのであるが、この点に関する研究は進んでいない。というよりも、労働市場論は労働者の移動を構造化する商品経済機構の分析がねらいであるから、どのような文化的背景を持った出稼ぎ農民であろうと、労働者というカテゴリーで把握するのである。この点では、北原グループの調査は労働者の生活構造を分析に入れており、社会学の本領を発揮している。

しかしながら、現段階では全体の構図を把握することに力点が置かれ、労働者の具体的な生活は商品経済機構分析を補完するドラマとしての位置づけでしかない。労働者の生活の様子は分かるが、彼らが自らの生活にどのような意義・価値を付加しているのか、その主観的な労働世界や生活世界の理解は未だ分析の射程に入っていない。もちろん、これは一時点での面接調査としてはやむをえない。フィールドにしばらく滞在して、関係を作ってから聞き込む以外に、被調査者に自らの人生観や生活感を語ってもらい、しかもそれを被調査者自身の行為の中で確認していくという作業はできない。いずれにせよ、チョンブリー地区の工業団地、労働者を送り出す農村地域を包括的に調査した内容は、国際的なレベルでもパイオニア的なものであり、その点で評価すべきものであろう。

筆者は資本主義経済システムにおける労働市場論の分析視角で、タイの出稼ぎ農民の労働者形成は十分に捉えきれないと考える。タイの就業者統計によれば、農繁期には地方農村で労働力需要が高まり、就業者数が減少し、農閑期には増加する。田植えや稲刈りに出稼ぎ者が帰るということである。彼らは農村にあっては、農繁期以外は過剰労働力であって、それを生かす場がないことが農村部の貧困化の主たる原因となる。従って、農業の多角経営化、生産性の上昇、近代化を図ることで季節的な労働力需要の差をなくし、農村を開発できるという議論がある［渡辺一九九二：三四―四九］。センサスだけでいえばそうなろう。しかし、農村の貧困化の主たる原因は、農村の近代化（換金作物、機械化、資本の借入）における負の側面であるし、何よりも農業生産が市場の論理に任され、保護政策が弱いことにある［山本博一九九九］。今のように現金収入がいる時代に、農業だけでは食っていけない。農村の貧困化は個々の農家の経営に原因があるのではなく、農業政策にある。日本のように農業への手厚い保護、兼業化の道があってもなお、農業だけで生活するのは難しい［臼井・三島一九九四］。そのどちらもない東北タイ農村部では、東北タイ農村の社会史や開発政策、農民の生活構造に即して、マクロよりレベルを下げた議論が必要であろう。

もちろん、農村部であれ、都市部であれ、現在のタイ社会は資本主義生産システムの枠内で産業が起こり、生産・流通・消費の経済過程が進行しており、それらは基本的には資本制の論理で認識可能である。出稼ぎ、仕事を求めての移住も労働市場の需給関係、プッシュ―プル要因で移動が説明されよう。しかし、労働市場の構造、労働者の性質は、労働市場外の農村社会との関係に規定されている。

タイの労働市場をフォーマル・セクターとインフォーマル・セクター（家族労働の自営、従業員一〇人以下の事業者）に分けると、一九九〇年前後では、都市部の総雇用数の五六％が後者に属している。ここでは、賃金水準は法定の最低賃金水準以下であり、正式な雇用契約もない。それでも新規労働者が集まり続けるのは、農村部には農業専従では過剰な労働力が存在し、しかも、フォーマル・セクターで求職するのに十分な学歴がないために、いわば農村世帯の家計の補塡として、自らの労働力の再生産コストを含まない低賃金でも雇用に応じるからである［隅谷一九七〇］。地方農村には、タイ全体における五分の四の人口があり、アグロ・インダストリアル国家を支える豊かな農業生産によって、労働者の再生産コストを一手に引き受けている。そのうえ、出稼ぎ者や若年労働者の送金によって、農村部が国内の家電・自動車産業の内部市場になっている。インフォーマル・セクターの事業者は、このような後背地の恩恵を十分に生かして、市場の動向次第で新規の事業を興したり、逆に下請けや雇用者を切ったり、フレキシブルに対応して収益性を高める。輸出向けの製造業は大半がフォーマル・セクターに属しているが、インフォーマル・セクターから安く資材や人材を調達することでコストの削減を図り、国際的な競争力をつけているのである。

インフォーマル・セクターの下には、解雇された失業者、地方から上京したばかりの若者がいる。彼らが労働力の最底辺のプールとなり、そのうちの何割かが従事する雑多なサービス業が都市生活を安上がりにしてくれ、タイの都市部労働市場を支えている［チラ・糸賀一九九二］。

ただし、タイでは労働市場において未熟練マニュアル・ワーカーは過剰であるが、熟練工、技術者は慢性的に不足している状態がある。従って、人的資源の項で述べたように、タイ労働市場の強みは低廉なマニュアル・ワーカー雇用にあるのであって、高度な技術を要する製造加工業を工業発展の中心にする段階では、人材不足、人材形成の問題に直面することになる。この点は、Ⅲ部で外資系企業が現地で労働力を調達し、人材形成を図る際に発生する諸問題として別途論じる予定である。

現代タイ社会の経済・政治・社会の諸領域を幅広く論じるパースック・ポンパイチットの個人店舗縫製業事業者の生活誌的事例研究は、性風俗産業従事者に関わる生活誌調査に次ぐものであり、筆者も啓発されるところが多かった［Pasuk 1982］。農村地域から都市のインフォーマル・セクターへ入り、それからフォーマル・セクターへの上昇移動を試みる者たちに対して、地方の学卒者が都市部の工場労働者やホワイトカラーへ参入する経路と同様に注目すべきであろう。

第二節　東北タイにおける開発の社会史

一　開発主義の起源

前節では、タイ近現代史を簡単に振り返り、タイ地域社会の変動を研究する先行研究を瞥見してきたが、この節では、地域を東北タイに絞り、一九六〇年代から現在までの開発の社会史を大まかに叙述する。本書に登場する農民、出稼ぎ工場労働者、地域開発NGO・NPO、地域社会の文化をめぐって議論する知識人たちは、タイの開発主義の文化に向き合い、同化・異化しながら、それぞれに自己と社会を形成してきたのである。

タイ語では開発にパッタナーという社会発展、進歩を意味する単語が当てられている。しかし、何がパッタナーであるか、本質的規定は困難である。それが語られる政治・文化的コンテキストにより、その中身が具体的に指し示される。パッタナーとして言及される社会改革、文化のイノベーションのみ政治的に公認されてきた歴史を考え合わせると、タイにおける開発とは言説であることが分かる[Grillo 1997: 11-27]。

開発を言説的側面から考察するという視点は、普遍的近代化(＝西欧化)・産業化(＝世界資本主義による周辺化)をオリエンタリズム、及び植民地主義支配として批判する第三世界の立場から出てきたものである。第三世界において、開発は政治的ヘゲモニーを目指した実践が文化的正当性を主張する行為である。経済発展は多数ある開発言説の中の一つであり、開発行為の可能な一つの結果にすぎない。本節ではどのような政治的実践がパッタナーとして語られてきたのか、開発主体と開発対象との関係に注目しながら、東北タイ地域を中心に社会開発の歴史を概観したい。

パッタナーを開発主義イデオロギーに仕立て上げたのが、一九五七年にクーデターでピブーンソンクラームから政権を奪ったサリット・タナラット元帥・首相である。彼は一九六一年から経済社会開発計画を策定・実施するが、ここでパッタナーが明示的に開発を意味する言葉として使用され、彼の政治的実践の標語とされた。政治手法としては、憲法・国会を廃止して首相に権力を集中させ、民族(国家)、仏教、王制を国家の柱とする家父長制的政治による革命(パティワット)を断行した。清潔・整頓(リエプローイ)といった彼の政治的概念は衛生面にとどまらず、腐敗・犯罪の取り締まり、政治的異分子の排除にも適用され、家父長的指導者(サリット父さん)の下、心を一つにして(サーマッキータム)国家の発展に寄与することが国民に求められた[Thak 1979]。

サリットはタイ独特の開発主体を創出さえした。一九三二年の立憲革命後、それまで政治の場から遠ざかっていた国王、王室を国家的行事や地方巡幸に積極的に活用し、現在の王室による開発事業の範型を作った[Sumet 1993: 3-16]。王室プロジェクトの詳細は資料的制約もあり定かではないが、王室庁への政府支出と王室自体の資産・事業収入からすれば、数億バーツの予算規模で文化・福祉・開発の諸領域にローヤル・パトロネージの後援事業がなされており、王族の慈悲はあまねく国民に行き渡っているとされる。

サリットは、同時期に、サンガ(上座仏教の国内包括的僧団)にビルマ・ラオス国境にいる北部山地民・少数民族と東北タイへの布教を積極的に進めさせ、文化・政治的統合を図った[Somboon 1977: 46-108]。彼は自らの出身地である東北タイの地域開発に力を入れたが、それは一九六〇年前後のラオス内戦においてパテート・ラオ(社会主義勢力)が攻勢を強めて、ラーオ民族が居住する東北タイの治安問題に影響を及ぼすことを懸念したからである。彼は、反共産主義の拠点を求めていたアメリカに空軍基地、寄港地を提供する代わりに、莫大な軍事援助・開発援助資金を引き出し、東北タイに拠点作りを進めたタイ共産党勢力の弾圧と開発による住民の懐柔につぎ込んだ。

東北タイはイーサーンともいわれるが、これはサンスクリットで東北を意味し、一九世紀末チャクリー改革によって設置された行政管区モントン(モントン・イーサーン)の名称に由来する。それ以前がモントン・ラーオカーオと呼ばれたように、東北タイにはラーオ系民族の領主国家が町(ムアン)ごとに存在していた。しかし、タイ国の版図が行政管区化され、領主の賦役・徴税権がタイ国家に奪われてからは、タイ現王朝により直轄支配されることになった[橋本一九九六：二九―三二]。一九六四年にタンマトゥート(仏法の使節)計画により派遣された僧侶の説法(タイ語)が地元住民(ラーオ語)にほとんど伝わらなかったといわれるほど、現在でも言語、慣習の面で独自の文化を持つ。地域住民のほとんどは天水依存の水稲耕作、換金畑作物栽培に従事している。開発地主の存在する中部タイと異なり、自作農が多く、農地が不足すれば未耕地を求めて挙家移住し、森林を伐採(占有)して開拓村を形成してきた。一九六〇年前後は水田になりうるフロンティアが消滅した時期であるが、大半の農民が自給自足の生活を確保できていた。現在東北タイの代名詞である貧しさは、深刻な問題ではなかったのである。

二　東北タイにおける開発政策

一九六〇年代の東北タイにおける開発行政は主として共産党対策であった。地域社会開発局の政策目標は内務省官僚の策定したもので、地域住民にパッタナーと国家への忠誠を促すスローガンを流したことが主たる成果である。その内容は、①村と区(村の上位、郡の下位にある行政単位)で一致団結し、住民に自尊心と社会への義務を啓発、②農業と家内工業により農民の収入増大を支援、③生活環境、地域環境、民衆の生活維持に関する教育を支援、④住民に民主主義と自治のシステムを周知、⑤住民に国家が中核的制度であることを確信させ、文化と慣習を維持・伝承することを奨励するとある[Apichai 1996、橋本一九八四]。

一九六五年、周辺共産主義国家と国内反体制派対策のために国家治安維持本部が設けられ、国防省の予算で辺境地域の開発を行うことになった。内務省社会福祉局が行う自立村計画もまた治安維持を目的としており、これ

表 2-1　タイ地域開発の概略（東北タイ中心）　1960-2000

政治・社会	開発行政	NGO，農民の動き	サンガ
1958　サリット政権			
1961　第 1 次経済社会開発計画	1962-66　東北地域開発計画		
	1962　地域社会開発局設置		
	1965　国内治安維持本部設置		1964　タンマトゥート計画
	1966　農村開発促進事務局設置		1965　タンマジャリック計画
1967　第 2 次経済社会開発計画			1966　地域開発僧侶養成計画
		1969　タイ農村復興運動	
1972　第 3 次経済社会開発計画	1972-76　東北地域経済開発計画		
1973　サンヤー政権	1975　資金環流計画	1973　タイ・カソリック開発協議会	
民主化	農地改革法		
1976　10.6　抑圧		1976　適正技術協会	
1977　第 4 次経済社会開発計画	1978　自然災害地域経済再建計画	プラティープ財団	
	1979　開発自衛村設置計画	NGO 活性化の時期	
	1980　農村部雇用創出計画	1983　フォスター・ペアレント活動	有名開発僧活動開始期
1982　第 5 次経済社会開発計画	1982　貧困農村地域開発計画	開始	
	コーラート開発計画	1984　農村開発 NGO 調整委員会	
1987　第 6 次経済社会開発計画	1987　東北タイ緑化計画	1985　東北タイ反ユーカリ運動	
東部臨海工業地帯計画	1991　衰退林内生活者移住計画	1989　ウボーン，パクムンダム反対運動	
1992　第 7 次経済社会開発計画		1991　東北タイ森林フォーラム	
5.17　流血事件　アナン政権へ		1991　パンマイ活動開始	
		1992　コンケーン，ナムポン川汚染補償運動	
		1992　パックチョン農民植林反対運動	
1997　第 8 次経済社会開発計画		1992　民主フォーラム	
1997/7　通貨危機，経済不況		1992　東北タイ農村開発協会活動開始	
1997/10　新憲法公布		1995　東北タイ小農フォーラム	
2001　タイラックタイ党圧勝		1995　貧民フォーラム	
タクシン首相へ			

出所：筆者作成

は現在までに三八県五七ヵ所五七〇万人の規模に及び、土地を貧農に開発分譲し、生産・加工・販売を行う模範農場や農業協同組合を設置した。

また、一九六六年から農村開発促進事務局が設置され、東北タイ六県からスタートし、一九七七～七九年には五二県に拡大され、軍基地を結ぶ幹線道路建設を重点的に行ってきた。こうした急速な地域統合と反共政策は逆に住民の不満を高めたとされる。それは、開発対象村とその他大勢の周辺村に格差が生まれ、道路建設に伴う土地収用に十分な補償がなされなかったり、道路網の整備により村落の経済力を超えて商品経済が浸透し、負債農民が増えたりする等の問題を生み出したからである。

一九七〇年代は、経済社会開発計画においても農村開発の重要性が強調された。一九七五年には、ククリット・プラモート政府の下で、農村開発と農閑期の職業対策プロジェクトに二五億バーツが投じられ、翌年タンボン・プロジェクトに三五億バーツ、一九七八年に自然災害地域経済再建計画に一六億バーツが費やされた。これらは区ごとに予算を割り当て、年度内に執行し、地域の労働力を用いて社会的基盤を整備するというものであった。

一九八〇年には、政府が三五億バーツを投じて、農村部雇用創出計画を実施した。旱魃で農作物に打撃を受けた農民が都市へ職を求めて流入したので、この問題を解決するべく、地域にインフラ整備の公共事業を起こしたのである。このような矢継ぎ早の開発計画により、東北タイは社会開発をなすべき貧困地帯としてタイ人に認識され、その後も貧困農村地域開発計画の主要な対象地とされた。これら一連の開発行政の成果は極めて限定的なものであったとされる。

その理由はタイの行政機構にある。地方は統治されるべき対象である。内務官僚が県知事、郡長として中央から派遣され、県・郡の行政機構は中央省庁の出先機関の寄り合い所帯である。県や郡といった地域行政単位の開発予算は乏しく、中央で策定された開発計画が省庁単位でばらばらに実施される［吉田一九八四：二三―二七］。農村の現状を間接的にしか把握していないエリート官僚は省益を重視した計画を地方に下ろし、地方の実情を知る派遣された官僚は中央官僚とのパイプ維持に努める。地方において、自治は郡の下部単位である区―村単位で許されているだけである。区議会にしても県から配分を受ける地方開発税を予算とし、どこの区に予算が優先的に配分されるかは郡長の裁量によるところが大きいとされる。派遣官僚である郡長と、農村部有力者である区長、村長との関係はパトロン―クライアント的なものになりがちである。要するに、タイの地方行政は自治の領域を圧倒しており、農村、農民は自らの地域社会を動かす権限、予算措置を全く欠いているのである［小島昭一九八四：三七―四二］。彼らの利益を代表する農村協同組合も行政的に編成されたものが多く、組織率は一九八〇年で二〇％に達しない［山尾一九九二：六五―六九］。

三　NGO・NPOによる地域開発

次に、国家の開発主義とは異なる理念・方法で農村地域開発を行おうとした開発NGOの実践を見ていきたい。タイの開発NGOは、一九六九年にタイ中央銀行総裁、タマサート大学学長を歴任したプワイ・ウンパーコーンが創設したタイ農村復興運動を嚆矢とする。この組織は生活、教育、健康、自治、非暴力を哲学に、人間開発を達成する手段として、農村部の経済水準向上を図る事業を行おうとした。学生による地域開発キャンプがメインであり、現在までこの事業は継続されている。一九七〇年に、彼はタマサート大学ボランティア・センター（Thammasaat University Graduate Volunteer Center）を設立し、これは現在まで社会開発を志す大学卒業生を一年間ほど受け入れ、開発組織・技術の知識を教授し、実地訓練を行って、NGO・諸団体に人材を供給している。一九七四年にはメークロン川流域総合農村開発（M(a)eklong Integrated Rural Development）を企画した。マヒドン大学が医療、公衆衛生、カセサート大学が農業、タマサート大学が住民自治の分野で、社会教育事業を行いながら、農村開発のアクション・リサーチを行った［Bangkok Post Outlook Feb 10, 1998］。

一九七六年、カンボジア難民救援のためにタイ―カンボジア国境で活動した外国NGOが、タイの貧農支援を始める。外国NGOはタイに傘下NGOを設立させるか、タイ人自身のNGOに資金援助を行った。一九七三年に学生と一部左翼系知識人を中心とした政治運動が功を奏し、タイ政治は民主化するが、農民・労働者層を十分引き込めないままに軍の介入を招き、一九七六年から多数の運動家、学生が地下に潜った(森に入る)。

政府は一九七〇年代末までにタイ共産党を武力で崩壊に追い込むと、元学生運動家に恩赦を出し、融和策を進めた。森から出てきた学生運動家の中にはこの時期新しく設立された地域開発NGOのワーカーになった者が多い。また、同年クリンサック政権が、クロントーイ・スラムの社会開発事業でマグサイサイ賞を受賞したプラティープ財団に資金援助を行うなど、政府も地域開発に果たすNGOの役割を認識し始めるようになった。その理由は、一つにタイの国力が周辺国を圧倒し、国内外において共産主義の脅威を意識せずにすみ、NGOの存在を許容できるようになったこと、また実際外国NGOに対して強圧的な態度がとりにくかったことがある。もう一つは、一九七〇年代後半から八〇年代にかけて、タイの国家的課題は準工業国からアジアNICS入りをねらった外資導入輸出型工業立国であった。東北タイ農村では開発行政機関ごとに存在意義を示すべく開発計画が進められたが、政策的重要性が低下したことは確かである。その結果、政府はNGOに対して地域開発に参入することを公的に認め、一九八七〜九一年の第六次経済社会開発計画にNGOの役割を盛り込むに至った。しかし、一九八〇年代後半からNGOは環境問題、住民の権利擁護をめぐって政治的発言を強め、積極的に政策批判を展開した。

アピチャイによれば、一九八〇年代半ばには五〇、現在三五〇ほどの開発NGOが存在するとされるが、小規模開発NGOは含まれていない。一九八四年、村落開発基金を設ける際にNGOのまとめ役としてNGO農村開発委員会(NGO Coordinating Committee on Rural Development, NGO-CORD)が結成された。

東北タイ農村部では一九八〇年代に入ると、未耕地の消失による土地なし農民の増加、換金作物栽培の経営失敗による負債等から農民層分解が深刻化し、都市部雑業層への流動と山地での森林伐採、開墾が増加した。急激な森林の減少は生態系の変化、土壌流出を招く。一九八六年と八七年に東北タイは旱魃にみまわれ、国王はこの件をチャワリット・ヨグチャイユット大将に相談した。一九八七〜九一年に実施された東北タイ緑化プロジェクトには四〇〇〜五〇〇億バーツが投じられ、水不足の原因究明、ダムの建設、森林保護などが同時に講じられたが、技術的解決に終始し、森林減少の社会的要因については等閑に付された。こうして国内反体制派勢力を抑圧する役割を失った軍が、環境保全という名目で再び開発に乗り出すことになる。

実際、東北タイにおける森林被覆率は、一九六一年の四二%(タイ全土五三・三%)から八五年の一四・四%(同二九%)に急減し、八九年にはタイ国内の森林伐採が原則禁止された。森林局は一九六四年より保全林指定を増やし、同森林内の占有を禁止したが、八〇年代には保全林の面積が実際の森林面積を超えることになった。その差が住民により不法に占拠されている土地とされる。従来、農民は森林を伐採し、農地とすることで慣習的所有権を主張(占有)してきたが、土地を法的に登記させる政策が遅れた。その結果、森林局は未登記の土地を私権が設定されていないものとして国有地化し、実際は農地であって森ではない保全林地域の一部を衰退保全林と指定した。そこにユーカリ植林を民間に委託(伐採権を与える)し、不法占拠地から住民を立ち退かせる措置をとる。東北タイ一九九一年に軍は衰退林に生活する貧困者の土地再分配計画と称する強制的住民立ち退きを実施した。東北タイでは一九八〇年代半ばより、森林局、業者、軍と開拓農民との対立、紛争が激化していく[田坂一九九二]。

NGOはこうした反ユーカリ運動やダム建設反対の住民運動、反公害闘争を支援し、政府の政策を監視する機能を強め、農民の権利意識を覚醒させた。その結果、一九九〇年代には紛争地域や首都バンコクにおいてデモ等の示威行動を行う地域住民組織や農民運動が出現した[Funatsu 1997: 237-243]。

一九九一年二月、国家治安維持団がチャーチャイ内閣の汚職追放を理由にクーデターを起こした。翌年総選挙が実施され、スチンダー陸軍司令官が首相に就任するが、野党、学生、知識人の抗議にあい、多数の死傷者を出した市民デモ抑圧事件の責任をとり辞任した。一九九二年、アナン内閣の下で、選挙監視委員会が結成され改めて総選挙が行われたが、この際NGOが大きな役割を果たす。NGOから三三人の代表を出し、内務省の下で三万人のボランティアを動員して、国政選挙を監視した。実際、一九九一年からNGO、学生運動家、労働組合活動家、メディア業界ほかの専門職が連合して、民主主義キャンペーン(Campaign for Popular Democracy)を結成、これを九二年に民主主義フォーラム(Forum for Democracy)に再編して、選挙監視委員会と共に政治広報的な活動を行った[Suthy 1995: 97-134]。

こうして、NGOは国家の暴力的抑圧を受けずに、地域開発、政策への提言・監視が自由に行えるようになった。ただし、NGO・NPOが民主化の主要なアクターの一部になったということと、彼らが都市の新中間層から支持されていたかどうかというのは別問題である。タイ政治学者の河森は、新中間層が民主化に果たした役割を極めて限定的に捉え、政府批判、市民社会形成の現実の運動に階層的分断を見ている[河森一九九八：一三九―一六四]。同じく、玉田も民主化という政治的過程と市民社会形成という社会階層に関わる問題は切り離して論じられるという見解を出している[玉田二〇〇三]。

政治的機会構造が開放され、経済が伸張した時点から、財政的自立を含めた活動の再編という新たな課題に多数のNGOが直面することになり、東北タイの地域開発NGOは自らの自律的な事業展開が試されることになる。この点については、地域開発NGOと市民社会形成の章で詳しく述べてみようと思う。

以上、行政とNGO双方が東北タイ地域開発に関わる経緯を概観してきた。それぞれの開発効果を直接比較考量することは難しい。行政によるインフラ整備が手薄なところへNGOは入るし、逆に生態系や生業に影響を与える大規模開発の地域にも、対抗的住民運動を支援するNGOが入る。双方のパッタナーの理念が異なる。また、住民参加型の開発も、行政ラインによるのか、地域住民の互助的組織作りで行うのか、方法が異なる。しかし、ムラの外から知識・技術・資金を持ち込み、地域住民を開発の主体にしようという開発行為は、村人にとって

（温情的・家父長的政府による）上からの開発、あるいは（ＮＧＯ等グラスルーツによる）下から開発というレトリックの相違はあれ、同種のものと認識されるかもしれない。

本書では市民社会形成という問題設定から開発ＮＧＯの活動に着目しているのであって、開発効果のゆえではない。それらの開発行為が地域の自己決定・自力更正にどの程度つながっているのかという観点から、ＮＧＯによる開発は慎重に評価されるべきであろう。

第II部　農村家族と宗教

上：プラーム（祭式バラモン）の司式で行う村の結婚式
下：ノーンクーン村の稲刈り（親族と出面の人たち）

第三章　家族における互酬性の規範と先祖祭祀

タイに祖先崇拝はないといわれる。末娘が婿をとり老親を扶養する双系社会のタイでは、フォーテスらにより提示された祖先崇拝理論の家族モデル、すなわち直系家族における家長―跡取りの権威主義的互恵関係は存在しない。また、家族や親族成員相互の間柄の関係が累積されて、家族圏・親族圏等の社会圏が発生すると考えられる社会では、社会集団としての家族(家)・親族(同族や単系出自集団)そのものを崇拝することはない。しかし、亡くなった肉親の追慕・供養は、上座仏教の集合的儀礼においてなされている。本章の目的は、東北タイの農業村落を事例に、死者供養に込められた社会的意味を探ることにあり、以下の四点に関する知見を得た。

第一に、先祖祭祀の儀礼は、一般に隣接世代間の互酬性の脈絡で考察される。第二に、タイ家族・親族関係において、実際の共同行為を伴う互酬性の規範が確認される。第三に、タイ村落社会の宗教的世界には、親世代が子世代のモラールを強化するクワン儀礼と、子世代が親世代に功徳を転送する仏教儀礼の互酬的関係が認められる。第四に、先祖供養儀礼の功徳の社会圏は、家族―親族―地縁(村落共同体)―人縁(生活拡充集団)と同心円的に拡大し、儀礼によって社会関係性の統合が図られていると解釈される。

第一節　問題の所在

そもそも、人は何のために祖先崇拝(先祖の供養)を行うのであろう。社会構造の宗教的正当化を行うためとする機能論的説明がある。フォーテスがモデルとしたタレンシ族においては、祖先崇拝が家父長制的家族構造と密接に関わるとされたし、東アジア社会の宗族や日本の同族では、創始者を祀り、集団の結束を図ってきたと考えられた。このような家族構造においては、家長と嫡男、姑と嫁の緊張関係が発生するために、それらのストレスを甘受させる道徳的規範が必要になる。しかし、タイのように末娘が婿をとり両親と同居、扶養する双系社会では、このような緊張関係を「孝」で正当化する必要性がそもそも存在しないし、出自集団や家といった家族的縁を基礎とした集団を宗教的実体として崇拝の対象とするほど、家族は排他的集団としてのイデオロギーを持ち合わせてもいない。祖先崇拝がなくて当然である。

しかしながら、死は非日常的な出来事として家族や親族を襲う。その哀しみを癒すために多くの社会において一連の葬送儀礼(死者に対する通過儀礼)が行われる。また、人間の一生が親による子の養育に始まる家族関係を中心に営まれるものである以上、亡くなった親を偲ばない子供はありえないし、その哀しみを宗教的行為により和らげることもあろう。その意味で死者供養はどの社会にも見受けられる。死者に祖霊としての守護・懲罰の機能や権威が与えられるか、追慕の対象にとどまるかの違いは、死者を祀る家族の社会的あり方による。いずれにせよ、人生の到達点である死の社会的観念、及び死を扱う儀礼に当該社会において理想とされる人生や社会の考え方が潜んでいると見ることは可能であろう。

タイにおいて、このような人生観・社会観を表象する宗教的象徴は、タイ(民族の)正統宗教たる上座仏教と精霊崇拝等の民間信仰のシンクレティズムに見いだせるという[小野澤一九八六]。

本章では、東北タイ村落社会に地域を限定し、現在行われている宗教儀礼、とりわけ死者供養儀礼と儀礼を行う家族の形態・機能に焦点を絞り、宗教的行為・象徴の中にタイの世界観を探りたいと考える。なお、ここでは本章の端諸的役割を果たすために、従来の祖先崇拝研究、タイの家族・宗教研究のレビューに紙幅を割き、問題の構成を明示した後、一家族の供養（法事）儀礼のモノグラフを加え、試論的仮説を提示したい。筆者が日本の祖先崇拝研究からタイの宗教儀礼に関心を持ったために、日本とタイの家族観を比較社会学的に考察する構成になっている。

第二節　死者供養における互酬性の問題(1)

本節では、祖先崇拝（先祖祭祀）に関わる一般理論を考察することで、次節以降のタイにおける先祖・死者供養の議論につなげていきたい。

いずれの社会でも、あるべき人生が想定され、しかるべき時にしかるべき行為を行うことが期待される。とりわけ人生の重要な節目には、宗教的儀礼により、段階の移行が強化・権威づけされていく。死者供養の儀礼は、通過儀礼の最終段階に位置する。

オームズによれば、日本人のライフコース観はこの世とあの世にまたがっており、死者のライフコースは生きているうちのライフコースの反映とされる[Ooms 1976: 69-73]。出産後の七夜の祝いは死後の初七日、三一日目の床上げは四九日の忌明けに対応し、生者も死者も一〇〇日目に完全に物忌みが明け、家族は「け」の生活に戻る。七五三の宮参りは年忌供養に当たる。生者は婚姻により産育の通過儀礼を完了し、大人になる。他方、死者は弔い上げによって祖霊となると信じられている。家において婚姻は家格の継承を必要条件とするので、結婚した嫡子は家長の地位を約束された者と考えられ、祖霊の地位を保証する弔い上げとの対応が考えられる［有賀一九六九：三九〇―三九二]。日本人のライフコースの観念が既存の宗教習俗の儀礼に表象されており、生者の儀礼は神道、死者の儀礼は仏教習俗の領域で行われている。

ここで注目したいのは、日本において自己の生殖家族を形成しなかった者には、祖霊への道が閉ざされ、餓鬼、邪霊になると考えられている点である。子供は親の養育により成長するが、死者の霊もまた子孫の祀りにより育てられ、祖霊へと浄化されていく。自己の子孫を残すことは、死後の人生を全うするための必要条件である。かつて親は子を生み育てることで老後の保証を得ただけでなく、死後の祀りも得ることができた。財産の分与を受けた子は老親の面倒を見たのであるが、一般に、子は養育してもらったほどの借りを親に返すことはない。その心理的負債が親の菩提を弔う行為に向かわせるのではないか。

ただし、ここでいう心理的負債や死者の供養は、フォーテスが述べた父系制社会に特有な隣接世代間に存在する両義的感情の宥和過程を宗教化したものと限定されるべきではない。しかし、ここではひとまずフォーテスの理論により、祖先崇拝の発生と機能を述べてみたい。親が在世中子供に家族内における家長としての権利を譲らない社会では、子供は精神的・経済的な自立性を求めてもできない。このような状況下でストレスを感じ、親との間に忌避感情が生じるといわれている。嫡子が抱くエディプス・コンプレックスは、親の死による自己の社会的地位の上昇によって解消されるが、他方で親の死に対して心理的負債が生じる。つまり、親は死により子供に家長の地位、財産、当該社会集団内での法的権利を譲り渡したが、子供はそれに対して返すべきものを持っていない。この負債の感情を、父の死後父の霊(祖霊)を祀り、祖霊の意向に従うことで宥和するのではないかというのが、フォーテスの仮説である。

むろん、家父長制家族においては、家族の系譜を永続化することが、家族成員共同の目的であるから、親世代が子世代を養育すること、子世代を権威に服させることは親世代の権利でもあったが、系譜と財産の継承を図ることは子への義務でもあった。その点から子世代は、養育してもらう権利があるわけで、親の子育てという自明な家族行為に負債を感じる必要はない。また、親自身は、自分の老後を見てもらうという計算も当然ある。農村家族において子はかけがえのない労働力である。家族内では家の継承、子育て・老親の扶養をめぐって利害関係がある。しかしながら、実際に家族では利害関心(interest)の交換がなされているわけではない。その交換は道徳的行為という社会的価値の脈絡でのみ理解される。つまり、親世代の養育は親の情け、愛情から出た行為であると、様々な道徳的言明がなされ、子世代に社会化されている。子世代にとり、養育に対して感謝することが倫理的に制度化されているのである。換言すれば、親世代に対する心理的負債が制度化されている。そして、その負債の返済方法も、死後の祀りとして制度化されているのである。

祖先崇拝の核心は親世代に対する「孝」の宗教儀礼化であり、人は安心して、自己の心理的負債を返済していける[Fortes 1970: 172f., 177, 193f.]。

以上のようなフォーテスの理論に基づけば、祖先崇拝は、隣接世代間の忌避感情、子世代の親世代に対する恭順の制度化により生み出されたものと考えられる。とりわけ前者は家父長制家族に特有の社会関係から生じる心理であるが、後者に関しては、どの程度「孝」が道徳的規範として制度化されているかは別として、これは双系社会であっても、親が子を育てることで家族が成立する限り、親に対する子の道徳的規範はある。

親と子の隣接世代間にある根本的な関係は、親の生前には隣接世代間に互酬的な関係が成立しないということである。この点を詳しく見るために、家族内における互酬性と家族外(世間)社会における互酬性の規範としての表れ方の相違を見ておきたい。

人間社会において贈与と交換の過程が、社会的連帯や統合に大きな役割を果たしてきたことはモース以来の人類学者に指摘されている。日本社会でも、贈り物の慣行は、冠婚葬祭等世代を超えた時間幅で行われた。また、モノとモノの直接的な交換に限らず、人間関係において精神的に借りのある状態を「恩」があるといったり、その返済が義務と社会的に認識された場合「義理」があるといったりした。恩を忘れず義理を果たすこと、つまり

「人に迷惑をかけない」ことが「恥ずかしくない」生き方とされている。与えられたものと返すものの価値が均衡的であることは、互酬性の原理として社会成立・存続の基本要件である。もちろん、どのような関係が恩となり、どのように義理を返していくかは、時代・社会状況が、規範あるいはイデオロギーで規定している。ただ、いかなる社会であっても、互酬性が期待されているといって構わない［浜口一九八八：一八〇—一九七］。

家族は、親と子との相互援助を集団の機能とするために、家族内成員間の互酬性を制度化することで最も安定する。しかし、家族に関わる言明は、「してもらうこと」と「してあげること」の釣り合いが、社会一般の互酬性とは異なることを繰り返し述べる。家族は家族であるがために、助け合って生活するのであり、親は本来的に恩返しを求めて子供に尽くしているのではない、という社会観念がある。これは個人的な家族の認識から、「無私の母親」という母親に対する理念型、その宗教的昇華ともいえる観音信仰まで、親のあり方に一つの社会的イメージがある［山村一九七一：二〇九—二二八］。それに対して、子は親の慈愛に応えて「孝」を尽くすという子のあり方も同様に存在する。

親世代と子世代の社会関係は、両世代の道徳的要請の帰結として互酬的であるが、それぞれの規範意識は根源では互酬性の観念を拒絶する愛情という社会的脈絡に発している。「してあげたこと」に見返りを求めない一方的な供与が愛情の特質であり、「して返すこと」を前提にした援助は不純なものと考えられる。つまり、互酬的思考は深い感情的包絡で結ばれた家族にはふさわしくないと考えられているのである。どんな親でも親は親、どんな子でも子は子であり、選択できない感情的つながりがある。

子は親に育ててもらった事実に借りがある。子は親の老後を面倒見ることで義理を果たせるはずである。しかし、この心理的負債は、親の行為が無私の愛情に基づくものであったという言明を聞かされるほどに大きくなり、その返済は一応のものではすまないことを自覚させられる。無限の返済を必要とする「恩」という意識が相当するように、子世代への社会化がなされた結果、老親の扶養程度では心理的負債を完済できなくなり、親の死後においても「恩返し」を指向するようになるのではないか。親の生前、子供が親に何もしてあげられなかったという悔いは個人的な自覚のレベルであるが、して返すことが絶対にできないほどに、育ててもらった恩と親の愛情は大きいとする道徳的言明が、近世から戦前まで社会的倫理規範として存在していた[姫岡一九五二]。

日本では、伝統的に親の死後、親の霊を祀ることが子のなしうる報恩であると考えられてきた。これが、単なる子供の親への恩返しの気持ちからだけでないことは、日本における霊の祟りの観念にうかがえよう。不幸・災難等の非日常的な出来事が、先祖の供養を疎かにしていたためと宗教職能者に解釈され、納得してしまう人が実に多い。親と子の互酬的関係は自明なものだけに、子の供養の怠りは先祖の怒りを招くと考えられる。先祖供養を教理の核心とする宗教教団は枚挙に暇がない。現世で親と子の互酬的交換が完了せずに、互酬性は親の死後宗教的領域において貫徹されている。これにより、親と子の関係はこの世の関係を超えて、永続化され、それが「恩」の倫理的価値を含んだ「縁」と観念される。そして、親世代と子世代の世代間関係を、宗教的象徴を用いて対象化した祖先崇拝が生まれてくるのではないだろうか。次節では、タイ家族間の互酬性がどのように規範として存在し、現実の共同性と関わっていたか見ていきたい。

第三節　タイにおける家族研究

タイ社会の研究は第二次世界大戦後本格化し、一九五〇年にエンブリーはタイにおける社会集団の構造化のゆるさ(loosely structured)を説いた[Embree 1950: 181-193]。その後、タイ研究はコーネル大学のグループによりタイ中央部のバーン・チャン村の社会組織が調査され、エンブリー説を継承・補強するような形で進められた[Hanks 1962: 1247-1261]。これに対して、ポッターは、北タイ村落(チェンマイ村)の調査から、明確な構造を持つ社会集団の構成体として農村社会を捉えるパラダイムの転換を唱えた。両者の構造化の度合いに関する認識の相違は、デルタ地帯のクローン(運河)沿いに形成された散村型村落と、灌漑治水によって水稲耕作を営む集村型村落の生態的環境の相違によるものと思われる[Potter 1976: 1-11, 88-91]。

しかし、ポッターの自律的村落共同体のモデルは、機能主義人類学に引き寄せすぎたものとして批判された。タイ中央部農村地帯が資本主義過程に巻き込まれていったのは一九世紀後半、一八五五年のボーリング条約以降である。米のモノカルチャー経済が進行し、地方の米ブローカーは国際的米取引を扱う中国商人に余剰米を売り渡し、一九〇七年には米の総生産量の半分を輸出するに至っている[Keyes 1989: 44-47]。貨幣経済の浸透による農民層の階層分解はこの時点で始まっており、人類学の調査者たちがフィールドに入った頃の村落構造は、土地所有者、自作層、土地なし農民と階層化していたと考えられる。その意味で世界市場と無関係でいられた村落共同体は考えられない。また、村落(muu baan)という共同体の境界の概念、村長(phu yai baan)という地位も、一九世紀末チュラロンコン王治世下、中央集権国家化と徴税のために作り出されたと考えられ、都市と農村、あるいは国家と地方の連関を視野に収めずに地域社会を論じることはできない[Kemp 1989: 11-13]。

現在の地域社会の研究動向を見ると、タイ側では開発の実態調査と方法論的提言、外国人によるものではタイ社会の資本主義化過程と農村社会の変動をあとづける研究が注目される[北原一九九〇；田坂一九九一a、一九九一b；Chou 1988: 42-54]。とりわけ、土地なし農民層の都市流入によるバンコクのスラム形成、児童労働や売春などの社会問題を扱う発展途上国研究の領域が形成されてきている(2)。

日本におけるタイ農村家族・親族研究は、一九六四年から六六年にかけて行われた水野のドンデーン村調査により先鞭をつけられた。水野は家族の構造的結合原理を「現に生存する親子、夫婦、兄弟姉妹等の二人関係の累積体として認識され」「損得相互依存の感覚、相互に相手を思う気持ちを価値ありとする間柄の論理」と捉える。この結合は、エゴを中心に父方・母方の家族、子供の家族へと「放射状的拡大」を示し、それぞれの家族が等距離に間柄の論理で結び合わされ、双系的な親族を構成している。実際、父方・母方の祖父母、オジオバ、イトコ、姻族の親族名称もそれぞれ世代と位置において対称的である［綾部一九七一：二五二］。しかし、家族の存在形態では妻方居住であり、「親が農地を統御しているために、農業生産の面で共同関係が生じ、それを契機として親の世帯家族と子供の世帯家族が結合」し、両世帯が隣接して居を構える「屋敷地共住集団」と彼が名づけた特殊な家族形態を特徴とする［水野一九八一：一〇八―一一〇］。

ドンデーン村では、農業世帯一二八軒中四八世帯が一八の屋敷地共住集団を形成しており、その世帯構成は表3-1に示してある。全世帯のうち二三世帯が土地なし層である。屋敷地共住集団の構造変化を家族周期論的に示せば、最初に結婚した娘夫婦は、しばらく同居して親の農業を手伝い、土地の分与（宅地）を受けて独立した世帯を作る。そして核家族となった親世帯は次の娘の結婚により、また三世代家族となる。最後に残った末娘が老親を扶養し、残った家産を継ぐ。子供たちは独立後も親の農地で働き、親の死亡後農地（水田・畑）を分割し、屋敷地共住集団の共同関係は解消される［Mizuno 1986: 845-850］。

表3-1　屋敷地共住集団の構成

世帯間の結合状況	
親夫婦＋娘夫婦	9
（親夫婦＋娘夫婦）＋娘夫婦	3
（親夫婦＋息子夫婦）＋娘夫婦	1
親夫婦＋娘夫婦＋息子夫婦	3
（親夫婦＋娘夫婦）＋娘夫婦＋息子夫婦	1
（母方祖父母夫婦＋親夫婦＋娘夫婦）＋娘夫婦＋息子夫婦	1
計	18

注：（　）は同居を示す
出所：Mizuno（1986）から筆者が作成

つまり、屋敷地共住集団は、子供たちの結婚という家族の発達課題と、それに応じた土地の分与、集約的労働力を必要とする農業経営から生じた世帯結合である。水野は、農業の労働力交換や種々の儀礼を主催する時の援助などにおいて、双系的親族の中でもこの屋敷地共住集団が中心的役割を果たし、社会生活の単位になっている事実を指摘し、タイ家族のモデルとして提示した。この世帯結合の感情的紐帯は、共働共食(het nam kan, kin nam kan)という表現をとり、村落生活の共同性の規範にもなっているという。

これに対して、マレー農村家族を研究した口羽と前田、一九八一年から八三年にかけてドンデーン村の再調査を行った口羽と武邑は「家族圏」を提唱し、水野の屋敷地共住集団説を批判している。両者の論点は、屋敷地共住集団は家族とみなされるべきか、親族とみなされるべきかという点にある。日本の家は、家族の枠がア・プリオリに存在して、家族成員はそれぞれの家族内地位に応じた役割行為を行うことが期待される。しかし、マレーの家族では、夫婦・親子の二者関係、兄弟姉妹間の日常的な関係の累積により、双系的親族内の共同体の一単位として家族が認識されているにすぎず、家族そのものには社会集団としての自律性、集団内の地位と役割の分化が明確でない。従って、家族は集団としてよりも、社会関係の網の目、その中の一つの範囲、家族圏として捉えられる認識上の存在ではないかというものである。タイの家族も、家族の結合原理を互酬的な「間柄の論理」に求め、二者関係の累積体とするのであれば、屋敷地共住集団という確固たる家族集団が存在するというよりも、世帯間の共同性の範囲が、家族と認識されていると考えてもよいという主張であった［口羽・前田一九八〇：一九七―二〇四］。

実際に、口羽・武邑の調査によれば、屋敷地共住集団において、最も主要な機能である共同耕作は、同一屋敷地にいない近親者との間でも行われ、共働共食の道徳的互助規範は親―娘結合だけでなく、食えない息子や親族の面倒にまで及ぶ。しかも、屋敷地共住集団が調査者の分析概念でしかないのに対して、親族を意味する〈sum〉という言葉があり、共働共食は親族全体の互酬的規範と村人に認識されているという［口羽・武邑一九八三：二九七―三〇〇］。

このような批判がなされるのは、水野の屋敷地共住集団という分析概念が、一つにはタイ社会特有の社会関係分析に関する文化的モデル（間柄の論理、互助規範）と、家族という具体的な社会集団の結合を目指したことに原因がある。坪内の指摘にもあるように、間柄の論理をおしすすめることは、個人が他者との関係の中で自己を現し、特定集団への所属で自己を確立していないという認識を出発点にしている。従って、屋敷地共住集団という集団による親族・共同体の分析とは矛盾し、むしろ、家族圏の関係論的認識の方が論理的一貫性を持つ［坪内一九八〇：一八〇―一八一]。もう一つの理由は、水野が家族に対して構造と機能両面からの概念規定を適切に行っていなかったことにあろう。これもタイの家族が一世帯一家族としての集団性を認められないという事実に起因する。むしろ、タイと対照をなす日本の家族の分析では、家を家族の分析単位として扱うことは自明に近かった。また、家を同族連合の一単位として同族そのものを分析しても、外部に対する排他性、本家―分家の集団内地位の分化、集団としての結合が世代を超えて連続する点からも、十分集団としての分析が可能であった。日本の「家」の本質規定として、系譜の永続を目的とする家父長的直系家族として見る喜多野の説と、家族成員の扶養を共同でなす経営体としての側面を重視する有賀の説がある。これに親子間の道徳的規範「孝」のイデオロギーとしての歴史的展開を追う研究の方向を加えると、おおよその家の姿が浮かび上がってくる[米村一九七四：二一―二四]。このように家族の規定を構造・機能・規範的価値づけの三つの側面から考えてみることが理論上は可能である。

しかし、家族を分析の単位として扱えないという留保を残しつつ、世帯と屋敷地共住集団、親族の関係性の中に、上記の三つの側面を同時に確認することは可能であろう。その際は、分析の単位を変えていくことが必要である。つまり、屋敷地共住集団の構造は世帯の家族発達に、機能は親族の互助機能に求めること、互助規範は親族全体の共同性である共働共食の観念に求められよう。

ところで、これまで論議の対象としてきた東北タイの屋敷地共住集団は、タイ農村の発展段階過程で生まれた存在であり、東北タイにおけるフロンティアの終結(未耕地の減少)、村落社会外の社会経済変動(資本主義経済の浸透)、自然環境の変化(降雨量の減少)に大きく影響されてきている。簡単にいえば、子供に分与する十分な土地を持つ富裕農であるか、土地がなければ開拓可能な未耕地が多数残されているか、いずれかでなければ屋敷地共住集団は成立しない。こうした条件を考えると、水野の屋敷地共住集団論に日本の研究者が着目したのは、無意識のうちにタイの親族構造に日本の家・同族といった親族の特別な結合単位を見ようとしたのではないかと思われる。

従来、東北タイは自作率が高く、土地に対して人口密度が低かった。現在では水田耕作地への労働力は供給過剰になっており、余剰労働力は、地方都市か首都バンコク、あるいは海外へ出稼ぎに行かざるをえない［田坂一九九一ａ：三七―四一、二六二―二六七］。村落内の農民層分解が、生存レベルぎりぎりの土地なし農民を生み出し、その子弟が児童労働者として様々な産業に吸収されていった事実は、一九八〇、九〇年代に社会問題化した。ストリート・チルドレンとなって都市で使い走りや売春等に従事する少年少女もいる。

第四節　宗教儀礼と互酬的社会関係

タイ村落社会における宗教現象の体系化を図り、社会構造との関連で論じたのがタンバイアである。この調査研究の時点では、かなり機能主義的なコミュニティ分析の手法を採用しているが、東北タイにおける宗教研究の古典であるので、一通りの説明を加えておきたい。

タンバイアは、宗教行為の領域を①仏教、②クワン儀礼、③守護霊崇拝、④邪霊祓除の儀礼に分類し、①村人の基本的な宗教観念、②儀礼の対象となる宗教的実体、③儀礼執行の宗教職能者、④儀礼、⑤儀礼参加者に関して分析している[Tambiah 1970: 338]。

村人の来世観をも含めた人生観は輪廻転生であり、現在の状況は前世での功徳(bun、ブン)と不徳(baap)の相殺されたバランスに規定されると考えられる。村人にとって仏教とは、功徳を積むための方法を具現化した出家者の集団(僧団)との関係の中で、徳を積むことである。出家した僧は剃髪し、黄色の衣をまとい、二二七の戒律を守り、自らの徳を高めることに専念する。在家は僧の代わりに労働し、僧の生活を支えることで布施(tham bun、タンブン)ができる。ここには、相対的に功徳の保持量の少ない者(在家)が功徳の多い者(僧)に布施することで、僧の徳が布施者に転送されるという発想がある[Tambiah 1970: 53-55]。出家は布施を受け取ることで(ao bun)在家に功徳を施せるのである。毎朝寺院に朝食を届ける、托鉢する僧に食施を行うといった個人的な儀礼のみならず、年中行事としての仏教儀礼にも、黄衣奉献祭(bun thood phaa paa)のように共同体が僧侶集団にタンブンする機会がある。タンブンをめぐる出家と在家との互酬的関係は、タイ上座仏教の根本である。

クワン儀礼とは、体から生霊(khwan)が抜け出て病気になったりしないように、遠くへ旅に出る時や、子供の誕生・得度式・結婚式などの通過儀礼の際に、原綿糸を手首に巻きつけ(phuk khwan)、招魂(suu khwan)する儀礼である。クワンは死後の霊(winyan, phii)と対応し、生命力・モラールのようなものと理解される。この招魂儀礼では、重要な通過儀礼にはパームやモー・クワンと呼ばれる村落バラモン(出家の経験がある長老)が当たるが、送別の時は老若誰でも行いうる。パームは、天界に住むテワダー(パーリ語のdevada、神)にも降臨して儀礼を祝福してくれるよう祈願する。

守護霊崇拝に関しては、タンバイアの記述によれば、寺院に住む聖人のピーが神霊化した霊(caau phau phra khao)と、村落の草分け的な人物のピーが神霊化した霊(tapbaan)がある。前者は寺院での祭礼実施の許可を下す権限を持ち、村人は事前に供え物を行い、伺いをたてる。後者は、他村から婿入りしてくる者の村入りの儀礼に関わり、成員権を与える。どちらも、農耕の予祝儀礼等で供応され加護を与える性格が強いが、祀りを怠ると村人に災いをもたらすと信じられている。儀礼の執行には霊媒師(tiam, cham)が当たる[Tambiah 1970: 232-239, 312]。竹内・赤木は、東北タイ村落の霊媒師の選出方法を観察した結果、草分けの系譜に連なる者が選ばれる傾向があるとして、守護霊崇拝と村落構造の連関を示唆している[北原一九八七：一一八―一二五]。

北タイでは、田植の時期に行われる村落レベルでの守護霊崇拝(gaan phee chao baan)の儀礼と共に、母系親族レベルでの祖霊祭祀(gaan phee poo yaa、祖父母の霊)がある。儀礼参加者は、母と娘たちに限られ、婿入りした男たちは生家でするのが筋であるが、概して出ない。儀礼執行の時期はやはり、農繁期に入る六月前後が多く、参加者への憑霊現象も見聞される[Potter 1976: 145f.；杉山一九七六：一〇八—一一〇、一二一—一二五]。親族が移動する時は祖霊棚も移し、例年祭祀を行うために母系の親族が参会するところから、ポッターはこれを母系クランの祭祀集団と捉えたが、この祖霊祭祀以外にはさしたる機能を果たしていない。

北原は中部タイの村落に、姓の導入に伴い、同姓の親族に集団意識(trakun)が芽生えてきた事実を指摘しているが、まだこの集団に同族祭のような祖霊祭祀は見られない[北原一九九〇：一七六—一九九]。タイの祖霊祭祀は漠然とした村の守護霊の祭祀が中心になっている。

第四番目の領域、邪霊祓除の儀礼は、タイ人のライフコース観と深く結びついている。人間に災いをなすピーは、人間の災難の数ほど考えられるわけであるが、異常死した人間のピーは特に恐れられ、事故や疾病で亡くなった者、子供や産褥死した女性は、遺恨が邪霊になると考えられている。死者はすぐに土葬にされ、数年を経て大地がピーの危険な力を吸収した頃に掘り返され、荼毘に付して僧侶を呼び本葬を行う[Tambiah 1970: 179, 189f.；林一九九〇：四七九]。逆に、正常な死に方、子孫に恵まれ年老いて亡くなった者は、祖霊になると考えられている。つまり、定位家族から婚姻を経て生殖家族を形成し、社会的に公認されたライフコースを全うすることで祖霊への道が開ける。ライフコースを途中でリタイアした人のピーは、忌避されるのである。これは、二節で述べた日本人の生死観に等しい。この種の邪霊は、モーソン、モータムと呼ばれる呪術者により祓われる。

さて、以上述べてきた四つの領域の宗教儀礼が社会構造と関連を持つとすれば、それは儀礼参加者の互酬的関係の脈絡においてである。先にタンブンをめぐる出家と在家の互酬性について述べたが、村落社会では子供の出家のために得度式(bun buat)を親が主催することが多い。親が貧窮な場合は、村内の有力者が主催し功徳を積む。子にとって出家は通過儀礼の一つであり、自分自身の功徳を積む機会である。親にとって子を出家させること自体功徳であり、僧となった子に食事をはじめ、布施を行うことでさらにブンが積める。得度式はしばしば祖父母の法事と共に行われ、出家のブンは亡くなった者にも転送される。そして、得度式前日に行われるクワン儀礼では、親の代わりに親世代を代表してパームや老人が、養育の苦労と親の慈愛、特に母親と得度式を準備してくれた人々への感謝を説き、子の魂を強める。タンバイアは、ここに親世代と子世代の互酬性を見る［Tambiah 1970: 243, 343］。仏教の領域とクワン儀礼の領域は、子世代による親世代に対するブンの転送、親世代による子世代の魂の強化という互酬的関係において交差するのである。このような隣接世代間の互酬性は、葬送儀礼(kan sop)とクワン儀礼の関係にも見られる。つまり、亡くなった親の霊を子供が世話し、僧たちを招いて行ったタンブンの功徳を親に転送してやるのである。

クワン儀礼は、子世代の通過儀礼において執行され、健康・長命、将来の成功、子としての務めを無事に果たすこと、その他あらゆることが祈願され、そのために魂を強める。それに対して、子世代は、得度式、親や親世代の葬儀・年忌においてタンブンをなし、功徳を親世代に送る。この村落共同体レベルでの隣接世代間関係における互酬性の貫徹が、個人のライフコースに期待されると考えてよい。タンバイアの論点はここにあった。彼は、クワン儀礼に社会秩序維持の機能を見て、年長者世代の役割は、村落共同体の年序階梯に若者を入れ込むこと、若者たちが彼らへの役割期待にコミットするべく道徳意識(モラール)を高めさせることであると考える。妊婦や若者の死の恐ろしさ・危険さは、村落共同体に統合されずに、不自然に離れていったことから来る。まさに、このような異常死の霊(winyan)は、共同体の異界に住むもの、すなわちピー(phii)と考えられるのである［Tambiah 1970: 315f.］。

また、邪霊祓除儀礼の領域において、邪霊が外から入ってきた兆候は、ヒステリー等の精神症であるが、憑かれた者は憑いた邪霊を別の人に憑けることもできる。呪術師は邪霊を祓うと共に、邪霊を憑けた張本人を名指しする。タンバイアは三つのケースを紹介している。他村から婚入し夫の家族と暮らす中年女性が邪霊(phii paub)を憑けた犯人にあげられ、彼女は離婚させられ村から出ている。別の例では、鬱状態に陥った老女が、隣村で通りすがった男に憑けられている。もう一つの例は、産褥死の原因が他県から婚入した薬師(wicha ha khom)のせいにされた。彼は、村に病原菌を撒き散らしたあげく、治療して儲け、しかも村人に薬師のタブーを守っていなかったと勘繰られていた。しきたり通り、夜、家に石が投げられ、追い出された。要するに、憑かせた者は村落共同体の周辺に位置する人物である。村人の異常な行動は憑霊により説明され、邪霊を送った者は共同体外の人間と認識されて、原因は除去される。邪霊祓除は村落共同体の秩序回復の儀礼と解釈されたのである[Tambiah 1970: 333, 336]。

タンバイアの機能主義的儀礼分析によれば、クワン儀礼、守護霊崇拝、邪霊祓除の儀礼は共同体の秩序を維持し、回復を図る。その秩序は村落レベルでの長幼の序であり、中核的儀礼である仏教儀礼において、子世代が功徳を親世代に転送することで隣接世代間の互酬的交換が象徴的に成立する。仮に、子世代が功徳の転送を怠ると、祖霊は頭痛や発熱などの症状を起こしたり、子供同士が親の財産の継承で争うと、子孫の女性が不妊になったりすると信じられている[Tambiah 1970: 314f.]。祖霊は加護と共にサンクションをも与えるのである。ただし、祖霊はせいぜい祖父母までの直接接触経験のある霊であり、その親族への統制機能はそれほど顕著ではない。それでも、親は回向を求め、子は功徳を送るものという互酬的関係の認識は、村人の行為レベルで制度化され、逸脱が認められてない事実は確認されよう。

本章では隣接世代間関係の考察に焦点を絞っているが、仏教儀礼における功徳の転送・功徳の分有は「現時点で互助関係が進行中の家族や親族間で、また、ある時は将来互助関係に発展する可能性を持つ同世代の他者(非血縁者)を含めた社会圏で展開される」[林一九八九a：八一―八二]。功徳は儀礼に参加した者全てに分かたれる。三節で見たように、互助関係の累積体として家族・親族を圏として捉えるのであれば、功徳の分有は放射線状に拡大する。しかし、親が自分たちを扶養してくれる娘夫婦に一番多く水田、家屋を譲渡し、死後の回向を頼む点から見て、葬儀・法事のタンブンは親と子の互酬的関係が中核となり、日常生活の互助として親族・知人が手伝い、功徳を共有するのである。その実際を、調査村落のＰ家の法事を事例に見てみたい。

第五節　死者供養の儀礼と功徳の社会圏

ノーンクーン(Nong Khuun)村は東北タイ北部、ウドーンターニー県西部のクッチャブ郡に位置し、県庁所在地のウドーンターニーからピックアップで一時間半の距離にある、水田に囲まれた戸数百数十余の農業聚落である。村落の概況については、四章で詳しく述べることにしたい。

P家はノーンクーン村の草分けであり、現在の当主R氏は八人兄弟の長男で四二年前にイーサーン中央部のローイエットから開拓移住した。同時期にコンケーン、ルーイから合わせて三〇家族ほどが入植し、すぐに寺を建立、初代の住職はR氏の祖父L氏がなる。現在、氏は七〇ライの田とかなりの未耕地、養魚池を所有し、村内きっての富裕農であり、また二度の出家経験を生かし、モータムとして冠婚葬祭の指導的役割を果たしている。P家と関わりの深い親族を表3-2にまとめてある。村外に働きに出た者には、ウドーンターニーに三軒分の宅地を購入してやり、農業を営む娘婿三人には相当の財産を分与、そのほかの子供には宅地のほか、ピックアップの購入費、出稼ぎの際ブローカーに払う支度金ほかを用意してやっている。独立した子供たちがP家の手伝いをする時は出面賃を払っており、次男や親族の者が手伝う時は米を分与している。次男がまだ農地の分与を受けていないのは、R氏の末娘の婿が中学教師であり、さすがに土日だけの農作業で農家はできないからである。そこで、次男にP家の農業を全面的にやってもらうしかなく、次男に独立されてしまったら手伝ってもらえないかもしれないというR氏の思惑がある。

P家の屋敷地共住集団は、裏に住む次男家族と、道路に面して左隣の妻の妹家族、その隣の長女家族と、その娘夫婦が裏手に住み、五軒で構成されている。耕作共同経営はP家と次男家族であり、そのほかは独立して農業経営を営む。R氏の子供たちも耕作の互助はするが経営は分離している。タイ村落共同体には共働共食と助け合

表 3-2　P 家の主な親族

続柄(家族構成)	家族の概況	財産分与
長女(夫，息子1人，娘2人)	長女は結婚し母屋の裏に独立。次女は結婚し同居。長男は技術短大卒業後，サウジアラビアへ2年間出稼ぎ，娘夫婦は両親の農業を手伝うほか，出面で生計をたてる。	田13ライ 畑8ライ 宅地
次女(夫死亡，息子1人，娘3人)	ウドーンターニーに在住，アメリカ人宅で家政婦として働く。長女は結婚し同居。婿はバイクの仲買人。長男は技術短大，次女は商業高校，三女は小学校。航空技術者の夫と香港・シンガポールで数年すごし，英語を覚えた。	宅地のみ (ウドーンターニー)
長男(妻と娘4人)	サウジ3年，クウェート1年，リビア1年，日本4年(不法就労)の出稼ぎ歴。親族の出稼ぎの先駆者的存在。新築の家と家作を持ち，安定した暮らし。	宅地のみ (ウドーンターニー)
次男(妻と娘2人)	サウジ1年の出稼ぎ。父親の農業を手伝う。	宅地のみ
3女(夫と息子1人，娘1人)	サウジ1年の出稼ぎ。雑貨屋と自作。	山21ライ 畑8ライ 宅地
4女(夫と息子1人，娘1人)	アルジェリア1年，サウジ1年，クウェート2年の出稼ぎ。田畑を買い増した。	山26ライ 畑8ライ 宅地
3男(妻)	もとはピックアップの運転手。リビア2年の出稼ぎ中。妻は中学校の先生。	宅地のみ
5女(夫と息子1人)	夫は技術者で，息子をP家に預け，バンコクに夫婦で出稼ぎ。(夫婦ともバンコクで交通事故死)	宅地のみ
6女(夫と息子1人，娘2人)	雑貨屋，夫はリビアに3年の出稼ぎ中。	宅地のみ
7女(夫と息子1人，娘1人)	P家に同居。夫は中学教師。夫の弟1人居候，畑仕事を手伝う。	
妻の妹(夫と息子1人，娘2人)	自作と出面。息子と娘はバンコク，チョンブリーに出稼ぎ中。末娘は離婚して子供1人。	
妻の弟(妻と息子2人)	ガラシンに在住。ガラシンの産物をノーンクーンで行商し，ここで買いつけて帰る。P家に宿をとる。	

いの規範があり、イーサーンとバンコク、自分の親族と他の親族を比べて、いかに自分たちは情けに厚いかが、しばしば口に出され強調されるが、規範意識と実態は必ずしも合致しない。確かに、屋敷地の入口には水瓶が置かれ、イーサーンで最も大切な水が誰にでもふるまわれているし、親族(yaat, phii noog kan)がいれば、何も持たずに旅ができるといわれている。また、親族の家の飯櫃が共用されるほどに、親族の一体感は強いと喧伝されてもいる。しかし、実際は家族以外の者が、そ

の家の食事に入ることはない。食べていなくても食べたといい、家族が食べ終わるのを、タバコをふかして待っているか、自分の家に帰るかのいずれかである。タンブンのような儀礼の場、特別な関係(客等)にない者が、勧められて箸ならぬ手をカオニャオ(おこわ)に伸ばしたりすると、礼儀を知らぬ奴という評価を受ける。その意味では、共同体の意識、互助規範は親族に遠心的に拡大するが、実際の共同は、家族を中心に農業経営、財産の分与という利害関心を軸になされているのである。彼らが口にするのは内在化された規範意識である。

さて、P家では一〇二歳で亡くなった妻の母親の法事を一九九一年二月二二日にすることになった。死者に対して法事は通常一回だけ行い、複数回行う時は、一回目を大きくやる。いつやるかはその家の金銭事情による。この時期は農閑期で、村内の各家で一週間おきくらいにタンブンがなされる。子供たちは、一軒につき四千バーツ(一バーツは当時約四円)の資金を負担することになっており、目標は四万バーツであった。R氏は法事の支度、招待する僧への布施、アトラクションの費用、参会者への饗応等、七、八万バーツの出費を見込んでいた。P家の年収は自家消費分を除いた米売却益約三万バーツと中学教師の婿の給料、年収約六万バーツである。昨年隣村で、村人の生涯の夢ともいわれるガチン祭(bun kathin)を主催した人の出費が九万バーツであったという。今回の法事がいかに大規模かうかがえよう。

タンブンの準備は一週間前より、ウドーンターニーへの買い出し、養魚池の水を乾して魚を捕る、庭に吹き抜けの小屋がけをして会場を整備する等、子供たちを中心に進められた。前日から遠方の親族が集まり始め、P家の居間には二、三〇人がこの三日間寄居することになった。この日の昼食に僧侶と沙弥を招く。食事の用意は、子供や孫たち青年男女で行われ、ラープ(牛のたたきや魚のすり身に香辛料をあえたもの)やゲーン(タケノコの汁物)を作る音で騒然となる。吹き抜けの下では、近隣の老女たちが飾りつけやカオトム(バナナを餡にしたゆべし)作りを手伝う。近隣の男たちは特に手伝いに来ない。家人は徹夜で客の供応・準備に追われ、夜中の二時にローイエットから儀礼を司式する僧三人が到着する。

図3-1　法事に招かれた僧にまず在家が灌頂を行う

翌朝四時よりモーラム(イーサーン特有の即興音楽劇で農村生活の哀感を歌う)の大音声。村長がマイクで本日タンブンがあることを宣伝する。八時に僧の読経の後、朝食。九時から儀式に入る。吹き抜けの下の縁台には僧、下のござにはR氏の子供たちを先に村人が座り読経。在家側の先導は親族の出家経験者が務め、僧と在家の唱和がある。次いで、長老の僧を先頭にローイエットの僧とR氏が、腹ばいになった次男と先導の男を踏みつけて椅子の周りを三周する。出家と在家、親世代と子世代の地位関係を象徴的に再現していると見られる。そして、長老の僧が椅子に座り、在家の者は香料の入った水で僧の体を洗い、線香を供える。これは、雨乞い・豊作を願うソンクラーン(水かけ祭)にも通じるところがあるが、最高に貴重な水で僧侶を清めることは、僧に対する最高の敬意の表現、功徳を積む行為である。全員が僧に水をかけると、僧は小さい丸箒で水を村人にかけ、功徳を与え、再び読経に入る。この間、隣村からも続々とタンブンに来訪し、米・金・カオトム等を差し出し、居間で昼食をとる。金は記帳され、札は竹串に挟んで藁束の木にさされ(gan mai)、タンブンの額が個人名でマイクを通して読み上げられる。タンブンの金額は参会者に与えられる功徳の量を示し、金の木の偉容はそのまま死者に送られる功徳の高を物語る。

一一時頃ルーイから三人の僧が到着、昼食後に説話を三時間にわたり行う。吹き抜けの四方に椅子を置き、遺影と向き合って年配の僧が座る。この僧はまず、故人の略歴を紹介し、タンブンを主催するR氏の徳を称賛した後、若年の僧二人と掛け合いで時折笑いをいれて朗々と説話をうたい、語る(テート・スィアン)。内容は、母と息子、嫁の心理劇である。親孝行な息子に恋人ができ母に紹介するが、母親は悪い女であると説き諫める。しかし、子は聞かずにその女と結婚する。妻を愛する息子は母をうっとおしく思い、妻の教唆で母を殺害する。その母が霊となって息子に話し掛けてくるという物語で、結局息子は改心して妻と別れ、母の菩提を弔うことにした。妻方居住のタイで嫁姑と息子のトライアッドが問題にされることは寡聞にして、これまで考えてもいなかった。しかし、村人はこれを心待ちにして、感動し涙しているのを見ると、リアリティがあることがうかがえる。

午後四時から故人の洗骨儀礼が始まる。白布を広げた皿に遺骨をのせ、ローイエットの僧から順に村の寺の僧まで回し、蓮の花で水をかけていく。次いで、家族・親族、一般参加者の順で水をかけ、故人が来世でよりよい再生ができるように祈る。骨壷に収めた後、骨壷に巻きつけた木綿糸を僧の間で張りめぐらす。僧は骨壷の蓋を開けて読経し、さらに、木綿糸を参加者全体に張りめぐらし(サーイ・シン)、縦横に繰りながら全体で読経する。

クワン儀礼は木綿糸を巻いて魂を強めたが、同じ機能が仏教儀礼の場においても実現されているのではないか。儀礼に参加している者全てが一つとなって故人に功徳を転送する。タンブンの功徳は、糸で結ばれた人々で共有される。儀礼の社会的機能に着目すれば、共同体の統合にタンブンという道徳的価値を付与し、正当化したのである。

夜は、娯楽という形で人々に功徳を施す。R氏はウボーンからモーラムの歌手二人を招き、彼らは一〇時から翌朝の四時まで延々と歌い続ける。その他、稲刈り後のたんぼで映画を興行させる。近隣の村から屋台や人々が集まり、年配の者はモーラム、若者は映画を楽しみ、酒を飲む。モーラムは八〇〇〇バーツ、映画は四〇〇〇バーツの出費である。

翌朝、托鉢(thak baht, thak khao)があった。タンブンを挙行してくれた僧に感謝して、僧の鉢にカオニャオ(おこわ)やお布施を入れ、P家からの供物を捧げる。昨日帰ったルーイの僧には二四〇〇バーツの布施。僧の食事がすんだ後、在家の食事となる。朝食終了後、P家の法事で集まったタンブンの総額一万六八〇〇バーツ、うち一万三〇〇〇バーツを村の寺(wat kheo sawan)に、二八〇〇バーツを隣の村の寺に、一〇〇〇バーツを村の

図3-2　山門脇の塀墓の前にそろうP家の人々

小学校に寄付することが発表される。R氏はさらに功徳を積んだのである。その後、寺に献上する一切の品物が寺に運ばれ、同時に、故人の骨壺が寺の門柱に運ばれた。この門の建立はR氏が発起し、かなりの寄付を行ったことが門に刻まれた名によって知られる。その門を中心に門塀が寺の敷地に回される予定になっており、二メートル分一区画で、一〇〇〇バーツかかる。門塀にはタンブンをした者の名を記し、上部の台座には骨壺を中に納めるストゥーパ状の置物がある。P家のそれは門柱の左隣、前面に花壇つきの立派なものである。寺に着いた親族はP家の墓所の前に座り、僧の読経後再び故人の黒ずんだ骨を洗う。洗骨後、ストゥーパの中に納め、そこから木綿糸を参会者の間に張りめぐらし、最後の功徳の転送を行う。タンブンの功徳は親族にももたらされた。

法事の儀礼を完了したP家の人々はほっとして、数時間を酒、おどり、くつろぎに費やす。遠方の客人が帰り支度を始めたので、それを見送りつつ後片づけをしていく。黙々と作業をする者、酔い潰れて寝ている者、疲れてボーッとしている者、それぞれであるが、ともかく夕方までに片づいてしまうのがタイらしい。翌日は皆疲れたといって朝からおしゃべりか、寝ているだけである。R氏はさっぱりした(sabaai cai)と締め括った。

最後に慶弔記録簿から法事参会者の社会圏を分析したい。香典帳による社会関係の累積に関する研究は、日本の農村では有賀喜左衛門[有賀一九四八：二〇七―二六五]、都市では笹森秀雄[笹森一九五五：五八―八三]がある。タイも日本と同様、世帯単位で行う法事や新築儀礼に、親族や来訪者から受け取った金品を記録しておく慣行がある[杉山一九七七：一三九―一四一]。記録されているものは、名前・住所・金額のみであるが、聞き取りで補足して、

表 3-3　法事参加者の特徴

3-1　参加の形態

個人	男性	152（34.0%）
	女性	284（63.5%）
夫婦		10（ 2.2%）
職場		1（ 0.2%）
計		447（100%）　人

3-2　参加者の世代構成

老年	292（65.3%）
壮年・青年	148（33.1%）
不明	7（ 1.6%）
計	447（100%）　人

3-3　参加者の関係性

親族(yaat kan)	166（37.1%）
知人(ruchag kan)	30（ 6.7%）
孫(laan)	45（10.1%）
友人	44（ 9.8%）
近隣の人	151（33.8%）
隣村の村長	4（ 0.9%）
僧	3（ 0.7%）
取引商人	2（ 0.4%）
不明	2（ 0.4%）
計	447（100%）　人

＊ここでいう孫は，R氏自身の孫，R氏と妻の従兄の子，R氏と妻の曽祖父の孫という。また，親族は父方・母方である。

3-4　誰に対する関係か

R氏	377（84.3%）
妻	20（ 4.5%）
婿	17（ 3.8%）
子供たち	30（ 6.7%）
不明	3（ 0.7%）
計	447（100%）　人

3-5　参加者の出身地域

ノーンクーン村内	145（32.4%）
ノーンチャルング村	76（17.0%）
近隣の村	109（24.7%）
クッチャブ郡	22（ 4.9%）
ウドーンターニー及び同県	35（ 7.8%）
コンケーン県	8（ 1.8%）
ローイエット県	30（ 6.7%）
他の県	13（ 2.9%）
バンコク	4（ 0.9%）
不明	5（ 1.1%）
計	447（100%）人

出所：3-1～3-5 まですべて調査

参加者の属性を表3-3に示してみた。この記録によれば、参加者はおよそ四〇〇人。タンブン総額は、公表されたものより三〇〇〇バーツほど多い一万九一四〇バーツが集まり、最高額は筆者の二〇〇〇バーツを除いて、村の寺の住職オパール師が四〇〇バーツである。R氏は、筆者が二カ月滞在した寄宿代を固辞されたので、図らずも功徳を積ませてもらうことになった。最低の額は、枕やカオニャオ等を持参し、金銭はなし。平均は約三九バーツ、最頻値一〇バーツ(一六〇人)、中央値一六バーツである。金額の多い少ないは、関係の深さと共に経済水準の反映であると思われる。つまり、現金収入のある者は親族でなくとも四〇バーツ程度のタンブンができるが、村の老人たちは手持ちの金がないのである。

参加者は女性が多い。男性は自ら出家し功徳を積めるが、女性は仏教儀礼に参加するか布施によってしか功徳を積む道が残されていないからであろうか。一般に毎朝托鉢に食事を施すのは女性の仕事である。女性参加者の七割はメーニャイと呼ばれる主婦を譲った老女である。職場集団の一ケースはノーンクーン・ノーンヂャルング両村の小学校教師一同である。参加者の世代は老年が三分の二を占める。種々の宗教儀礼に関する仕事は老人の領域であり、また、壮年・青年層が出稼ぎでいないという事情もある。

来訪者のP家の人々に対する関係は、親族・孫で半分近くを占める。血縁・姻戚関係が双系にわたって少しでもあれば親族と扱われるので、かなりの数になる。ただし、親族圏はただ放射線状に拡大しているのではなく、関係の強さから本当の親族とただの親族を分けて扱うことがある。来訪者の住所との関係でいえば、ローイエットはP家の母村があったところでもあり、関係の深い親族が多い。コンケーンは、末娘の婿が地元のプーパンウィタヤー中学に赴任して、娘と知り合い結婚してから、彼の弟たちや親族がこの村に婚入したり、稼ぎに来たりして関係ができた土地である。一般に中部イーサーンは雨が少なく、十分に水田を所有していない家族は、将来的に子供を食べさせていけない場合、親族関係を伝って働きに行き、そこで婿入りすることがある。友人関係は子供たちの交際圏である。特に、末娘の婿には中学校の同僚が来訪している。近隣の人たちは、ほとんどが村内と(ノーンクーン村とノーンヂャルング村は寺を挟んで隣接している)、歩いても一時間内の村から来ている。ウドーンターニーにはR氏の三人の子供が在住しており、その関係で来た者が多い。長男の下宿屋に住んでいる青年やその女友達まで来ている。

ところで、来訪者中三人の僧が金を包んだというのはなんとも奇妙である。一人はP家の親族であり、あとの二人は村の寺の僧である。仏教の原則に従えば、出家が仏教儀礼を行い、それに在家の者が布施するのを受け取ってやることが功徳なのであり、僧自らタンブンする必要はない。住職に至ってはどうして五〇〇バーツもの大金をタンブンしたのか。これには宗教とは別の論理が働いている。住職が自己所有のピックアップを村の男に又貸ししてタクシー業を営ませている資産家であるという事実はさておき、村の人々と贈答をしておくことで、寺への布施とは別に個人的な布施が期待できるのである。僧侶も含めてこの村落社会では互酬的な社会関係が成立しているというべきか。

死者供養儀礼の功徳が参加者に与えられたと考えるのであれば、その社会圏は一世帯の親族にとどまらず、村落共同体レベルをも超えて、家族の生活圏に関わる人々にまで及んでいることが見られた。しかし、儀礼の準備・出費はまず家族の範囲で行われ、実行段階で親族が援助していること、そして、何よりも法事は故人の子世代が倫理的務めとして発起したことが想起されねばならない。隣接世代間の互酬性が、死者供養を実施させたのである。

おわりに

先祖祭祀の儀礼は隣接世代間関係における互酬性の脈絡で行われ、そこには当該社会のライフコース観・世界観がうかがえる。四節で記述したシンクレティックな宗教表象と社会構造の連関は、観察者の解釈に基づいた社会のモデルであって、現実態ではない。実際に確認しえたのは、タンブンの社会圏とでもいうべき、功徳の共有される領域である。タイの家族・親族はタンブン儀礼の場において、社会関係の累積体としての姿を現し、家族―親族―地縁（村落共同体）―人縁（生活拡充集団）の同心円的稠密の度合いを示す。これらの社会結合をもたらす行動原理は、具体的状況における互酬性、世代間関係に規範として効力を持つ互酬性の道徳であり、仏教儀礼・クワン儀礼により宗教的正当化を与えられていたと考えられる。

しかしながら、互酬性の倫理は実際の「共同性」を前提に成立する関係である。親子間においては財産の分与、親族間では農耕の共同、生活の互助が現実にあることで、互酬性は倫理たる根拠を持つ。貧農の家族では、出世した者がテレビ、冷蔵庫等具体的に物を送ることで、親族の縁が確認され、その縁に恩的価値が付与されるのである。ところが、フロンティアの喪失と労働力人口の過剰に伴い、農民として共同性を確保する手段が奪われつつある。つまり、親は子に分与する土地を持たないし、親族が生活の扶助組織として機能するには限界が来ている。村落共同体に居場所を確保できない者は、資本主義的生産関係に身を置き、労働者としての個を自覚しつつマチに生活せざるをえない。自分たちの生活と故郷の親族の縁は、実際の共同性を媒介としない認識上の「縁」、精神的なつながりのみになる。もちろん、一九世紀から村落共同体の構造に地主—小作関係の存在は確認されていたが、総体としてパトロン—クライアントの擬似的共同性の中に取り込まれていたであろう。現在では結果的に、共同性の現実を持たない互酬性の倫理はイデオロギー的性格を強め、家族を拘束していくのである。雇用機会に恵まれない小農の家族成員は、家族のために生存ぎりぎりの低賃金で労働力を提供し、タイの産業化・近代化過程に貢献した。外貨獲得のための観光産業に従事する女性や、農・海産物の加工業、軽工業を支える児童労働等の社会問題の根には、家族の縁に付与された倫理的正当性・イデオロギーが考えられる。

このような農村地域輩出の労働者たちは、いずれ都市的生活様式に慣れる。彼らは、農村の生活を理想化した「共同性」のレトリック(例えば、共働共食)を語り、懐かしむかもしれないが、金銭感覚や人との距離は都市の人間のものである。P家の長女の息子は短大を卒業したが職がなく、北タイの田舎町の雑貨屋を手伝いながら海外へ出稼ぎの機会をうかがっている。たまに帰省しては、友人とビールを飲んで散財し(彼の月収はビール三〇本分)、老いた親を助けたいのに何もできない自分に悲憤慷慨し酩酊する(数年後に彼は南タイで警察官の職を得、結婚して子供を持った)。彼は、家族の互酬的なきずなをどのように自分の子供に伝えていくのであろうか。かつての日本が経験した地域社会の変動と文化変容にタイは直面している。

（1）　二節の論議は内観法の研究、櫻井義秀「先祖祭祀にみる家族の『縁』と内観」日本内観学会一四回大会、口頭発表、一九九一年をもとにし、稲葉昭英「互恵性・心理的負債と社会関係」北海道社会学会三九回大会、研究報告、一九九一年を参考にしたものである。

（2）　枚挙の暇がないが、日本のＯＤＡと開発ＮＧＯのタイにおける活動に関しては拙稿[Sakurai 1990: 105-138]、スラムのモノグラフでは、トーベック[Thorbek 1987]、出稼ぎ者や都市低階層の女性が風俗産業に従事するようになった事情の事例研究は、パースク[Pasuk 1982]、児童労働の実態では、リッチャーとオーダム[Richter and Ardam 1989]、児童の権利では、ＮＧＯのレポート等が多数ある[Thai Development Support Committee 1989]。一九九〇年から十数年経ても、開発論、社会福祉政策の研究が盛んであり、むしろ、タイ国内において制度化されたように見える。

第四章　宗教実践の構成と社会変容

本章では、東北タイ村落の社会構造の変動と文化変容の問題を、慣習的宗教実践の変容から明らかにしてみたい。慣習的宗教実践とは、制度的宗教実践と対置される概念である。タイでいえば、村落の宗教実践が上座仏教という制度宗教に包摂されながらも、慣習的宗教実践の要素を色濃く残している[林二〇〇〇]。上座仏教そのものは経典と戒律、及びサンガという宗教制度に支えられて、政治経済、社会変動の影響を受けながらも、また、サンティ・アソークやタンマカーイ等の派生的宗教運動を伴いながらも[矢野二〇〇二：七七―一一二]、比較的原型に近い宗教実践を維持している。首都や県都の由緒ある寺院ではオーソドックスな説法、仏教儀礼が執行され、寺院の運営と経営は、サンガと信者集団に担われている。

それに対して、村落社会では、寺も僧侶も村落社会から独立したものではない。聚落の発展・衰退は直接に寺院の隆盛・衰退に関係してくる。僧侶や沙弥も地域の村出身者であり、寺を支援する者は村人である。また、僧侶は地域の精霊崇拝、タイ方医療にも造詣が深く、寺は精神的・肉体的癒しを提供する村落のコミュニティ・センターの役割も果たしている。僧侶の説法には、親子の扶養関係、親族の互助関係、村落コミュニティにおける倫理的な社会関係の理想がうかがえる。それはまた、宗教局の教化方針に従うサンガの姿勢や、また村人が国民として国家から受容した規範的社会像をも反映している。このような場において、村人は家族、コミュニティの社会倫理を、自らの生活構造を維持するために利用していくのである。従って、慣習的宗教実践の内容を明らかにし、それを支える社会的条件の変化を指摘することで、宗教実践から村落の社会構造、家族関係、及びそれらの変容が見えてくるはずである。この点をもう少し理論的に敷衍してみよう。

本章で提唱する慣習的宗教実践という理念型を用いた戦略的利点と分析の手順は以下の通りである。

第一に、慣習的宗教実践を社会関係が内在化された行為として捉えることで、そのシンボリズムの分析は埋め込まれた社会構造の分析と連関する。例えば、タンバイアは東北タイの農村宗教を分析した際、互酬的な表象の付置と現実の村落や隣接世代間の互酬的社会関係に機能的な連関を見た。しかし、本章ではあくまでも文化と社会構造の相対的自立性を前提にそれぞれの構造を分析する。文化が規範性を帯びるのは、現実の生活過程の諸事実に対して文化が妥当性構造を維持する限りにおいてである。その限定された社会的コンテキストを、具体的な生活構造、民俗的(エミック)知識を通して明らかにすることで、機能主義的宗教変動論を乗り越えたいと思う。

第二に、慣習的宗教実践が変容する条件を、①儀礼行為自体の変化、②宗教実践が含み込む意味のレリヴァンスが、社会的コンテキストと齟齬をきたす局面、③宗教実践を身体化する共同体の解体と仮定したうえで、調査村落における宗教実践の持続・変容の要因を特定化したい。

第一節　問題の所在

本章は、村落社会の宗教伝統を慣習的宗教実践と措定し、それを支える社会的条件の変化を指摘することで、社会変動期における宗教変容を明らかにしたい。慣習的宗教実践という理念型を用いる理由は二つある。

第一に、慣習には既存の社会関係が内在化されており、身体化され無意識的に繰り返す行為によって社会関係の再生産がなされる。従って、慣習には、生活者にとって自明とされる埋め込まれた社会構造が読みとれる。ただし、慣習的実践は、規範による制約を受けた行為から区別して考える必要がある。規範ないし規範意識が行為を自動的に導出すると考えられる社会状況は特殊である。文化が人々に単一の意味を与える程度に社会が統合されている場合がそれであるが、現実にそのような社会はない。筆者はこのような機能主義的視点に依拠しない。慣習に従うことで社会的正当性を十分得られること、また可能な社会的資源を合理的に利用できることの二点において最大限の効果を上げられる場合に、行為者は慣習に従うのであって、これらの条件が満たされない場合は別の行動原理に従うと考える。

この問題を分析対象に即して論じよう。タンバイアは、東北タイの農村宗教を分析する際、人生周期の節目に実施される魂の強化儀礼であるクワン儀礼と得度及び供養の仏教儀礼に、家族と村落レベルにおける隣接世代間の扶養―報恩の関係が反映されていると指摘している[Tambiah 1970: 337-340]。また、村落社会の親族関係・農業労働慣行に見られる「共働共食」という共同性の意味論的根拠を村人の宗教世界まで含めた互酬性に求める論者がいる[武邑一九九〇：三四二―三四七]。しかし、村落社会をシステムとして構造機能分析を行えば、サブシステム間の相補性と互酬性はシステムが機能するために前提されるものであるし、宗教表象に互酬的シンボル配置があるのは機能的必然である。システム論を用いてサブシステム間、すなわち文化と社会の機能連関を確認するというのはトートロジーである。

文化と社会構造に相同性を発見したとしても、それで機能的連関を証明できるわけではない[Befu 1977: 255-281; Gouldner 1960: 161-178]。互酬的行為の正当性と合理性を社会的コンテキストで明らかにすること、さらに具体的な生活過程の諸事実、民俗的（エミック）知識を通して、互酬性の論理を表象と構造のレベルにおいて確定する作業が必要である。それによって、社会変動と宗教変動の関連が具体的になり、両者の相互連関を無批判的に前提する機能主義的宗教変動論を避けることができる。

第二の理由として、東北タイ農村の宗教を慣習的宗教実践として扱うことで、制度宗教としての上座仏教との対照が明確になり、宗教変容の条件が特定化される。解脱宗教としての上座仏教は、経典と戒律の宗教的コンテキストを護持することにより、時代・地域を超えて了解可能な普遍性を持つ。従って、教育を通じて仏教徒としてのタイ国民を再生産し、タイ人以外にも上座仏教の教理や思想を伝えることが可能である。他方、生活の場としての生態・労働的条件の中で象徴・儀礼を構築してきた慣習的実践宗教は、その地域社会において宗教実践が繰り返されることでしか伝承されない。メディアや外部から来た旅行者や研究者に注目されない限り、その地域外の人々には知られることのない宗教である。

慣習的宗教実践が変容する条件を、①儀礼行為自体の変化、②宗教実践が含み込むレリヴァンスが社会的コンテキストと齟齬をきたす局面、③宗教実践を身体化する共同体の解体と仮定し、宗教実践の持続・変容の要因を特定化したい。この三つの条件を調査対象地の宗教実践に即して考察していくことが本章の目的である。

具体的には、まず、対象地の構造的社会変容を述べ、慣習的宗教実践が社会経済的コンテキストにおいて合理性を失っていることを指摘する。次いで、宗教実践の儀礼、そこに示される意味空間を叙述し、倫理的正当性がどのようなコンテキストで語られるかを確認する。それと村落共同体の社会関係を照応させたい。実際の分析に移る前に、対象となる宗教実践の見取り図を地域社会変動との関わりで若干説明しておこう。

タイ国の宗教伝統において、タイで国が作られる時代(一四世紀以降のアユタヤー朝)までに経典宗教である上座仏教とバラモン教が移入され、法の擁護者として王権を正当化する鎮護国家的な仏教が成立していたと考えられている。民衆にも仏教は広まっていたと考えられるが、現在もある程度精霊信仰を保持する農村部の特徴を考えると、民俗宗教的な仏教ではなかったかと推測される。タイ仏教は近代国家形成の過程において、制度化された宗教になり、それは王室や貴族階層の範囲を超えて、地方の村落までも包摂するものに変わっていく。

国家中枢において、一九〇二年に制定されたラタナーコーシン暦一二一年サンガ統治法は、二度の改正を経て現在に至り、エクレシア化したサンガが制度宗教になる。周辺部のタイ東北部ラーオ系タイ人の生活世界では、村落社会の年中行事、個人の通過儀礼それぞれに仏教儀礼と精霊信仰が習合化された形で存続している。しかし、森林の消滅に伴い、そこに住まっていた精霊の崇拝儀礼は衰退し、村が行政村として国家機構に包摂され、相対的自律性を失うにつれて、地域の守護霊儀礼は存続しにくくなっている。また、公教育による近代化の流れは、プッタタートに代表されるタイ国サンガ内部の合理主義的上座仏教理解の動きと相まって、長期的には呪術的仏教儀礼の妥当性構造を弱めている。

もっとも、仏教伝統は辺境に拡大するために民俗宗教を取り込んで現在の習合的儀礼を作り上げてきたし、民俗宗教も仏教伝統を利用して存続している。林は一九八〇年代にモータム(呪術医)がダルマの力のメタファーを借りた儀礼を行っていること、守護霊儀礼の仏教化等の事例を報告している［林一九八九b］。本章は以上のような状況認識を出発点として、現在の宗教実践の趨勢を見極めようとしたものである。

第二節　調査地の概況

ウドーンターニー(Udon Thani)県は東北タイの中でもさらに北部にあり、北はノーンカーイ(Nong Khai)県、西はノーンブアラムプー(Nong Bua Lam Phu)郡(現在は県)、南はコンケーン(Khon Kaen)県、東をサコンナコーン(Sakhon Nakhon)県、ガラシン(Kalasin)県に囲まれた内陸部にある。コーラート盆地から外れているため、東北タイの中では比較的降雨量の多い地域であるが、年間降水量はタイの他地域と比較すれば少ない。低地は水稲の一期作であるが、台地や山裾ではキャッサバ、サトウキビ等の畑作が多い。県都ウドーンターニーには、ベトナム戦争時に米軍飛行場があり、この時期に国道二号線が整備され、交通の要衝地として経済が発展した。町から東へ四〇キロほどのところにバンチェーン遺跡があり、先史時代の壷、焼き物が発掘されている。ここが主たる観光地である。この県都周辺と郡役所が置かれた街に十数万が住んでいるほかは、県のほとんどの住民が農村部に住んでいる（表4-1参照）。

調査対象地はクッチャブ郡のノーンクーン（Nong Khuun：Nongは沼、Khuunはナンバンサイカケという木の名称）村である。同村は、隣村ノーンギャルング（Nong Caruun：Caruunは繁栄）と共に、タイ東北部（イーサーン）ウドーンターニー県の県都ウドーンターニーから西へ三〇キロメートルほど入った盆地の一番奥の聚落である。四十数年の歴史を持つ開拓村であり、当時は鬱蒼とした森に象・虎・鹿・猪、沼には魚がおり、マラリアの危険性を除けば手頃な土地であったという。コンケーン県プーウィアン（Phu Wiang）郡（現在はウボンラット（Ubon Rat）ダム湖の西端で、一〇〇キロほど北上すればウドーンターニー県のクッチャブ郡に至る）とローイエット県パノムプアーイ（Phanom Phrai）郡からの移住者合わせて三〇家族ほどが草分けになる。後から来た者は、先住者が占有登記をなした土地を購入するか、先住者の下で日雇いとして働き土地を増やしていった。ラーオ系タイ人社会では、当該地域の人口増に対応する粗放的天水稲作農地獲得の手段として、フロンティアを外延的に拡大する挙家離村―開拓移住を繰り返してきたが、近年占有権のない未耕地は消失し、国有保護林まで侵

表4-1　ウドーンターニー県の概況（1991年）

面積	15,289.4 km²
郡	21
区（タンボン）	205
村	2,500
気温平均（最高）	32.6度
（最低）	22.3度
年間平均	27.0度
平均年間降水量	1,281.4 mm
平均降雨日数	111日
	東北部タイ
婚姻件数	131,986
離婚件数	7,314
ウドーンターニー県	
人口（人）	1,835,196
男性	912,988
女性	922,208
世帯数（戸）	323,420
ウドーンターニー市	
人口	78,486
世帯数	19,998
県内（台）	
自家用車	5,630
トラック	18,002
タクシー	343
オートバイ	80,832
トラクター	1,346
クボタ（耕耘機）	6,081
バス	1,740

出所：タイ統計局（National Statistical Office), Statistical Yearbook Thailand 1992, Thailand Figures 1990より作成

表 4-2　タイ国における森林面積と人口増加

タイ全土	1961	1973	1982	1988	1990
森林面積(百万ライ)	171.03(100.0)	138.57(81.0)	97.88(57.2)	89.88(52.6)	85.43(50.0)
人口(百万人)	26.47(100.0)	39.95(150.9)	48.84(184.5)	54.96(207.6)	56.96(215.2)
東北タイ	1960	1975	1980	1986	1990
森林面積(百万ライ)		28.8 (100.0)	17.7 (61.5)	14.8 (51.4)	13.6 (47.2)
人口(百万人)	8.99(100.0)		15.70(174.6)		19.83(220.6)
ウドーンターニー県	1960		1980	1985	1990
森林面積(百万ライ)			2.17(100.0)	1.51(69.6)	1.36(62.7)
人口(百万人)	0.74(100.0)		1.45(195.9)	1.66(224.3)	1.84(248.6)

出所：Office of Agricultural Economics, Agricultural Statistics of Thailand，各年，田坂 1991b，pp. 22，40 より作成

表 4-4　農地所有の規模(1988 年)　(%)

	東北タイ	ノーンクーン村
土地なし農家	1.01	15.4
6 ライ未満	7.20	2.0
6-9.9 ライ	10.31	6.9
10-39.9 ライ	68.54	60.0
40 ライ以上	12.94	15.7
計	100	100

出所：Office of the Prime Minister, Statistical Yearbook Thailand 1988 及び調査

表 4-3　世帯主の生業

生業の種類	人数
農業(水稲のみ)	39
農業(水稲，畑作)	37
農業(自営と雇用)	7
農業(自営と大工等職人)	4
農業(自営と雑貨店)	2
農業・建築(雇用のみ)	6
雑貨・食堂	1
乗合バス運転手	1
教師	1
精米所(養豚)	1
不明	4
計	103

出所：調査

入・開墾されている状態である。東北タイでも一九七五から八五年までに森林面積が半減したが、稲作に適した土地はほとんど利用されているために、増加分はサトウキビ・キャッサバ等の畑作地になる(表4-2)。もはや切り開くべき土地がない状態で、開拓時期の比較的遅かったこの地域でも、世代を経るごとに土地なし農民が増えてこざるをえない状況になっている。

一九九一年、ノーンクーン村は東と西に分かれ、西側はノーンベーク(Nong Beek)村となり、この村の村長が Tambon Khon Yuug の区長も兼ねている。ノーンクーン村の人口は、一九九三年調査時点で男子二六六人、女子二六〇人、総世帯数九五戸である。

表4-5　家族類型の諸特徴

	農地面積平均(ライ)	収入平均(バーツ)	世帯主平均年齢	世帯人数	婚出の子供数	稼出者数	戸数
三世代家族	34.32	15,400	63.04	5.2	2.28	0.84	25
核家族	21.1	14,140	46.83	4.44	0.55	0.84	77
単身世帯	26	10,000	48	1	1	0	1

注：1ライ≒1600 m²，1バーツ≒5円
出所：調査

調査対象世帯は、村境のノーンベーク村（集落としてはつながっている）の世帯を含めて一〇三戸にした。

世帯主の生業は、村内の小・中学校教師一名、食堂専業の寡婦一名を除き、農業である（前頁表4-3）。農民の間では、耕地所有面積の格差が大きく（前頁表4-4）、水田を持たない者が三二世帯、八ライ（一ライ＝一六〇〇平方メートル）以下が六割、畑地は六割の世帯で所有していない。村落の平均水田面積は一六ライ余り、畑の所有面積の平均は七ライほどで、野菜、サトウキビ・キャッサバ・メイズ等の換金作物を作っている。ノーンクーン村では先に入植した者が村の周囲に水田・畑を持ち、後の者でも耕耘機で三〇分程度のところに畑がある。村の西側にノーンブアラムプー郡との境になる小さな山脈が走っているが、この山裾にある入植二〇年程度の村では畑作やユーカリの植林が多く、家の構えから一見してノーンクーン村より経済水準が低いことが分かる。県や郡の市街とはかなりの距離にあるため、ノーンクーン村はベッドタウンとしての開発は今後もないだろうが、農民としてはまずまずの暮らしぶりといえる。

家族類型を見ると、核家族世帯が最も多い（表4-5）。しかし、三章で見たように、三世代家族である両親と娘夫婦の周辺に娘や息子たちが所帯を持っていることが多い。彼らは両親の田畑を手伝っており、現在は農地を自己所有していないが、いずれ両親から相続するものである。単身世帯は四八歳の女性であり、一人娘が同村内で所帯を持っている。村内の世帯はほとんどが親族関係にあり、小作料を実際に払う農家はない（表4-7-1）。

表4-6　タイ国の輸出金額に占める農林水産物、工業製品の割合

（百万バーツ）

	米	農林水産物合計	工業製品	総額
1961	3,595 (36.0)	9,477 (94.8)	520 (5.2)	9,997 (100)
1977	13,323 (18.7)	52,178 (73.3)	19,020 (26.7)	71,198 (100)
1985	22,525 (11.6)	84,353 (43.6)	109,013 (56.4)	193,366 (100)
1987	22,703 (7.5)	102,241 (34.1)	197,612 (65.9)	299,853 (100)
1991	30,516 (4.2)	294,273 (40.5)	432,836 (59.5)	727,112 (100)
1995	48,626.8 (3.5)	363,548.6 (25.9)	1,030,782.1 (74.1)	1,406,310.1 (100)
1997	65,093.4 (3.6)	428,062.9 (23.7)	1,330,585.6 (76.3)	1,806,682.4 (100)
2000	65,784.4 (2.4)	522,883.8 (18.8)	2,179,583.4 (81.2)	2,777,733.5 (100)

出典：Office of Agricultural Economics, Agricultural Statistics of Thailand Crop Year 1990/91. Office of the Prime Minister, Statistical Yearbook Thailand; Trade Statistics and Economic Indecatiors of Thailand より作成（農林水産物は加工品を含む）

第三節　社会構造の変動

タイ農業は伝統的な稲作単一的農業から商品作物（輸出）を組み入れた多角的農業へ転換し、自給的生産から商業的生産の性格を強めてきた。一九八〇年中盤以降の好調な経済パフォーマンスのために、工業生産物の全輸出産品に占めるシェアが飛躍的に増大し、一九九〇年時点で農林水産物のシェアは約三八％、その中で米は一二％のシェアに下がった。二〇〇〇年では、農林水産物のシェアは加工品を入れても一八％に下がり、米は二・四％のシェアでしかない。それでも、世界市場の四割余を占める米輸出大国であり、米生産は世界市場に直結している（表4-6）。

タイの米輸出競争力は籾価格の低さにある。これは主として生産費の低さによるが、ライスプレミアムや中間業者のマージンを乗せた世界米価格を設定するために、かなり低く抑えられてきたと見ることもできる。自給自足の稲作で若干の余剰米を販売に回している段階から、換金作物として米生産を見た場合、メイズ・豆類・綿花類等の方が、収益率が高い。特に、イーサーンのように潅漑率四％未満の天水稲作地域は、元来が低収量のために収入を上げられない。ちなみに、ウドーンターニー地方では、収益率一二％、一ライ当たり一一二バーツ（一九八八～九一年平均）である［Wirawan 1994］（表4-7-2）。収益率を上げるためには、売

り渡し籾価格の上昇があまり望めないため、ひとえに経営費をどれだけ圧縮できるかにかかっている。しかし、農薬・耕耘機及び燃料の購入費、運搬費等、生産コストがむしろかさみ、農業のみで生活できる経営規模の下限が上昇している。これではよほど超粗放的技術で生産コストを下げ、しかも生産力を増大するという矛盾をおかさない限り、十分な農業収入は望めない。フロンティアを消失しつつある現在、労力だけで経営規模を拡大するという収入増加の道は閉ざされているし、新しい開墾地は資本・労働力投下に見合うほどの生産性を期待できない。

実際、ノーンクーン村は潅漑用水路から一〇キロ離れているために、雨期一期作しかできない。反収を増加させるために三年前に郡から種籾の新品種を導入したが、化学肥料の使用等コストがかさみ、あまりメリットがなかった。機械化も含めて、これらは経営規模の大きさを確保しなければ経済合理的ではなく、同村の小規模農家では水牛を使い、無農薬で生産コストを下げた方がよい。従って、稲作の生産性を上げて農業所得を増やすのは大半の農家の選択肢に入らない。むしろ、ほかの家を手伝い、一日六〇バーツの出面賃を稼いだ方がましであるが、農繁期以外は別の仕事が必要となる。しかし、適当な農外労働の機会もなく、農民の所得は東北部の勤労者の平均月収に比べて極めて低い(表4-7-3)。

タイ国の経済は、外国資本導入による輸出産業の発展のみならず、農村部を商品経済に巻き込みながらその規模を拡大してきた。どんな辺鄙な農村でもモノ・サービスを買わずにすますことは困難である。農村では働き口と現金収入を求めて、都市部では低廉な労働力を求めて、労働力人口の移動が生じた[北原一九八七、一九九〇、Hirsch 1990; Hirsch 1994: 320-334]。月当たり一五〇〇～三〇〇〇バーツの収入は機会費用が極めて低い農村労働者には魅力的である。出稼ぎ労働と、彼らがもたらした現金収入、それで買われたテレビが映し出す消費文化は農村の生活に大きな影響を与えている。これを、家族関係、社会関係に焦点を絞り、農業生産の手段たる農地の相続と、稲作の労働集約的労働を支えてきた互助的労働交換の変化を見ていきたい。

表 4-7　東北タイの農業経営

7-1　農地所有の形態

1988 年	自作	自小作	小作	小作地(無料)	計
全国(面積)	79.8(%)	2.4(%)	13.1(%)	4.7(%)	100(%)
東北タイ(面積)	89.1	1.5	5.4	4.0	100
ウドーンターニー県(面積)	90.4	0.4	5.7	3.5	100
1992 年	**土地所有**	**非所有(農雇)**		**小作地(無料)**	**戸数**
ノーンクーン村(戸数)	86(83.5)	10(9.7)		7(6.8)	103(100)

出典：Office of Agricultural Economics, Agricultural Statistics of Thailand 1990/91 及び調査から作成

7-2　米の収益性(一番作)
ウドーンターニー県(1988/89-1990/91 年間の平均)

	米	メイズ	キャッサバ
全国の農産物価格(バーツ/kg)	3.81	2.7	0.69
1 ライ当たりの収穫量(kg)	245	395	2201
1 kg 当たりの生産コスト(バーツ)	3.35	1.89	0.43
1 kg 当たりの収益(バーツ)	0.46	0.81	0.26
1 ライ当たりの収益(バーツ)	112.70	319.95	572.78

出典：Wirawan 1994 pp. 119-122 より作成

7-3　農業世帯の収入と支出(1987/88 年収)　(バーツ)

	農業収入	農業外収入	総収入	支出	余剰
農業世帯					
全国平均	15,252.00	15,013.80	30,266.10	21,648.90	8,617.00
東北部	6,529.60	13,318.50	19,848.10	15,233.40	4,614.60
ノーンクーン村(1992)	9,121.60	4,421.60	13,543.20		
	給与収入	**給与以外**	**総収入**	**支出**	**余剰**
世帯全体(勤労者含む)	51,936	15,516	67,452	66,252	1,200
東北部	28,344	14,412	42,756	46,248	△ 3,492
中央部	57,696	14,757	72,720	71,172	1,548

出典：Office of Agricultural Economics, Agricultural Statistics of Thailand 1990/91, Office of the Prime Minister, Statistical Yearbook Thailand 1992 及び調査から作成

表 4-8　農地相続の実態

系譜関係	戸数	平均相続面積（単位ライ）
分与あり	63	22.5
妻方	45(43.7%)	21.7
妻の父	11	24.6
妻の父の父	3	30.7
妻の父母	25	21.6
妻の母	5	12.6
妻の母の母	1	11.0
夫方	18(17.5%)	24.5
夫の父	4	21.0
夫の父の父	1	21.0
夫の父の母	1	46.0
夫の父母	11	25.7
夫の母	1	7.0
分与の予定	3(2.9%)	0.0
分与されず	37(36.0%)	0.0
総数	103(100%)	

出所：調査

まず、村落における財産(農地)相続の実態は表4-8に示した通りである。誰から分与されたかは、回答をそのまま当ててある。父、母、父母と三通りの答え方は、前の世代に土地の所有権(処分権)がそれぞれにあったことを示していると考えている。農地を主とした財産の分与を受けた世帯は調査対象世帯の六一%であり、妻方からの分与の方が夫方よりも約二倍半多い。これは家族構成の項で述べたように、女性は老親扶養のために婿をとるか、村内にとどまる可能性が高いのに対して、男性は稼出・婚出する傾向が高いことから来る。男性は移動した先で財産の相続を妻方から受ければいいのである。相続面積は誰から受け取ったかには関係なく、前の世代がどの程度の土地を保有していたかによるようである。

この村は現在開拓後二世代目に入った時期で、前の世代と共に開拓に従事した老人や、その遺産を受け継いだ壮年世代が中心の村落である。彼らは付近を開墾したり、買い増しをしたりして農地を拡大していった。財の分与を受けて買い増しをしたグループの方が、買い増しをしなかったグループよりも相続量が少なかったが、平均でほぼ農地を倍増している。買い増しをしなかったグループのうち五人が土地を減らしている。土地を分与されなかった者は、平均して二〇ライほどの土地を取得しているグループと全く土地を持たないグループに分かれる。後者は、元からの土地なし層の高齢者とこれから分与が予定される若干の人間と期待できない層が入り交じっている。このようなグループに分かれた要因は、入植時点、家族規模(開墾を手伝える男性の数)、土地の占有権登記や売り買いに関する知識・先見の明といった個人的資質等が複雑に関係していた。

今後、土地の相続の見通しを知るために、相続をどのように行うかと問うと、ほとんどが均分相続と回答する。東北タイの慣行として、成長の順に家を出ていく兄弟姉妹のうち、残った者、とりわけ末娘が老親扶養を行う。財産の分与に関しては、扶養の分だけほかの兄弟より多い程度であり、原則として均分相続である。実際、家族サイクルからして、末子の出産年齢は四〇歳前後であり、子の世代とすごす期間はそれほど長くない。もっとも、村内には一〇〇歳に近い老人もいるが、総じて達者な老人が多く、寝たきり老人の在宅での介護・看取りという問題は稀である。

仮に、現在農業経営を行っている世帯が子供に均分相続をした場合を想定してみると、一人当たり平均八ライ余しか割り当たらないことになる。東北地方の平均世帯支出は年間四万三〇〇八バーツ（一九九〇年）、農家に限っても一万八九六七バーツである（一九八七／八八年）。米栽培でこの収入を確保するのは現在ですら容易でないし、子世代の土地面積では全く不可能である。自給の農業生産は可能でも、それ以外の現金収入は得られない。確かに、均分相続の慣行を守ることは親子共々の願いに適っているが、それを生計の手段としていくことは非現実的である。

現在、実際に農業に従事する世帯主と未婚で同居している農業従事の子供たち一人当たりの農地面積は一三・一ライである。子供が、結婚後自らの世帯を形成するとすれば、これでは不十分であろう。将来を見越して、あるいは現実に農業では生活していけないために、子供たちは出稼ぎ労働を選択している。未婚で同居している子供のうち、農業従事者が一〇八名（三三・〇％）、出稼ぎ者が八六名（二六・三％）、生徒・幼児一三三名（四〇・七％）である。今後、出稼ぎ者の割合が増えていくと考えられるが、その原因として農地面積のパイの縮小、農外労働の機会の拡大と共に、子供たちの教育水準の上昇がある。

世帯主の平均教育年数は、四・一五年、壮年以上の世代は小学校四年卒業、若い世代では小学校六年卒業で

表 4-9　教育課程と進学率　(%)

	全国平均		ノーンクーン村
	1990 年	1998 年	1991 年
初等教育	93.49	91.32	98
前期中等教育	39.66	72.65	91
後期中等教育	26.93	55.13	30
	1987 年	2000 年	
大学	4.6	5.6	
高等教育		23.6	7

出典：船津鶴代「タイ」IDE-JETRO『教育開発：政策と現実』, Krissanapong Kirtikara, Higher Educaiton in Thailand and the National Reform Roadmap web site 及び調査より作成

あった。調査対象世帯では、中学前期教育在籍率は九一%(三一名)、同後期教育三〇%(一五名)、大学・短期大学在籍率七%(五名)である。タイ国の平均進学率と比べて同村の中学前期教育進学率は極めて高い(表4-9)。これは村から徒歩二〇分の距離にプーパンウィタヤー中学(一九九二年より後期課程併設)が位置する利便性と、貧困家庭への日本NGO教育基金の援助(年額一五〇〇バーツ)、同中学教師の熱心な親の説得が五年前から始まったからである。また、親も子供に、家の手伝い(農作業)をすること以外に勉強すること、将来農業以外の職業につく、できれば公務員(役人は伝統的な期待でもある)になってほしいという期待が少なくない。農地を細分化して分与するよりも、教育投資という形で生計の手段を考えてやるという発想が徐々に出てきている。このような村人の考え方の転換を進めているのが開発プログラムであるが、教育水準の上昇に見合うほどの就業機会が増加しないという別の問題も生じている。

子供たちが出稼ぎするのは、高等学校卒以上の学歴を得て就職の機会を都会に求める少数の例以外は、農村の過剰労働力のプッシュ要因が強い。子供たちに農作業を手伝わせるだけの耕地を持たない世帯では、成長した順に出稼ぎするしかない。出稼ぎした者には自らの食い扶持を稼ぐだけでなく、両親に送金することが期待される。会社員の職を得た者は地方の大学を卒業しており、送金額も多い。そのほかは男女ともマニュアルワーカーであり、職種による送金額の違いはほとんどない(表4-10-1)。しかし、男女の送金額には顕著な差が見られ、これはジェンダーの問題に関係している(表4-10-2)。

一般に男性は出稼ぎ先に生活の場を求めて出ていくものと考えられ、運試しにとりあえず都会へ出ていくこと

が認められている。しかも、稼いだ金を遊興費に充て送金しなくても男であるから仕方がないと諦められている。実際、送金していない者は、男性は五九％、女性は二九％である。子供たちの出稼ぎは、後に見るような一家を形成した男たちの出稼ぎと異なり、送金は義務というより親の期待である。いつまで送金を当てにするかという点では、子供の結婚までがほとんどである。親の子供たちへの期待には、娘には家内労働、息子には農作業を手伝ってもらうという典型がうかがえるが、家族による農業経営がたちゆかなくなった場合、女子が労働者となり家族経済の補塡の役割を任う傾向がある。この主たる理由は、バンコク周辺の工業団地及び市内の小工場にしても労働集約型製品を作る安価な労働力を求めているからである[1]。

表 4-10　子世代の出稼ぎ

10-1　職種と送金額

職種	男性	女性	送金額男女平均（単位バーツ）
ホテル員	1	0	0
レジ＋夜学	0	1	0
衣料問屋	1	0	1000
印刷工	1	0	500
運転手	2	0	500
映画館	1	0	1000
会社員	1	1	6000
海外出稼	1	0	308.3
靴工場	2	5	2000
建築人夫	1	1	1500
使用人	1	0	0
自動車工場	1	0	0
商店	1	0	1000
織工	0	8	916.7
食堂	2	4	0
食堂＋夜学	1	0	0
電気工	1	0	1000
美容師	0	1	25
縫製工	0	5	0
溶接工	2	0	0
用務員	1	0	0
料理人	1	0	50
不詳	4	1	1400
総数	26	27	

出所：調査

10- 2　送金と性差　（バーツ/月）

ノーンクーン村	総数	送金額平均	滞在年数平均
男性	26	484.6	3.6
女性	27	1,011.0	3.7
計	53	753.8	
北タイ調査			
男性	109	399.0	
女性	157	947.0	
計	266	722.4	

出所：TDRI 8-3, 1993 p. 16 及び調査より作成

表4-11　相互扶助の実態

11-1　互助共同の意識と対象
（誰に何を頼りにするか）

	タンブン	農業	教育	何かにつけて	計
子供	0	1	0	1	2
友人・近隣	5	0	0	0	5
親戚	34	10	1	23	68
父母	0	1	0	0	1
計	39	12	1	24	76

出所：調査

11-2　農業共同

類型	世帯数
雇用	25
自力	32
互助	46
互助（親族）	4
姉	1
子供・妻	4
子供たち	21
息子	2
息子と雇用	1
孫・甥	1
父方祖母	1
母・兄弟	1
婿	3
婿・妻	1
婿・娘	4
娘	1
娘と雇用	1
総数	103

出所：調査

次に、互酬的社会領域の問題に移る。水稲栽培は田植え・稲刈りに集約的な労働力を必要とし、世帯の家族労働力でまかないきれない場合は、それぞれに手間替えをしてきたといわれる。この労働交換の必要性が、日常的な親族レベル・村落レベルの世帯間の関係を互酬的なものにし、全体的な共同性を形成してきたと考えられる。

現在の農業経営は、親・子世帯間の共同と農業雇用が半ばしている。互酬的な労働交換よりも雇用労働に変わりつつあるのは、自給自足的農業の段階から、農業機械（耕耘機・運搬用の車等）を購入・賃借し、さらに消費生活物資も購入するための現金収入を求める農業の段階に変わってきたからである。また、青年層が多数出稼ぎしているために農繁期の人出は不足し、村内で必要人数を調達できなければ、車を郡市街地近くの村にまで出して集めてくることになる。小規模農家は自分の田を終えて出面に出ようとする。雇用する場合、一日の出面賃は一人当たり六〇バーツほどであるが、労働力の需給バランスで九〇バーツになることもある。先述したように、米栽培の収益率は低いし、作柄により収入が不安定であるので、経営面積を拡大するよりも出面に出た方が確実である。

村内の農業雇用主は二五名で、雇用日数と雇用者数から算定して総計二万九八八〇バーツ支出している。対して、雇用による農外収入獲得者は村内に四八名おり、一世帯平均三二六四・六バーツの収入を得ている。村落の農業雇用総収入は、総支出のおよそ五倍であり、村外へ現金収入を求めて出面に出ていることがうかがえる。

親族世帯間の共同も現在は労働交換よりも日常的なつきあいや、法事・得度儀礼での饗応の裏方を手伝う等が主である（表4-11-1、表4-11-2）。村人の生活構造において、労働は世帯に収斂しつつあり、しかも、農外労働の機会が増加するにつれて、世帯は生活経営体ですらなくなっていく。出稼ぎ労働により、労働が個人化するのである。子世代が都市に出稼ぎに出ても、彼らの収入は家計に補填される。農業経営体は維持され、子世代に相続されていくが、世帯主層が出稼ぎ労働を行う場合はかなり異なった状況になる。

表4-12　村落外での労働経験

出稼先（年数）	人数
クエート2，アルジェリア2，サウジアラビア1，カタール1	1
インドネシア1.3	1
リビア4，リベリア1	1
リベリア1.6，サウジアラビア4	1
サウジアラビア5，1，？	3
リビア	1
ブルネイ0.4，0.6	2
シンガポール0.6	1
バンコク	17
バンコク＋ブルネイ	1
バンコク＋マレーシア	1
バンコク＋ウドーンターニー	1
ウドーンターニー市	2
パターニ県	1
計	34

出所：調査

彼らは十数年前からバンコクへ出るよりも、エージェントを使い外国へ出稼ぎしている（表4-12）。行き先は中東諸国及びアジアＮＩＥＳ諸国、稀に日本である[Witaya-korn 1986: 306-338；鈴木規之一九九三：九七－一〇八]。エージェントに支払う金は親族から集めて、二、三年後に帰国した折に返済する。送金額はタイ国との経済格差に基づくが、高額の送金が可能な国ほどエージェントに支払うコミッションが高く、日本の場合一二万バーツを超えることもある。日本の場合は、不法就労として発見されずに三年働ければ、コミッションの金を返済し、なお手元に一〇〇万バーツもの大金を残すことも可能である。これで車を買い、家を新築し、農地や商売の元手にするという夢、成功談が農民を魅了している。

しかし、日本は強制送還のリスクが高く、そもそも平均的な農民にコミッションの金は用意できない。このような情報に通じている者か、裕福な農家・雑貨屋の子供以外は、コミッション分を親族からかき集めるか、農地を担保に入れて借金し、中近東及び経済水準の高いアセアン諸国で建築作業に従事し、月五〇〇〇バーツの送金をするのがせいぜいである。

このような外国への出稼ぎの経験は、出稼ぎ者のみならず村落の消費生活の文化を形成するのに力があった。出稼ぎで得た収入は、家電製品・中古車の購入、家の新築等であらかた費消されてしまい、実際に商売・農業経営の基盤整備等に使用されることは、よほどの成功者以外は稀である。バンは時折村人を用事で運ぶ時には利益を生むが、それ以外は全くの自家用車である。

自分の年収の一〇倍以上に相当する車を買う。水を冷やすためだけに冷蔵庫を買う。一日の出面賃の半分に相当するビールを飲む。一時的に莫大な収入を得たとはいえ、これらの消費行動は農村の生活水準をはるかに超えて、金はほどなく底をつく。そして、また出稼ぎの準備に入るのである。このような出稼ぎ、帰郷、休息と消費、また出稼ぎを、三、四年サイクルで繰り返す人々は、もはや農民の生活様式で生活しているのではない。彼らにとって、村は生産・再生産活動を通した生活の場ではなく、外国生活の緊張をほぐす慰安の場と化している。このような事態は、車や家電製品等の耐久消費財が食糧品や生活雑貨と比べて極めて高価なために生じたのであるが、コマーシャリズムが農民の欲求水準及び生活経営の感覚を変容させたともいえる。

第四節　慣習的宗教実践の構造と趨勢

ノーンクーン村の慣習的宗教実践は、精霊崇拝と上座仏教伝統が儀礼の機能領域において分化し、得度の通過儀礼の過程では交錯する習合的構造を持っている。便宜上、①クワン儀礼、②積徳(タンブン)儀礼、③得度・葬送儀礼、④村落の年中行事に分けて概要を述べ、儀礼の執行主体と対象の関係に着目しつつ、儀礼に表れる表象のコンテキストを考察したい。

タイの精霊崇拝には、身体の外部の霊(ピー)と内部の霊(クワン)の二つがあり、前者に関しては、人々に危害を加えるものと、扱い方によっては加護を与える土地神(チャオティー)や祖霊的性格を持つ地域の守護神(チャオポー)がある。寺の境内の片隅に村の土地神(ピープーター)の祠があり、村人が毎朝寺に食事を届けに来た折に立ち寄り、供物を供え拝む。後にあげる表4-15の年中行事において、収穫後の積徳行では稲を守護する女神、雨ごいロケット祭では火の神、厄払い儀礼では土地の守護神、地飾り米功徳祭とくじ飯供養祭では祖霊が祀られることになっている。ジャータカ誕生祭においては、村での祭に先立ち、山辺の田に僧と村人多数が出向き、ジャータカ物語の横断幕を張って読経し、銅鑼を打ち鳴らし行列で帰村する。テワダー(天の神)を招くのだという村人の言葉からは、これが仏教儀礼を守る神なのか、村落共同体の守護神的性格を持つ精霊なのか判然としないが、村人の宗教的世界には精霊信仰と仏教儀礼の習合が見られる[Tambiah 1970: 168-175]。

これらの精霊や土地神はモーピー(呪医)により処遇されるが、その一人である村内のモータムはパーリ語のガーター(祭文・呪文)を唱え、サマーティ(瞑想)の中でチャオティーに会い、依頼者の将来を占ったり、慢性的病の癒し方を指導したりする。花とローソク、一、二バーツを受け取るだけであり、近郷からクライアントを集めるほどの霊力は認められていない。郡の病院、区の保健所、村の常備薬等が整備されるにつれ、呪医としての役割はあまり期待されなくなっている。

非日常的な霊の処遇と対照的に、身体の生霊であるクワンを強化する通過儀礼は頻繁に行われている。生命の誕生(胎児・妊婦、次いで乳児)に始まる人生の諸段階(得度、結婚)での移行に際して、クワンを強めるために木綿糸を手首に巻く(プーククワン)。結婚式は婿入り先において、プラームと呼ばれるバラモン祭式に通じた村の長老の司式で行われ、新郎新婦に両親への感謝を説いた後祝福し、糸を手首に巻く。続いて、近親者・村人・友人等が順に祝いを述べたり、金品を贈ったりして糸を結ぶ。後に述べる得度式前日の夕方にも、バイシー(宇宙の中心であるメルー山をかたどったバナナの葉で作った祭具)を中心にナーク(竜の意、出家志願者)に対して、プラームがスークワン(クワンを招来)儀礼を行う。

こうした成長に伴う移行以外に、出稼ぎ等で村を離れる際にもスークワンが行われる。あらたまった儀式をやらずとも、僧や年長者は加護と除祓を若い世代に与えるべくプークワンをごく普通に行う。このようなクワン儀礼を解釈するために、隣接世代間における保護—庇護の儀礼行為に社会構造との相同性を見るのは、世代による階梯制がない村落では無理があるし、世代間の関係は権利—義務の法的なものではなく、情愛的なものである。また、結ぶという象徴的行為が、身体と私の意識、個人と村落社会、自己の存在と宇宙観の統合を象徴的に図っているとしても、そこから実際の心理・社会的機能の存在を推測することはできない[Heinze 1982: 106-108]。確かなことは、人生や社会の中でこれから移動を経験する者に自己の思いを伝える際、クワン儀礼が最も効果的メディアとしての合理性を失っていないことである。

ジャータカ誕生祭・黄衣奉献祭の時期に、バンコクへ出稼ぎに行った若者がバスを一台借り切って帰省した。寺でジャータカ本生経を聴聞した晩、僧や年長の村人からプークワンを受け、若者同士でもプークワンをしあって再会を期している。資本主義化が進むにつれ、若者世代の社会移動は地理的にも階層的にも拡大し、将来が見通せない状況にある。移動者の精神的安定を図る儀礼は必要である。北タイでは、モータムが急激な商品経済化の波にあらわれた村人の精神的癒しの役割を果たしているという報告もあるが、ここでは確認されない[アーナン一九九三：一五六—一五八]。

ノーンクーン村では仏教儀礼が中心であり、村人の宗教意識には福田思想の積徳行(タンブン)の発想が濃厚にうかがえる。タイ民衆の仏教理解は、ブン(功徳)—バープ(悪徳)のバランスシートが現世・来世の幸福の度合いを決定するという、運命に対して人間の働きを認めるカンマ(業)の思想である。しかも、一般的な他者への援助や善行だけでなく、仏教儀礼の慣習的実践に従うことで善根が積まれる。村人が具体的にどのような行為で功徳を得られる(ダイ・ブン)と考えているかは、表4-13に示した通りである。その効果が現世か来世に実際にあると信じられるかという質問をしてみた。一二人の子供を生み育てタンブンもしてきたが今もって功徳を得ず、暮らしが楽になっていないとこぼす老婆が一名、タンブンの効果として気持ちの安寧をあげ、それしかないから現世利益なしとしてタンブンの効果を疑問視する者三名、いや、それをもってタンブンの効果ありと判断する者が五名あった。それ以外の九二名はタンブンの実効性を信じている。

この積徳儀礼は在家から僧になされるものである。村の寺では住職以外の僧一名と沙弥数名は雨安居に一時出家した者や近郷の小農の子供たちであるが、村人が朝昼二回食事を寺に届けることは親族を養う意味もある。また、寺の維持管理は村落レベルの年中行事や各家の葬儀や法事(供養飯儀礼)を行うために必要なことであり、村の宗教委員会が住職と相談して行っている。

表4-13　タンブンとは何か

良いことをして気持ちが落ちつく，満足，楽しくなる，幸せである	21
仏教徒の行為の中心，善根を積めば，現世・来世での福が得られる	4
布施	8
布施・慣習に沿った互助	8
布施・報恩	2
布施・善行	9
布施・犠牲	1
布施・僧侶(寺院)へ献上	2
布施・供養	1
布施・寺の行事(手伝い)	6
布施・気持ちが良くなること	4
布施・喜捨	4
布施・幸福	2
善行	14
善行・報恩	1
善行・満足・安心	3
善行・供養	1
善行・互助	2
慈	2
報恩	2
計	97

出所：調査

得度と葬儀及び法事は家単位で行う最も重要な儀礼である。村では出家も報恩の行為と考えられている。農閑期に行われる多数の法事では、その家で亡くなった者に功徳を送るため、成人に達した息子が得度することが多い。あるいは雨安居の前に得度式を行い、数カ月の一時出家を送る者がいる。同村の寺は結界を持たないので、隣村の寺まで志願者、その家族・親族、寺の住職が出向かなければならない。得度式は早朝なされるが、それに先立ち前日の夜、出家する青年の家に親族、近隣の者が集まり、スークワンが行われる。この場で長老が語るのは、親の養育の苦労と慈愛の大きさや、とりわけ母親とこの式を準備してくれた人々への感謝の念を持たなければならないという教訓である。

村の寺の僧は元警察官で、亡き父親の追善供養のため、母親の勧めで出家した。タンブンの費用は親戚と村の人々が捻出している。彼は出安居後も還俗せずに、寺の境内に子供の遊具を作るなど貢献している奇特な比丘で、出家の功徳を「酒・タバコの悪習を絶ち、心の平静を得た。母や親戚は喜んでタンブンや法を実践しに寺へ来るし、弟も寺へ相談に来るようになった。私の奇縁で仏法に多くの人が近づいた」と語る。

ノーンクーン村の供養飯儀礼の詳細は既に三章で述べているので、ここでは繰り返さない。功徳が共有される社会圏は一世帯の親族にとどまらず、村落共同体のレベルを超えて、家族の生活圏に関わりを持つ人々にまで及ぶ。これらの人々は功徳を得ただけでなく、説法(テート・スィアン)等で報恩物語を聴聞することで、儀礼で語られるメッセージを内面化していく。

村人に親から受けた恩を返す、つまり、報恩(トーブテン・ブンクン)をなすには具体的にどうしたらよいかを尋ねたところ、老親扶養二五名(四八%)、親への愛情に言及する者一〇名(一九%)、供養儀礼八名(一五%)、息子の出家三名(六%)、子供が善行をなす、あるいは子供が幸福であること四名(八%)、子供に両親を助けて働くことを躾ると答えた者二名(四%)であった。ここから老親扶養、報恩の仏教儀礼は親子の互酬的倫理規範からなされていると解釈するのは早計である。現実に親が子を扶養した事実に基づく親子関係があるからこそ、それへの返礼の実践は当然とされ、仏教の報恩観により倫理的正当性を得ることができるのである。

村人に悪徳の例を尋ねたところ、土地の相続に関して、家族(親・兄弟)が分相応な配分をしてくれなかったことをあげた農民がいる。これは老親扶養の倫理的責務にせよ、親族の互酬的規範にせよ、実際の生活に必要なリソースが適切に配分される経済的交換と相関したものとしてあることを示している。また、勤め人の娘婿を持つ富農が、娘・息子たちに既に財産を分与して独立させてやりながら、屋敷地内の別棟に一家を構えて父の農業を手伝う実の息子には未だ配分していない。その息子に分けてしまえば手伝わなくなるかもしれないし、そうなれば実家の農業経営が成り立たないという読みを父親がもらす。

村の慣習的宗教実践は、近年精霊崇拝の異界観や神霊力への畏怖の念、呪術的儀礼が弱化し、仏教儀礼が中心となるにつれて、その存立要件の社会的コンテキストが村落共同体のレベルから家族のレベルに縮小している。それは報恩を宗教的コンテキストにすることで、村落レベルではもはや社会経済的な互酬性(労働交換)が存在しない以上、互酬性(扶養)が確かに存在する領域、親子関係に守備範囲をせばめざるをえないからである。村の寺の住職は、「父母とは、第一に慈・悲・喜・捨の四無量天を持つ梵天王である。第二に、子の最初の師である。第三に、自分自身を律する二つの心的方法、良心又は羞恥心、慚愧の念を与えてくれた神(テワダー)である。第四に、子供から拝礼され、供物を受けるべき祭祀の対象である」と語る。一般的には、「自分を教え導いてくれた人、父母・先生・法の実践者(比丘)から受けた恩を返すことが、報恩の具体的な表現、すなわち、タンブン」であると、仏教の教説を日常化する。

他方で、仏教の言説は、国教として国家機構に組み込まれ、タイ社会統合のシンボルになった時点で、また、村落社会が国家行政の末端として位置づけられた時点で、正当性を保証され、仏教儀礼に従うことは政治的に合理的な行為になる。実際、一九世紀末のチュラロンコン王による国家機構の近代化政策の一環として、地方教育政策は、仏教を道徳の基礎、寺を学校、僧侶を教員とする公教育に制度化されていくことになる[平田一九八一：一〇六—一一〇]。

現在においても、仏教は学校教育において道徳そのものである。校舎には仏像が安置され、小学校では、子供の義務として両親のいいつけを守るように、家の手伝いをするようにというレベルであるが、中学校では上座仏教に関して体系的に学ぶ(表4-14)。学校行事の式典に出席する僧侶、寺との連携を図ることは、村の教育委員が行う仕事の一つである。

最後に、村人の宗教意識の趨勢を分析しておきたい。村落の集合的儀礼である年中行事(表4-15)に持戒行を加えて、それぞれの項目を、最重要、重要、どちらかといえばやった方がよい、やるに及ばずの四つに分類し、全体としての宗教的行為の重要度を見た(図4-1)。最も高くランクされたものは、供養儀礼である。年中行事への参加、日常的な積徳行も評価が高い。それに対して、自ら出家して法を実践することは大半がやるに及ばないと考えている。これは一九六〇年代に実施されたタンバイアの宗教意識の調査と好対照をなしている[Tambiah

表4-14　中学における道徳教育カリキュラム（中2　仏教に関して修得すべき要点）

1	仏教が隣国から入って普及してきた歴史の説明
2	現代における隣国の仏教信仰を考察
3	隣国をよく理解させるために法の原理を分類
4	いかにして仏教道徳が正しく保たれるかの考察
5	仏教史の説明：ブッダの第一子；羅睺羅
6	法をいかにして守るかの考察
7	四聖諦の意味と文章を語る
8	法の分類：悪行3つ；善業3つ；3福業(布施・持戒・修習)
9	僧侶の重要性についての考察
10	僧侶にふさわしい実践の説明
11	パーリ語の発音の練習
12	練習帳に沿ってパーリ語の発音の練習
13	「僧団(サンガ)への布施」,「水浴び用の布」を読む
14	知識を得ることができるように原理の説明をする
15	比丘になる(具足戒を受ける)ことの一部を説明する
16	仏教の啓蒙と保護の原理を考察
17	定の意味を説明する
18	定の実践を練習する
19	人間の成長に際して困難を解決するための指針を述べる
20	仏教徒の倫理について説明
21	儀礼の構成の説明
22	仏教において重要な日とそこでなされる重要な儀礼の考察

出所：プーパンウィタヤー中学教師授業案

表4-15　ノーンクーン村のヒット12

旧暦1月	ブンピーマイ(正月)＊
	ブンカーオガム(苦行僧へのタンブン)
2月	ブンクンラーン(収穫後の積徳行)
3月	ブンカオチー(焼き米献上祭)
4月	ブンパウェート(ジャータカ誕生祭)＊
	ブンパーパー(黄衣奉献祭)＊
5月	ブンソンクラーン(潅水祭)＊
6月	ブンバンファイ(雨ごいロケット祭)
7月	ブンベックバーン(祓除・厄払い儀礼)
8月	ブンカオパンサー(入安居)＊
9月	ブンプラダップディン(地飾り米功徳祭)
10月	ブンカオサーク(くじ飯供養祭)＊
11月	ブンオークパンサー(出安居)＊
12月	ブンガチン(ガチナ衣献上祭)

注：＊は実施を確認したもの
出所：林 1990，pp. 430-433 及び調査

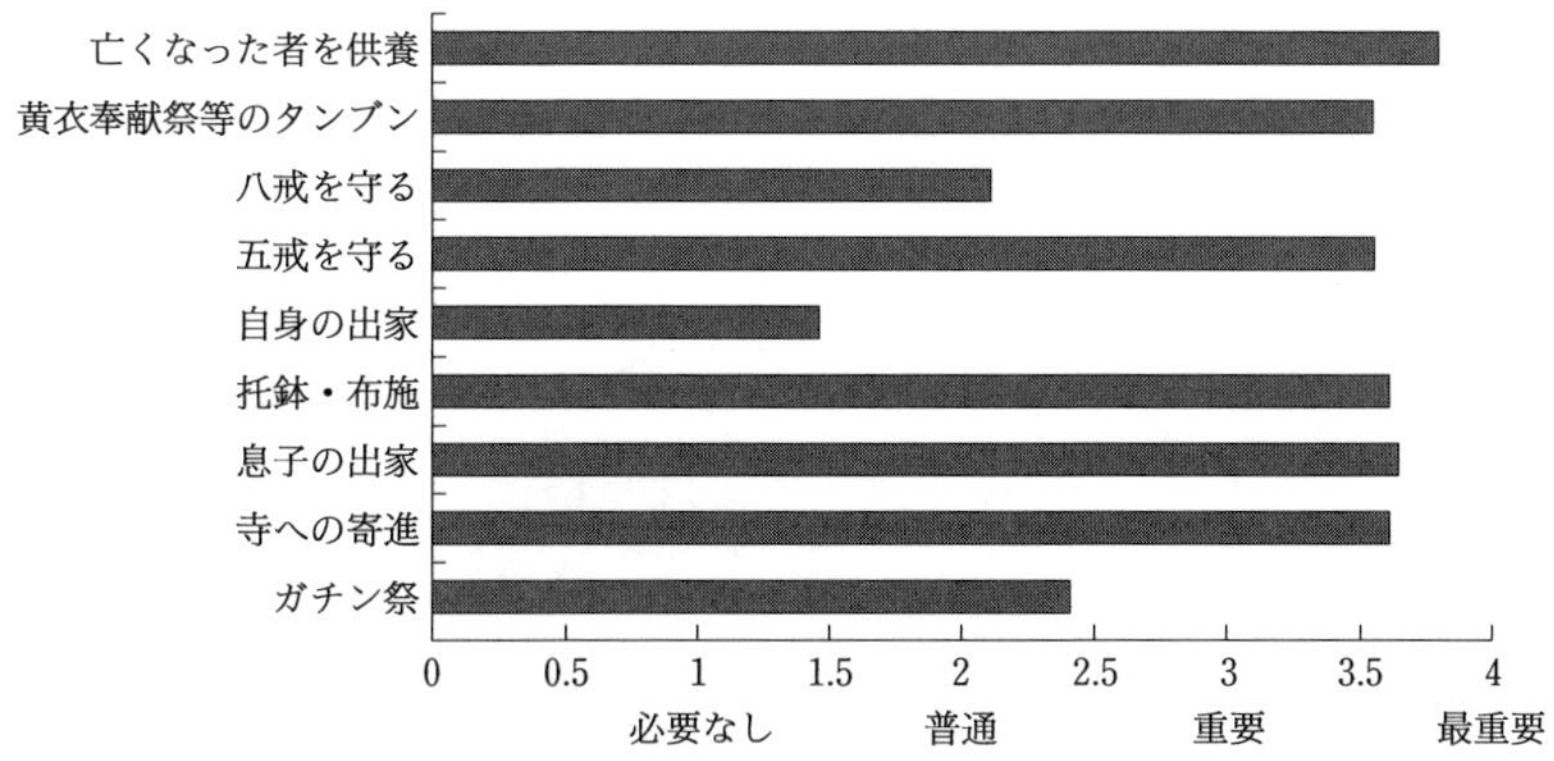

図 4-1　儀礼行為の重要度(祭儀の平均スコア)

出所：調査

1970: 146-149]。彼の調査地ペーン(Phen)郡はウドーンターニー市から一七キロ北東にあり、同じラーオ系の文化圏に属する。ここでは、寺を建立することが最も評価が高く、次いで自ら得度すること・息子を僧にすることが共に評価されている。

本調査でも息子の出家への評価は高いので、自身の出家に対する評価がなぜ低下したのかが問題になる。これは、第一に、近年成人男子にとっての出家行が通過儀礼として往時ほどの意味がないということであろうし、報恩の形態として宗教的表現や家業としての農業の手伝い以外に、出稼ぎで得た金銭・商品により表現することが可能になったからかもしれない。第二に、元来出家を報恩の積徳行と理解していた農民の仏教観が、家族領域を報恩のコンテキストとする流れの中で、上座仏教の世俗外禁欲の宗教実践から世俗内倫理へと方向を変えつつあるのかもしれない。近年農村部において森に第二の寺を建てて持戒行や瞑想修業を行う地域が現れてきているが、解脱志向の宗教実践はこの村には及んでいない[林一九九三：一〇四―一〇八]。

また、回答者の性別の影響も第三の理由として考えられる。タイの上座仏教には比丘尼サンガがないので、原理上女性は僧侶になれない。出家できないのであるから、やらなくても構わないと答えてもおかしくはない。しかし、性別に集計しても、息子の出家に関し

表4-16　ガチン祭の評価

	世帯数	平均年収(バーツ)
最重要	18	17555.6
重要	48	17031.3
普通	31	11048.4
必要なし	23	9626.1

出所：調査

ては、最重要と答える者男性七一％、女性八三％。自身の出家に関しては、必要なしと答える者男子六四％、女子七六％で性による差はそれほどない。あえて差異を強調すれば、女性の方が、自身が出家できない分よけいに息子の出家を願っているといえなくもない。女性に対しては、メーチーという女性の修行形態(比丘尼本来のものではない)についても尋ねてみたが、やるに及ばずという否定的評価がほとんどであった。

持戒行に関して、八戒は、四戒に加えて、歌舞音曲を見ない・装身具をつけない、ベッドに寝ない、正午過ぎの食事をしない等、農村の日常生活を超えた部分があるので、こうした禁欲的行は評価できないのであろう。ガチン祭は、雨安居明け一カ月間僧侶が着用する僧衣を献上する在家にとって最大の功徳となる儀礼であるが、この儀礼が個人の主催によるものであり、資金数万バーツを要するために、富裕な家しかやれない。

この村では過去二年ほど主催主のなり手がなかったために、今年から村全体の持ち寄りで開催することに決定された。一軒いくらと寺委員会で寄進の額が相談され、毎朝大型マイクロフォンで寄進者の名と額が読み上げられ、これでもかと寄進が呼びかけられるが、ないものは出せないし、それはそれで仕方がないと小農はもちろん、富裕な家でも割り切っている。実際、回答ごとに世帯の平均年収を比較してみると、最重要・重要と答えた世帯の方が、重要性を肯定しない世帯よりも七〇〇〇バーツほど年収が高い(表4-16)。ただし、一九八〇年代になされたコンケーン県のドンデーン村における儀礼の評価では、同村に熱心な宗教的リーダーが存在したために、ガチン祭は高く評価されている[林一九九〇：四三三、四五四―四六一]。

年中行事が祭の性格を持っているのは当然として、先に述べたように供養儀礼もまた祭である。仏教儀礼後、まずは僧への饗応、続いて参会者へ饗応、さらにその外延の人々に娯楽が提供される。農閑期の一、二月は法事の季節でもあり、二、三日おきに村のあちこちの家で行われる。僧侶は連日のお勤めで疲労困憊の季節だが、村人にとっては骨休めを兼ねた楽しい日々である。年寄りには古典的な掛け合いのモーラム、若者には映画、若い踊り子バックの歌謡ショーと盛りだくさんで、近郷から人々が集まり、そこにまた屋台が出るという具合で、一晩中宴が続けられる。村人の日常的な楽しみを尋ねてみると、その七割弱が祭に関係したことである(表4-17)。町の楽しみを知っている若者たちにとっても、安価な娯楽であるし羽目を外す機会である。壮年層にとっても、厳しい農業労働と経済状態の中で肉体と心を休める数少ない場である。年中行事の仏教儀礼は村落の経済水準の上昇と共に年々開催の費用が上がり、門や布薩堂の建設を含めて、寺の資金集めは個人的な功徳を求める人々の寄進に大きく依存するようになった。村人総出の祝祭的儀礼に村人の評価は高いが、個人で主催する儀礼はガチン祭のように評価が低くなっている。経済的階層が直接関わるような儀礼は、少数の者には卓越化の手段として、大多数の者には無縁のものとして理解されていくのかもしれない。

表4-17　日常の楽しみ

内容	人数
竹細工・大工仕事	6
機織り	3
家畜の世話	5
魚捕り	1
ものを売る	1
車の運転	1
働く	4
正しい行い	1
子供・孫の世話	3
家でくつろぐ	9
闘鶏	4
テレビ	6
タンブン関連	93
友人宅訪問・会食	15
タンブン	65
歌・踊り	13
計	137

出所：調査

おわりに

東北タイは辺境として資本主義経済システムに組み込まれ、開発行政・教育制度・メディアを通して国家機構に内部化されつつある。タイ政府、出先機関としての県・郡の役人が郡長・村長の口(マイクロフォン)を通して語る「開発の言説」は、村人の世界観に未開―近代・発展の二項対立の軸を加え、開発されるべき自己を自画像として焼きつける。そして、開発は仏教伝統と矛盾しないというキャンペーンとして、「仏法の地・黄金の地」プロジェクトが一九八七年からプミポン国王が六〇歳になる誕生祝いの一環としてなされ、僧侶を動員して講話がなされた。仏教に依った統治（国民国家）の理念、開発による社会発展の言説は、村落の社会的意味空間をも支配下に収めつつある。

現在、ノーンクーン村の慣習的宗教実践は、その構成を変容させつつ存続している。精霊崇拝の儀礼は近代化と仏教言説の社会化という二つの社会の合理化に伴い、異界や神霊の威力のシンボリズムと儀礼はインフォーマル・セクターにおしやられ、仏教の通過儀礼に付随するもののみフォーマルな地位を保っている。仏教儀礼は家族の互酬的関係を報恩のコンテキストとして社会的合理性と宗教的正当性を確保しているが、どちらも現実の社会関係への適合性を存立の条件とするまでもなく、正当性を政治的に認知されている。むしろ、社会的言説が身体化された慣習的実践として、現在の宗教実践を考察する方が適切かもしれない。このような実践の論理を身体化する場としてのノーンクーン村では、未だ電気と道路以外に村落の開発は進んでいない。村議会等の政治的決定の場面において、村のしきたりを熟知する老人の意見は傾聴されている。しかし、村落の経済生活は出稼ぎなしにはありえず、彼らの持ち帰るバンコクの文化・都市的生活様式は、老人層が担う伝統文化とはギャップがある。現在は文化的葛藤を抱えながらも、まだ食住を安定供給できる村として、また、都会で否応なしにラーオ人であることを自覚させられる若者の文化的アイデンティティの場として、村落の共同性は保たれている。

本章のような一村落のモノグラフの限界は、社会と文化の変容の関連を説明する際、当該村落の社会・文化的コンテキストでは説明できない部分を、タイ社会全体のコンテキストに位置づけて、そこから推論を展開している点にある。これはコミュニティなるものが加速度的に全体社会に包摂されていく現代社会の動態をふまえれば当然の作業であったが、他面、全体社会がコミュニティを統合する際に生じる社会・文化的コンフリクトの問題は手つかずのままである。この問題については、九章と十章のタイの共同体文化論においてふれる予定である。

（1）　タイでは東アジア的な家父長制の社会、あるいはヒンドゥー、イスラーム文化圏の社会よりも、女性が経済的な領域に進出する。それを説明するジェンダー論の展開もある。代表的なものに、カーシュ[Kirsch 1975: 174-178, 184-186]、女性の行為規範と仏教言説の関連を論じたものとして、カイズ[Keyes 1984: 226-233; Kirsch 1985: 305-309]が興味深い。日本と比べれば、はるかに女性の労働力率が高く、公務員や民間企業における既婚女性の職場進出が進んでいるタイにおいても、女性を抑圧する家父長制の意識と制度が残存しているという議論がある。そこでは女性を宗教的領域から排除し、出家者になりうる男子に頼らざるをえない女性の母親としての役割や、家族に奉仕する役割のみが強調されることを、女性に対する差別であると告発する意見もある。ここまでは頷けるのであるが、そこから一足飛びに、地方出身の女性で都会で風俗産業に従事してまで家族を支えている者がいる現状とタイの文化を結びつける議論は性急であろうと思う。女性が実際にどの職種に従事するかは、職業斡旋のブローカー、村の移動者のネットワークによるのであり、文化的特性や宗教言説から説明するのは的を射ていない[Mingsarn 1993: 13]。

第Ⅲ部　出稼ぎと労働者文化の形成

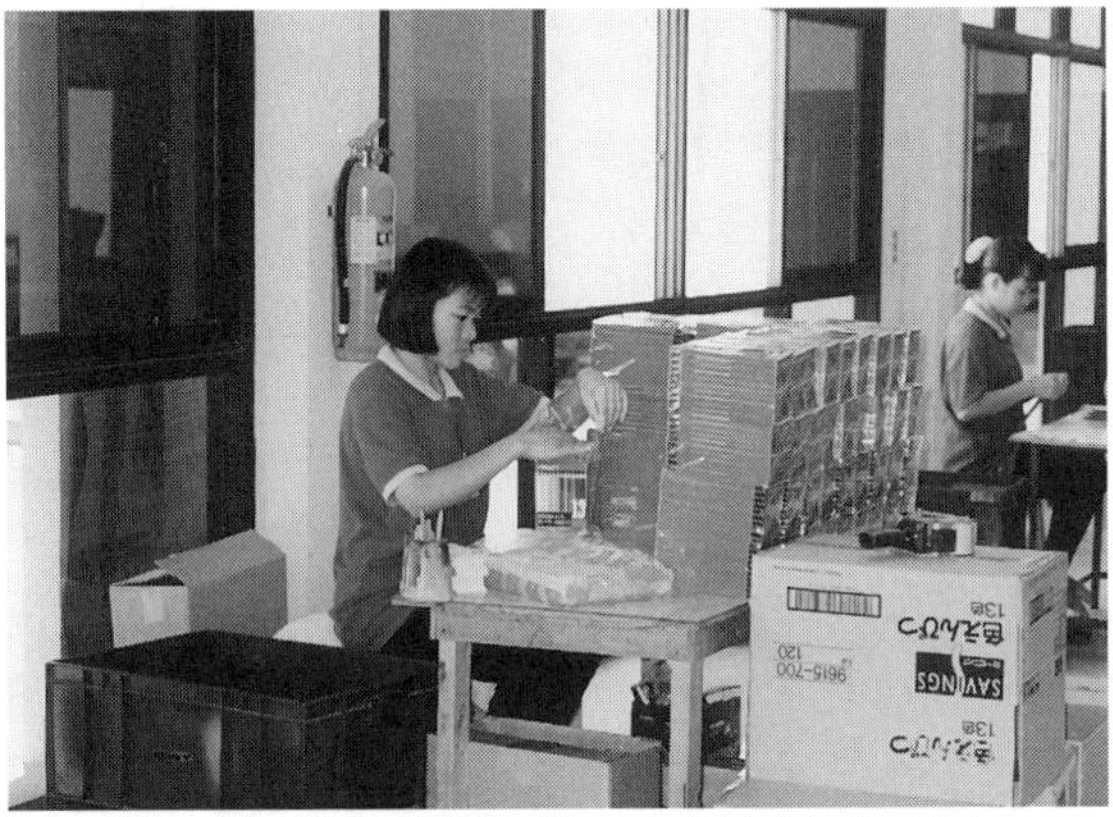

上：鉛筆の検査・梱包を行う女子工員たち
下：工場前でサッカーに興じる男子工員たち

第五章　労働者のアイデンティティ形成

本章は六章の前書き的内容である。労働社会学では、労働者が自ら職場世界や生活世界において資本主義体制に適合的な(あるいは革新的な)自己や社会関係を形成していく過程を労働者の主体形成と呼び、その内実を明らかにしようとしてきた。本章もその問題意識を引き継ぐものであるが、主体の概念ではなく、アイデンティティ概念を採用している。主体という言葉には社会体制変革の主役というような楽観的含意や、社会システムのコードを内面化することで自律的に従属するという悲観的含意が含まれやすい。それよりも、社会との関係で認識される自己像という含意でアイデンティティを用いてみた。

そして、アイデンティティ形成に大きく影響する社会体制の言説・コードの働きを見たうえで、それらに統制されるだけではなく、それらを用いながらも自らの社会的世界を組み替えていく契機を異化という概念を用いながら説明してみた。

本章はタイ研究そのものではないので、六章から読み進めてもらっても構わないのであるが、筆者の問題意識や人間形成に関わる視点を見てもらうためにはそれなりに役立つであろう。

第一節　主体形成論からアイデンティティ形成論へ

本章は、これまで述べてきたタイ地域研究史に連なるのであるが、六章の事例研究において、「労働者になる」ということをタイ工業化の中で、アイデンティティ形成の問題として論じてみたい。アイデンティティとは、自分が何者であるかの存在証明を伴った自己認識であるが、単に主観的な自我を指すのではなく、客観的な社会による構成物でもある。そして、自己と他者、環境世界との相互作用の中で練り上げられ、様々な問題に遭遇する中で変容していく。ここでは、農村からの出稼ぎ労働者、移住者が村落コミュニティから都市に生活の場を移し、農民から工場労働者となる活動の変化に伴う自己認識の変化について、労働者のアイデンティティ形成という表現で問題を設定している。

また、アイデンティティ形成という言葉は、個人が労働者として労働市場内部を移動し、経営組織の中で雇用されるという客体化された存在にとどまらず、労働者としての主観的な自己認識を持つ行為主体であることを明確にする。労働者は、自らの社会的位置・役割を資本主義経済システムとの関連で意識化・自覚しているか否かにかかわらず、また、どのような労働意欲を持つ者であれ、労働・生活を継続する限りにおいて、資本主義経済システムを維持・再生産している。極端にいえば、自分の仕事が社会に与える影響を全く省みることなく、私生活の維持・享受にだけ関心を払う労働意識であっても、職場組織に組み込まれることで資本主義的生産過程にコミットすることになるのである。このような労働意識を把握してこそ、労働者の社会化の局面、つまり、資本主義経済システムの巧妙な仕掛けが明らかになる。

現代では、労働者が生産関係以上に労働の対価としての所得、消費の水準から自己を階級的存在ではなく、社会階層上の個人と自認する傾向にあり、自己認識上の社会的地位を消費行動において客観化しようとする［濱島一九八五：一〇一―一〇三〕。その消費行動のスタンダードに至った時点で労働者は中流意識に安んじるわけだが、コマーシャリズムによるモードの際限のない差異化の中で、労働者は自ら欲望を生み出し、必要・需要を作り出して資本主義経済システムを拡大再生産する消費者として主体化されてしまっている。このように、労働意識と生活意識双方のトータルな把握なしに、資本主義経済システムの再生産過程は理解しえない。

次に、本章では労働者のアイデンティティ形成という問題を設定し、従来の主体形成という表現を用いない理由を明記しておきたい。主体形成を論議する際、おおよそ二つの方向がある。一つは、達成すべき価値の自覚的認識、具現化の志向を持つものである。

その第一の典型がマルクス主義的主体形成概念であり、自己を階級的存在と認識することで資本主義経済システム総体とその史的展開を把持し、自己と生存する社会を抑圧する資本主義経済体制の変革を実践することが、主体形成として論じられている。労働者の自己認識は階級的なものでなくてはならないし、変革を協働する労働者階級の連帯組織の形成が重要な課題となる。労働者の力能とはこのような達成課題との関連で議論され、その形成の場として組合活動、革新政党組織等の労働運動が考察されてきた〔本島一九八二〕。

しかし、この議論は、工業先進国において「抗議するラディカルな労働者」像から「豊かな労働者」像にシフトして以来、変革主体を現在の労働者に直接見いだすことがかなり困難になってきた。しかも、特に日本の中規模以上の企業においては、企業ごとの労働者の囲い込み、内部労働市場化、企業内福祉のために、労働者が会社人としての自己認識と、社内での昇進、会社の社会的地位（生き残り）をかけて過酷な競争、及びその結果としての階層上の地位を自己認識とするように明らかに変化してきた〔本島一九九一：四―一二〕。労働者という具体的な人間が、国内外において階層化され、多様な生活資本、ライフスタイルを持っている状態では、階級は実体概念ではなく、マルクス主義的社会認識のための分析概念としてのみ価値を有すると考えるべきであろう(1)。筆者はこのような主体形成論を直接タイの労働者形成の問題に適用できるとは考えていない。

第二の典型が、近代啓蒙主義の伝統に連なる市民社会論において、その担い手として要請される政治的成熟を遂げた市民の概念である。市民は理性的・合理的判断に基づき行動する人間類型であり、資本主義経済システムを客体として認識する主体が想定されている。社会の埋め込まれた伝統意識から独立した、自律的な自己が主体である。元来はブルジョワジーに属する社会層を指し、現代は豊かな労働者階層までも含む近代国民国家の市民権を有する市民と代替される。市民には民主主義を実現する役割が与えられ、理性的・民主的な価値志向を持つことが期待される。後に述べる一九九〇年代におけるタイの市民社会論においても、新中間層の拡大、市民社会の生成と民主化がセットで議論されている。おそらく、価値志向や生活スタイルから、NGOや労働運動を除いて、タイの労働者は市民社会形成の主体という役割をあまり期待されていない。

しかし、質問紙調査によって測定される民主的政治意識だけが民主的な社会関係や政治的決定を導き出すのではない。家族・親族の基礎集団、職場・結社等の機能集団における社会関係こそが、慣習的でしかも実践的な意志決定の方法を規定する。換言すれば、これらの社会的諸領域の変化なしに、政治意識も変わらない。市民という自己理解や民主的な意志決定を生み出す社会関係が形成される社会過程こそ、市民社会形成の議論では中心になるべきであろう。その意味で、成熟した市民といわれる個人単位の主体把握を筆者は採用しない。

もう一つの方向が、フーコーの権力論による主体化＝従属化論である。近代以降の「私」という自己意識が、ある特定の言説を内面化することで自ら自己の身体を律している状態であること、換言すれば、監視する視線を自ら想定することで直接身体を拘束されずとも、従順になってしまう支配の形態であるとされる［フーコー一九七七］。学校、病院、刑務所、会社等、一つの行動様式を身体規律として要求する集団の内部で、我々は自ら「あるものになる」という主体形成を遂げることになる。主体化を促す権力の網の目を明らかにすることで、特定の言説内部において自己実現する主体形成が見られるであろう。

タイの労働者は、伝統社会の慣習的実践と近代化・西欧化の文化コード、あるいは日系企業のもたらす「日本的経営」等の様々な言説に遭遇する。労働者は、これらの言説が葛藤する空間において自己認識を変容させながら、自己と関係者の生活世界を安定化させるために、労働世界に対して働きかけていくであろう。筆者は、フーコーの権力を身体化しているという意味での自律=主体化論では、個人の能動性の局面が十分描ききれないと考える。

以上、二つの方向性における計三つの主体形成という言葉と語法の内部では、労働者としての自己意識と社会構築の過程的側面が十分に論じきれないことを述べた。

第二節　アイデンティティ形成と言説空間

タイ社会はマクロ的に見れば、先進工業国へキャッチアップを図っている新興産業国の一つであろう。アジアにおいては第五番目のNIESであり、インドシナ半島にバーツ経済圏を展開しようとしている東南アジアの中核国でもある。しかし、国内をミクロレベルで見渡すと、同じタイ国民の生活とは思えないほど、地域の宗教・文化・言語の差、経済生活面での格差がある。東北部農村地域や北部山地少数民族の地域には、外国からNGOが開発プロジェクトを送り込むほどの、世界銀行が認定する貧困問題がある。他方、都市中間層の生活は先進国に比べて遜色ない。富裕な人たちの層も厚い。ちなみに、二〇〇二年のメルセデス・ベンツ販売台数は四三〇〇台(アジア全体八万六五〇〇中、日本四万七七五二、韓国二八〇〇、中国六九〇〇、ダイムラー・クライスラーHP参照)である。これほど階層化された社会を統合している国家のアイデンティティは、経済発展・開発である。都市のショッピング・アーケードを飾る世界中の商品、携帯電話にインターネット、およそ現代の消費・情報化社会の記号となるモノでないものはない。タイを発展途上国、あるいは、中進国とみなしては、具体的な生活空間が見えてこない。タイは経済、文化面でもプレ・モダン、モダン、ポスト・モダンが整然と階層ごとに揃えられた複合社会とみなした方がよい。

筆者がタイの労働者という言い方で指す対象群は、高等教育を受けておらず、都市部に恒産を持たない、経営・管理部門の職階に到達しない労働者のことである。(2) 彼らは近代化・中間層への途上にあるのではない。社会の各層が底上げされているのは事実であるが、階層間格差は縮まらないばかりか拡大している。上層がポスト・モダンのライフスタイルを維持し、中間層がモダンでありえるのは、国民の七割方の中下層がプレ・モダンであるからで、タイの資本主義経済システムはこの構造を維持することで成長している。というのも、世界規模の資本主義経済システムの中では、当面タイの経済発展のために、階層の維持を構造的条件とせざるをえないからである。もちろん、タイもそうであるが、下層にいるタイ農民も中間階層へ世代を経て上昇することは可能であり、階層構造は固定的なものではない。一部上層を除いて社会的身分が明瞭でないタイでは、経済階層こそ現代の社会的身分に近い。身分を変える可能性は開かれている。その意味で、プレ・モダンの生活世界には、子供への教育アスピレーションを通してモダンが常に流れ込んでいる。しかも、テレビのコマーシャルからはポスト・モダンの情報・消費社会の記号、メッセージが飛び込んでくる。貧しさの代名詞ともなっているイーサーン(東北タイ)の農民こそ、このように多様な言説空間に身をさらしているのである。

農村から移動した人たちは、即座に労働者になるのではない。労働者としてのアイデンティティ形成の過程には、彼らが具体的に働く場に作用する資本主義経済システム・組織の規定性、彼らが職場・地域・家庭で接する人々との社会関係、及びその人たちから受ける文化的影響等、様々な力が働いていると考えられる。働くという人間的営みですら、当該地域の文化伝統、現在の社会的条件の中で、また個人の生き方の中で意味が形成されるのであるから、それらの位相の下に分析を進めたいと筆者は考えている。その意味では、出稼ぎ労働者は当初、資本制の論理と彼らの生活世界の論理が交錯する、あるいは葛藤する存在として認識する必要がある。しかも、労働者が直面するのは後期資本主義社会の高度に管理化された効率的システムや「発展・開発・成長」の言説だけではない。具体的に働く場を外資系企業と想定すると、彼らは特定の国の企業が持ち込む労使関係、企業風土・経営システム、労働者の文化にも直面せざるをえない。多国籍企業は文化的に無色透明の「近代的経営体」ではない［村上一九九五］。

第三節　社会編成を変える労働者の文化

タイに中間層以上の主流文化と労働者階層の対抗文化があり、相互の対立があるという知見は未だない。「俺たち」と「奴ら」というよりは、「俺ら」と「旦那衆」といったパトロン—クライアント関係、あわよくば旦那になるという主観的願望に糊塗された場面ごとの状況的格差が、主観的な社会階層といえる。今労働者であり、今後も労働者であり続けるだろうという客観的見込みが全く独自の階級文化を作り上げるほどに、タイは、格差の絶対量にもかかわらず、階級社会ではない。労働者固有の意識、文化を想定することはかなり困難である。しかし、状況的にではあれ、労働者であることによって、別のものではなかったことによる独特なアイデンティティ形成の局面はあると考えてよかろう。彼らのアイデンティティには資本主義経済システムの再生産に機能する社会構造化がなされているとしても、そのプログラムを自分たちに都合のいいように修正・変更していくことは当然ありうる。その修正・変更が、しばらくは資本主義経済システムのフィードバックの範囲内に微調整されるものでしかないとしても、その蓄積が集合化されれば、資本主義経済システム自体に変化を迫るものとなる可能性は否定されるべきではない。そう考えなくては、社会の変動は理解できない。

筆者は社会システムの自己完結的なオートポエーシス的モデルを採用していないために、資本主義経済システムには断続的局面があると考えている。社会の変動要因は、体制的利益を享受できない社会階層の主観的自己実現の願望から生まれてくる。それが、客観的力となるためには様々な条件が必要であり、その確定は後知恵でしか分からないものかもしれない。しかし、タイ社会の今後の変動を考察するにあたって、現在の労働者となっている階層に焦点を当てるのは、あながち的外れとはいえないのではないか。

野原光は日本最大の自動車企業の調査において、労働者は、職場生活と私的な地域社会での生活が企業の労働者管理政策に掌握されきってしまったかに見えるが、それでも「体制の転換を志向するのであれば……対抗的要因に転化しうる何らかの内的契機を、体制の体内に発見することは必須の課題」と述べ、労働者生活に内在する変革主体形成の展望を持つ［野原一九八八：四六八―四七二］。筆者は変革主体形成という問題の定式化は避けるが、この問題提起は、タイの労働者に関しても同様に重要であると考える。労働者が従事する、身体を機械化するような仕事の非人間性、企業組織の管理、資本主義的生産システムの搾取形態を描くことは簡単である。しかし、このような労働環境からの解放は、当事者には手に負えない問題なのであろうか(3)。被抑圧者への共感・同情と自己省察の形をとった体制の告発は、観察者の認識的特権と実践上の優位を固定化する発想にほかならない。しかも、アジアというオリエンタリズムの視線の中では、容易に良心的な人々の心を捉え、アジアすなわち発展途上国特有の問題として、自己の外部に対象化してしまうのである(4)。

では、自己のアイデンティティの変容が社会体制の変容の契機となるという手がかりはどこにあるのだろうか。対抗的文化とは、支配的文化の恣意性、権力性を暴露するだけでなく、もう一つの価値の軸があることを示し、別のアイデンティティ形成をやってのけることである。そのような文化に触れた時に、社会体制内で卓越性を求める生き方や、ルサンチマンを鬱屈させる生き方は自明のものではなくなる。これは弱者の開き直り、合理化、価値の転倒ではなく、価値の転換、異化の作用によるものである。小林の言葉を借りれば、「慣習・既知的なるものへとつねに同化させようとする日常的認識構造の中にひびを入れることで、人間が自己を含む自然と社会とに批判的に向き合う」ということであるが、具体的にどのような場において異化は生じるのか［小林甫一九九二a：一一―一二八、一九九二b：一九九―二〇九］。

個人は自らの力で異化されるのか。それとも、異化された文化、異化された人々に接触して異化されるのか。後者であれば、異化の発生そのものを説明することは不可能であるから、やはり、個人の自己認識のあり方、アイデンティティ形成の局面に異化を起こさせる状況があると考えられる。前節に述べたように、タイの労働者は自明な世界に住み続けているのではなく、地理的移動、社会経験によって異なった言説空間を通りすぎることになる。そこで、自己の認識枠組みにとって異質なものを自己の内部で処理することができれば、アイデンティティは安定的に維持される。しかし、異質な経験・言説の力が強大であれば、自己の認識の枠組みを変えて、異質なものに対処しなければならない。たいていは、解釈の枠組みさえも、社会的コードとして提供されているので、それを受容すれば同化することになる。また、違和感を抱き続けながらも同調したり、認識・判断の保留を続けたりすることも当初は可能であるが、次第に、割り切れなさにいたたまれなくなり、同化か、自身の依って立つ新しい認識枠組みを作り出さざるをえなくなる。この局面が異化である。

メルッチによると、「社会システム的コードと自己の個人的体験から生じる身体感覚の葛藤から、個人のアイデンティティはふだんに組み替えられていき、このようなアイデンティティ確立の個人的試みが社会運動の潜在的なリソースになる」という。ここでいう社会運動とは、社会変革を直接に志向するものではなく、むしろ、自己の変革を目的とし、そのこと自体が「既成の制度的現実と日常的・身体的感覚との葛藤の存在をアピールし、他者にリフレクションを促す」、つまり、異化を促すことになるのである。このようにしてもう一つの生き方に気づいた人々がお互いを強めるために共働した時に、既存の社会体制の枠内では生じえなかった新しい文化が形成されるのであろう[Melucci 1989: 58-63]。

しかし、ここで、ウィリスが述べた対抗文化の洞察と制約の二面性を忘れるわけにはいかない[Willis 1977: 1985]。イギリス労働者階級のはみ出し者の若者は、やるに値する様々な仕事の体裁をとりながらも、労働力が抽象化・標準化されて金銭に換算され、奴らによって搾取されるという資本主義的労働の本質を見抜く。すなわち、対抗文化的な行為は、支配的な文化への異化を手がかりに洞察を進め、資本制へ挑戦する可能性を持つ。しかし、彼らは肉体労働を一人前の男の仕事とみなし、職工クラスの職場関係を自らの世間として、学業不振の結果割り当てられる未熟練労働に進んで従事する。このような彼らなりの生き方によって、あえて教育機関が不本意な仕事を割り振らずとも、社会はそのなり手を見つけ出すことができるのである。ウィリスは彼らの文化が挑戦に進まない理由を、彼らが既成の社会的差異の体系そのものを洞察するために不可欠の精神的活動を軽蔑した結果、精神労働と肉体労働の分化、家父長制的性別役割分業、人種差別などを自明のものとして受け取り、いわば差異を自然として、それを受容することを男らしさといった美意識の問題に矮小化してしまったことに求めている。労働者のアイデンティティの対抗文化性や異化的作用を、ストレートに体制変革への萌芽へ結びつける安直さを避けるためにも、対抗文化が支配的文化への挑戦を通して、結果的に資本主義経済システムの再生産に機能する事実を看過できない。対抗文化が資本主義経済システムに対してどのような機能を果たすのかの考察を抜きに、異化的文化の評価はできないのである。

このような労働者の文化に関する説明は、かなり図式的な認識であり、実際の事例に即して、アイデンティティ形成、異化の局面、社会編成に与える効果を説明する必要があろう。このことを幾分なりとも次章の分析で行いたいが、異化を志向する先行条件として、労働者の職場や日常生活空間で感じる違和感を拾い、それに対する彼らなりの説明と、その職場世界や生活に対する客観的機能を考察することになろう。

（1）　戦後日本の企業では、内部昇進制によって、仕事は単なる生活の糧を得る手段から人生を賭けた社会的な自己実現となり、企業内福祉、企業収益の配分による収入の増大が、ますます個人を会社組織に包摂させる要因となった。とりわけ大企業労働者において、労働と生活世界は分離するどころか、主観的には労働が生活世界を包摂することで、仕事こそ生き甲斐になった。これに対して、欧米の労働者は分節的労働市場の労務管理政策がとられたことにより、仕事を労働化、手段化していき、苦痛としての労働の人間化が図られた。いずれにせよ、欧米の労働者は労働を徹底的に手段化することで、対照的に日本の労働者は労働を生きるに値する目的とすることで、労働者という階級を意識しない程度に解放されたといってよい［稲上一九八一：二七一—四〇］。

（2）　バンコクの場合、十数年前まではタクシーの運転手でも郊外のタウンハウスくらいは何とか手に入ったが、今は共働きの会社員夫婦ですら容易ではない。現在はインフレ、バブル経済の結果地価が高騰し、東北タイの地方都市マハーサラカームの地価は、北海道における同規模の町の地価より高いのである。農地は明らかに北海道が安い。これは、一〇年くらい前まで日本の地価の総額がアメリカにおける地価総額のおよそ二倍（単位面積当たり五〇倍）であったことを思い出せば、不思議でも何でもない。土地が利用の対象（使用価値）ではなく、投機の対象となれば、余剰資金が流れ込み、地価は高騰する。

（3）　労働社会学者の藤井は、日本的労使関係の典型として描かれる内部昇進制、企業内囲い込みによる競争・序列化の生活価値に対して、中小企業では労使関係、労務関係政策に直接媒介されない、自己の欲求充足と自己制御に基づく別の価値体系があるのではないかという。具体的には、地元企業に入り、それなりのやりがいと人間関係を持ち、地域社会に根を張っていこうとする労働者像である。地方都市、田舎町に生活する人たちに見られる落ちつきは、職場以外に近隣、親族との関わり、伝統行事や遊び等、多層な空間と人間関係を持てるからであろう。これらから切り離された大企業キャリアの転勤族と、東南アジアの輸出加工特別区における工場団地の労働者は、労働条件・働きがいが極と極に位置し、多国籍企業の現地企業においては労使関係で相対するが、共に労働に生活世界を従属させざるをえない労働形態である。双方の労働世界に特化した不幸を解消するためには、地域の産業立地、開発がやはり重要な問題である［藤井一九九四：五四—五六］。

（4）　鎌田慧『アジア絶望工場』に代表されるリサーチする側の論理で構成される「アジアの現実」もまた、批判されるべきであろう。これは、『自動車絶望工場』に次いで、東・東南アジア諸国の日系企業進出の実態、及び工場労働者の生活の一部に関するルポルタージュである。『自動車絶望工場』では自ら季節工として半年余り働き、労働者の生活世界を自活しながら調査するという希有な方法で、生産性を上げるために人間を機械化する労働と、そのような労働条件に耐える大企業労働者の意識、及び彼らを囲い込む企業城下町がリアルに描かれていた。しかし、『アジア絶望工場』では労働者自身の生活よりも、アジアの人々が多国籍企業を頂点とする現地資本、下請け零細工場、日雇い雑業と層化された労働市場に投げ込まれ、彼らの消費文化の中で肥大化した欲求を市場として、国家が資本主義的経済発展を遂げていくという図式が全面に出ている。このような「開発・発展」の推進役であった日系企業による低賃金労働力の利用と管理、及び「世界で最高の高能率生産をしていながら、果たしてそれに見合う生活を作り出しているか」自問せざるをえない日本的経営と労働生産物を受け入れている東南アジアの「貧困」に、鎌田氏は絶望のタイトルを掲げたのである。

分かりやすい議論であるし、頷ける部分が多い。しかし、そこに危険性も感じる。筆者は、そのような現実感こそ、多面的な人々の現実・生活を「日本人の絶望」を構成する部品として用いるやり方であり、人間をマシーンの一部として利用する絶望工場の構図そのものであると考える。自らの絶望を投影して見えたアジアは日本人の自画像のネガでしかない。しかも、このような「アジア」像はかなりの程度人口に膾炙し、現代日本が失った精神的文化の故郷として新局面すら見せている。問われるべきは、どこで、誰が、何に絶望しているのかである［鎌田一九八七］。

第六章　日系企業における労働者のアイデンティティ形成と生活構造

本章は、在タイ日系中小企業を事例に、社会経済変動下で労働者化していく農村出身者のアイデンティティ形成の一側面を分析しようとするものである。

東南アジアに進出した日系企業が日本的労使関係や労働様式を現地化させる中で、いわば対照的な労働志向として把握され、概念化されてきた機会主義の議論がある。このような労働志向の研究に解明されるべき問題、方法論的課題がある。労働者の職場内人間関係よりも賃金を優先した転職率の高さ、それゆえの技術移転、人材形成の難しさが、東南アジア的、タイ的文化に内在する問題とされたのである。これは、労働者の生活構造を看過した文化的パーソナリティ論である。

問われるべきは、第一に、具体的にどのような労働過程と生活過程から機会主義的労働志向が生み出されたのか。第二に、労働者の再生産過程にどのようなタイ社会経済的条件及び日系企業の組織的条件が関わっているのか、である。本章では一九九一年からタイの輸出加工区であるバンプリー工業団地で操業を始めた鉛筆製造C社を事例として、この問題を詳細に論じる。結論として、①農村部から移動してきた未熟練労働者は家族のために賃金の比較優位による職場の移動を選択し、②そのような労働志向は、労働者の定着を促進し、将来展望を可能にする日本型労務管理制度の欠如によって強化された。③それはタイ政府の外資導入型開発政策にのった企業戦略に適ったものであったことが、知見として得られた。

第一節　問題の所在

一九九七年タイの通貨危機に端を発した金融危機は、アセアン諸国から韓国・日本にまで波及するアジア経済危機的様相を呈していた。タイは、サリットが一九六一年に経済社会開発計画を策定して以来、国家あげての経済開発に邁進し、一九八〇年代後半には年率一〇%前後の経済成長を遂げ、アジアNICSに次いでテイクオフに成功した。一九九〇年には外資による直接投資に加えて、拡大する経済の資金を調達するべく金融自由化を図り、短期資金が不動産・消費関連向けに流入して、バブル経済が過熱した。政府は投資家のリスクヘッジのバーツ売りに対抗しきれず管理フロート制に移行したが、結果的に通貨の大幅下落を招き、国際通貨基金(IMF)・世界銀行・アジア開発銀行(ADB)、支援諸国から緊急融資を得て、金融制度改革・緊縮財政を実施した。タイ国民は一気に収縮した経済に直面し、開発主義の言説により内面化させられた成長・発展の時代感覚を揺さぶられたのである。経済成長により出現した都市中間層は失業、ローン返済に喘ぎ、都市の成長を底辺から支えた農村出身の雑業層、未熟練労働者たちは、耐乏の生活を強いられていた。

本章は、在タイ日系中小企業における労働者形成を事例に、社会経済変動下で労働者化していく農村出身者のアイデンティティ形成の一側面を分析しようとするものである。このような事例を取り上げる理由は二つある。

第一に、未熟練労働者の多くは農村部から都市部へ移住し、農民から労働者になったばかりの過程的労働者である。彼らの労働志向・生活構造を分析することで、具体的な生活史からタイの工業化、地域社会の変動が明らかになる。これまで北原・田坂らの労作により、農村部の過剰労働力が移動し、都市部の雑業層か未熟練工層へ参入した後、基幹工としての工場労働者、あるいは小規模自営業者として階層上昇していくといった労働市場の図式が明らかにされた。しかし、労働者の生活世界は未だ分析の射程に入っていない［北原・赤木一九九五：一四二―一五七、一九〇―一九六、田坂・宮本一九八九：一二七―一四三］。

平井が論じたように、過程的労働者は、資本主義経済システムの論理が貫徹する以前の農村生活世界における行動様式と、近代化やコマーシャリズムのコードを主体的に調整して自らのアイデンティティを構築する［平井一九九五：三六六―三八二］。彼らは資本主義経済システムの生産・消費・再生産過程に巻き込まれつつも、自分たちのやり方で仕事に意味を見いだしており、このような労働意識を把握してこそ資本主義経済システムの巧妙な仕掛けが明らかになる。労働意識と生活意識双方をトータルに把握することなしに、資本主義経済システムの再生産過程は理解しえない。

第二に、日系企業労働者は職場において日本の経営・労働文化に接触するが、日本的経営の現地化という問題に取り組むうちに、タイ労働者の行動様式は対照的に概念化されていく。このような概念を実態に即して、また、方法論的に吟味していくことにより、彼らの労働志向を明確化することが可能になる。タイも含めて東南アジアの日系企業に「日本的経営」が現地化されない障害の一つとして「機会主義」と呼ばれる経営・労働志向の存在が指摘されてきたのである。

この点を敷衍すれば、東南アジア社会では、外部市場型・OFF-JTの技能形成を行うために、職場にコミットしない、義理人情よりも短期的利益優先の個人主義的行動戦略が一般的であるといわれる。ここに日本的労使関係において可能な内部市場型・ＯＪＴの技能形成や集団本位・調和志向の経営を持ち込めるのか、その際文化摩擦はどのように避けられるのかという一般的な問題設定が舟橋からなされた［舟橋一九八八：九七―一一八］。しかし、日本的経営と定義される終身雇用・年功賃金・企業別組合・企業内福利厚生等の下で働いているのは、日本国内でも主に大企業ホワイトカラー、大規模製造業基幹工に限定される。しかも、大企業であっても日本的経営を現地で行うわけではない。小林が九カ所の東南アジア輸出加工区において実証したように、経営側は労働者確保を目的に、歴史経済的諸条件で形成されてきた日本的経営を、安価な未熟練工の存在を奇貨とする地域で実施する必要がないからである［小林英夫一九九二：二四〇―二四三］。

一九八五年以降、多数の日本の中小企業が、急激な円高のために東南アジアの輸出加工区や誘致用工業団地に製造拠点を移し、アセアン地域の輸出型産業形成に大きな役割を果たしたが、こうした日系企業における労働文化・労働志向の研究は必ずしも十分ではない。一つの原因は、労務管理制度として日本的経営を欠くこれらの企業が、日本的経営の移転という問題を分析する対象にふさわしくなかったからである。他方、経営・労働文化間葛藤として表現される問題が正当に定式化・評価されてこなかったことも、大きな理由であった。

つまり、なぜ、制度・組織的基盤を欠いた企業も含めて、広く日本企業の進出と日本的経営の移転がセットで議論されることが多いのか。一つの切り口として、日系企業の日本人管理職層が日本的な経営・働き方を慣習的に行い、主観的なレベルではそれを日本的経営の実践と認識していることがあろう。彼らは自らの異文化体験も含めて、現地労働者との葛藤を仕事の仕方の違い、つまり、文化の相違に由来する慣習的実践レベルの違いと理解する傾向がある。実際、現地駐在の日本人が仕事を通して得た現地の社会文化論、人間論には共通性があることが分かる。日本社会像の反転としての異文化理解である。

機会主義とはこのような実感的経験を基礎に、我々のやり方、すなわち主観的な日本的経営・労働者像を反転させて、我々とは違う文化を実体化した概念ではないだろうか［市村一九八八、吉原一九八八］。日本的経営の実施状況から、現地化される社会文化を集団志向―個人志向、調和本位―効率本位の軸で分類し、日本は前者、東南アジア社会は後者であるといった市村や、商道徳の低さ・投機性を企業家の特質と見る吉原の議論に対して、取引コスト経済学の立場から、機会主義が発生する組織構造を問題にし、文化的規定論を批判する議論がある［スウィナイ一九九〇：二〇九］。

本書では、労働者の行為を機会主義的という言葉により可視化された文化的他者性から説明するのではなく、経営・労働のあり方を構造化し、再生産する労務組織、労働者の生活構造から記述し、分析することにしたい。実際、日本的経営の制度的基盤を欠いた企業組織において、労働者意識が、日本的経営を実施している企業労働者のそれと異なるのは当然である。従来の研究は、労働志向を労務管理組織、労働市場・労働政策との連関で把握する段階にまで到達しているが、行為者の意識を文化という残余概念から説明する傾向があった［大野一九九二―九三：一九―三三、四二―五九、佐藤俊樹一九九六：一八二―一九八］。

大野昭彦は、チェンマイ市にある日系合弁コンデンサー組立工場の調査から、工場の労務管理組織がタイの外的環境特性（過剰労働市場、労働者の特質）等のコンティンジェンシー変数に条件づけられるオープン・システムであることを論じている。労働者の意識や行動様式に組織論や社会心理学の知見から一貫した説明を加えようとしている点において、先行者の田坂敏雄や稲上毅らが組織の構造と機能を詳細に叙述した段階から、労働者意識を構造化する機序を解明する段階へと進んだものといえよう［田坂・宮本一九八九：一六〇―一九〇、稲上一九八九：一八四―二三六］。しかしながら、データの分析を超えた事例の総合的な解釈になると、労働者形成は、柔軟な組織的対応の中でなされたというよりも、日系企業がタイに立地した当初の経営戦略の帰結と見るべきであろう。また、佐藤俊樹は、大量観察データを用いて労働志向を分析する際に、タイ社会文化論を援用するが、研究者の枠組み優先で解釈を行うのは、労働者の具体的な労働実態、生活構造の把握不足に由来しよう［佐藤俊樹一九九六］。

本書では労働志向がいかに社会的に再生産されるのかを明らかにすることで、労働志向をア・プリオリな地域性や文化に接合しようとする方法論を批判したい。仮に、文化に言及するならば、どのような文化が行為者の意志決定に関わっているのか、そのダイナミズムを推測によらず、事例を通して具体的に論証していきたい。

第二節　日系企業のタイ進出とタイC社工場の設立過程

戦後、日本企業の東南アジア地域における投資は、商社を中心とした繊維・雑貨等の軽工業部門から始められた。一九七〇年代後半より、労働集約的産業部門から化学・機械・自動車・家電にシフトし、半導体等のハイテクも浮上したが、輸出型企業の海外投資を不可避なものにしたのが一九八五年以降の急激な円高である。東南アジアでは将来性のある市場もさることながら、安価な労働力、政府の投資奨励策、輸出加工特別区域の設定等が投資を招き寄せた。タイでは投資奨励税制が施行され、事例の工場の場合、輸出に関しては関税免除、原材料の輸入に関しては三五％の関税率引き下げ、法人税は三年間、法人所得税は八年間の免除特典の条件で工場操業に踏み切ったのである[入谷一九八九]。タイ投資委員会(Board of Investment, BOI)によれば、一九八九年から九三年まで、日本は外国投資承認の三二％を占める最大の投資国であり、その六〇％が機械、電気機械部門である[バンコク日本人商工会議所一九九五：一三七―一四二]。日本企業が賃金コストの削減を目的に進出したといっても、最低賃金に関する労働・社会福祉省の法令は遵守しており、未熟練工レベルの労働条件は同規模の現地資本の製造業よりもよい。

本事例の鉛筆製造会社C社の設立は一九一七年に遡る。かつて、鉛筆は文房具の代表格であったが、今ではデザイン・絵画関係の特殊な鉛筆・色鉛筆を除けば、シャープペンシルを使うのが普通になり、国内の鉛筆市場が極端に狭くなった。この会社は鉛筆、色鉛筆の製造に特化しており、日本国内では生産量が捌きれないのでいきおい輸出が増える。一九八〇年代後半、社長が経済団体主催の東南アジア視察旅行に参加し、タイで地元の文具卸関係の企業家と交流した。円高、製造コストの削減を目的に提携の話がまとまる。

合弁会社設立の資本金は四〇〇〇万バーツ(当時約二億円)であり、資本比率は日本四〇％、タイ三〇％、台湾三〇％で、台湾は資本出資のみである。タイ側はM亜州貿易両合公司（文具の卸問屋）であり、人事・労務の一切を引き受け、日本は生産を一手に引き受けることにした。工場用地は、ＢＯＩの推薦によってバンプリー第二期造成地区に決定した。バンプリー工業団地は、首都バンコクから三〇キロほど東へ向かったサムットプラカーン県バンプリーの郊外に位置した広大な工業団地である。団地の入り口から工場労働者の町を通って最も奥に（バーン・サオ・トーン（Bang Sao Thong）地区）、つまり最後の時期に進出した工場団地の一画にC社工場がある。

一九九一年、工場長、日本人技術者一名と、M亜州貿易両合公司がタイの鉛筆製造企業R社から引き抜いたタイ人技術者一名、募集に集まった秘書・労働者一三名とでC社工場は操業を開始した。年商は一九九三年二六四〇万バーツであり、黒字であるが、初期投資の回収にはしばらくかかる見込みであった。一九九七年時点で生産量は月二万グロスであった。

本事例の調査は、一九九四年九月に休職、欠勤者を除くタイ人全従業員四〇名と、九五年三月時点で就業を継続していた二七名、及び日本人従業員を対象に、C社工場にて筆者が面接調査を行った。なお、工場長、日本人従業員、タイ人技術者、秘書には本調査の前後の年、及び一九九七年一二月に、プレ調査と補足の聞き取り調査を行っている。

第三節　職場組織・労働過程の分析

小池和男は、労働者の技能形成における知的熟練を効率的に進める内部市場・ＯＪＴ型の労働者形成を、日本的経営に限らない普遍的な方法として、東南アジア諸国の地場企業にも見いだした。タイでは専門職・技術者・熟練工レベルにおいてこのタイプの技能形成が行われているが、未熟練工レベルではキャリアがヨコの広がりに欠け、異常への対処能力も低いという。分節化された労働市場と下層労働者の労働志向が分析の対象となっていないものの、技能形成と経営組織構造の連関を論理的に説明する方法には学ぶべきものがある［小池・猪木一九八七］。

本節では軽工業部門の小規模製造業C社労働者の労働過程をこの観点から見ていく。その際、二つの課題を設定する。第一に、知的熟練は未熟練から熟練レベルへと段階的に形成されるが、それが促進されるか否かを労務管理組織構造との関連で考察する。第二に、知的熟練及びそれへの評価システムこそ、働きがいの源とみなされるが、これを労働志向との関わりで分析する。最初に職場組織の編成と作業工程を説明し、技能形成に関わる労資間の葛藤、その原因である経営側の主観的レベルの日本的経営と、技能形成を支える労務管理組織内外の条件を順に指摘していきたい。

工場組織は、技術系ラインとして、工場長の下に日本人技術者A、Bの二名、その下にタイ人技術者一名、彼の補佐役で操業当時からいる男性労働者A、一般労働者がいる。事務系統では、工場長の下に秘書と彼女を補佐する女性事務職Bがいる。Bは労働者だったが工場長が秘書の補佐に引き上げ、事務処理をさせている。日系企業では一般的にマネージャーを現地採用し、経営側と労働者側の仲介をさせることが多いが、この工場に中間管理職はいない。資材・製品の輸出入は日本の本社経由で行っており、合弁のM公司を通して資材の紙・箱類、ラッカー、糊をタイで調達しているだけである。従って、工場組織は鉛筆製造部門に関わる技術者と労働者だけで十分と考えられている。タイ人技術者と秘書のみ、それぞれ工業短期大学、商業専門学校卒で、労働者は小卒六五％、中卒二五％、高卒一〇％という学歴の構成である。給与面では、タイ人技術者一名の給与は一般労働者の二倍強であるが、秘書は若干労働者を上回る程度であり、労働者は法定の最低賃金プラス職能給で学歴差はない。給与面での格差のないことと、操業時からリーダーシップをとっているタイ人技術者と秘書の夫婦を頼りにする一般労働者の意識が、タイ人従業員としての一体感を高めている。組織は職階よりも、技能や年齢、仲間集団内の個人的力量の差異に応じた労働者間のつながりで構造化され、実際の作業もこの人の流れで進んでいる。

鉛筆製造の工程は木工、塗装、印刷、梱包の四つに大別できる二五の作業工程で構成される(表6-1)。指導体制は木工部門に日本人技術者A、木工と塗装部門掛け持ちでタイ人技術者、タイ人従業員A、印刷部門に日本人技術者B、梱包部門にタイ人秘書とタイ人従業員Bがおり、それぞれ指導に当たっている。工場の方針により男女とも複数の工程を経験することになっているが、印刷部門の輪転機操作は日本人技術者Bが男子労働者を選んで仕込むことにしており、梱包作業は女性のみが担当する。女性の方(工程移動年平均五・五九回)が男性(同三・九六回)よりも多くの工程を経験しているが(表6-2)、男性は印刷・塗装の部分で専門化が見られるのに対して、女性は欠員部分の応援という形で回されることが多いからである。長期勤続者には各工程の作業を新入りに教えることが期待されているが、労働者Aと事務員Bだけがその役割を担っている(表6-3)。梱包部門を除く加工作

表6-1　現在の作業工程(配置人員数)

	男性	女性
木工	3	4
塗装	2	5
印刷	2	0
梱包	0	8
事務	0	2
技術	1	0
計	8	19

出所：調査

表6-2　在職年数と工程の移動

	人数	移動工程平均回数/年
1年未満	15	6.7
1年以上2年未満	3	2.5
2年以上3年未満	2	2.25
3年以上	5	2.65
	在職年数平均	移動工程平均回数/年
男性	1.2	3.96
女性	1.3	5.59

注：技術者と秘書を除く
出所：調査

表6-3　現工程の指導者

	指名回数	指導工程
工場長	3	事務・製品検査
秘書	3	事務作業
日本人技術者A	3	検査・塗装・木工
日本人技術者B	1	木工
タイ人技術者	7	木工・塗装
タイ人従業員A	3	木工・塗装
タイ人従業員B	3	梱包
その他の工員(1回以下)	8	木工・塗装
自分で学習	2	

出所：調査

表6-4　工程の段取り・機械調整

	人数	平均勤続年数
指導も可能	6	3年2カ月
だいたいできる	6	1年9カ月
援助を仰ぐことが多い	13	8カ月
できない	2	3カ月
計	27	1年5カ月

注：タイ人従業員全員
出所：調査

業の現工程において、自分で工程の段取りや機械調整ができる者は二七名中二二％（平均勤続二一カ月）（表6-4）、指導も可能な者は二二％（同三八カ月）である。三年以上勤続者は平均九・五七の工程を経験しているが、彼らは全体の二〇％にすぎない。後に見るように離職率が高いため、穴埋めが移動の契機となることが多く、加工機械の操作に十分習熟し、作業工程間の有機的なつながりを理解する前に移動することが、異常時に対応する知的熟練を形成しにくくしている。

労働者はそれなりに工程に習熟し、技術を身につけたいと考えている。具体的な工程をあげて技術向上を望む者が（二八名中六七％）、「言われたことをやるだけ」（塗装と梱包工女二名）とか、「楽な工程に移りたい」（製軸工男一名）という者を上回っている。仕事の面白さとして技能形成の側面は確かにある。しかし、彼らなりの向上心に対する経営側の評価は低い。

> 「仕事の自覚では職人肌が全くない。そういうタイプに育てようにもタイ人には合わないようだ。品質管理でも、作業の本質を考えないで楽な方に流れる。将来を考えて技術力をつけるという発想がない」（工場長）。「技術を教えても修得が悪い。覚えていかないとここに居られなくなるという感覚がない。仲間内で競争して技術を身につける、一日の検査本数を上げるのを競っていくという意識がない。これが給料に反映されてすら、競い合いがない。ただし、技術の程度はどうであっても、仲間と比較して給料が低い場合は文句をいう」（日本人技術者A）。

鉛筆一本を丸ごと仕上げるのであれば職人仕事的なやりがいもあろうが、細分化された工程の作業は、実際「こなされている」だけである。「日本人は働いた後に一〇〇％の完璧な結果を求める。そうするにはかなりの時間と熟練、意志の力が各人に要求されるだろう。働くことに対してタイ人の考えは日本人並までいかない。この程度でももう十分にやった、上出来だと思っているだろう」(タイ人技術者)。「製品管理としては、九五%程度を目指す。日本では、ミスを二、三%に抑えるが、ここでは作業中に電圧が変化し、そのため機械のスピードが若干変化し、削る作業や輪転機の動作が乱れる。機械の音に注意していなければならない」(日本人技術者B)。技能、モラールに対する経営側の欲求水準と労働者の働き方には落差がある。

このような経営側の役割期待が出てくる背景には、技能形成を制度的に支える客観的な日本的経営の基礎を欠きながらも、主観的には日本的経営の実現や労働志向の育成を図っていることがある。しかし、実際、工場長や日本人技術者たちが技能形成を行ってきた中小企業レベルの条件はここにはない。「彼らのやっていることは鉛筆製造の一部分でしかないので、将来この技術で独立して何かやるといったことはできない」(日本人技術者B)。技能を身につけた後、自営や小企業主となれる製造業種ではないし、そのための幅広い仕事を任せるという慣行もない[小池一九八〇：六五、九八―一一二]。「そこで暇を見ては、やる気のある従業員にフライス盤の使い方とか、溶接の仕方とかを教えている。こういうローテクがいつかこの連中の身を助けるかもしれない」(日本人技術者B)。

彼はタイで家庭を持ち、この社会で生きていく覚悟をした人物であるが、このような献身的指導をもってしても、彼らにここで「労働者」として自らを鍛え上げていく判断をさせるには至らない。それには技術指導のジレンマも関係する。「刻印の作業をマスターしたい」(男二一歳)という従業員の希望に対して、「C社の高度な専門技術は鉛筆への印刷であるが、輪転機の操作技術を労働者に一通り教えても、全て教えきるわけにはいかない。他工場に移られて、C社への補償なしに技術移転されては困る」(日本人技術者B)のである。しかし、「工場の生産規模を拡大するにつれて、任せられる熟練工が必要だ」(工場長)。このジレンマをどう克服していくのかが、本工場のみならず、ここ数年の間に相次いで工業団地に進出し、操業を始めた工場の共通の課題でもある。事実、C社は生産規模の拡大を計画しているが、現在の指導スタッフの数では出入りの激しい一般労働者のフォローに

表 6-5　日系企業における労務実態(製造業中，従業員 100 人以下の企業)

	調査対象工場	A社	B社	C社	D社	E社	F社
所定支給額(バーツ/月)							
事務	6,300	15,800	6,680	16,000	12,378	9,920	18,000
技術	12,000	11,300	8,051	29,000	11,071	24,045	18,500
労務	4,551	4,000	4,700	5,000	3,866	4,286	
賞与　労務	なし	3カ月	2カ月	なし	0.89カ月	1.88カ月	4,000バーツ
初任給(バーツ/月)							
中学卒業						3,500	3,960
高校卒業					4,500	4,000	3,960
職業高校卒業		4,500	5,000		6,000	5,000	5,000
技術系短大卒業		5,000	6,000		8,000	6,000	6,500
賃金上昇率(%)	8	8.4	10	12	14.2	8	15
平均年齢(歳)	22.3	28	25		27.3	30	25
男女比(%)							
男	40	65	92		44	55	79
女	60	35	8		56	45	21
平均勤続年数	1.3	2.3	4	3	2.3	3.5	3
定年制	なし	55	なし	なし	60	55	55
福利厚生							
医療費補助	なし	あり	あり	あり	なし	あり	あり
貸付金(バーツ)	なし	なし	なし	なし	2万まで	10万(年利7%)	年5,000
慶弔金(結婚)	なし	1,000	1,000	500	なし	1,000	なし
慶弔金(死)	なし	6,000	2,000	2,000	なし	なし	なし

注：1　転職状況：1993〜94 年 1 年で，日系企業 213 社中 3897 人(1 社当たり 18.3 人)
　　2　転職経路：他社からの勧誘(19.7%)，新聞その他の求人広告(80.3%)
出典：バンコク日本人商工会議所『賃金労務実態調査報告 1994』より筆者作成

表 6-7　工場内の規律(意識)

規律の内容	人数
義務・決まりを守る	2
作業を助け合うこと	3
作業中，無駄口をきかない	4
帽子・作業衣の着用	1
上司への連絡を怠らない	3
あるが，厳しくない	1
ない	23
無回答	3
計	40

出典：調査

表 6-6　労働条件の改善要求

改善要求の内容	人数
賃金値上げ	10
福利厚生改善(医療費等の手当)	16
工場内規則の明確化	5
皆が協力できる体制	3
現状のままで満足	5
無回答	1
計	40

出典：調査

手一杯で、ライン増加の見込みが立っていない。しかも、規模の拡大だけでなく、「生産性を向上させないことには、低廉な賃金コストとはいえ、年七、八%で上昇している最低賃金基準のために、初期投資の回収が危うくなる」(工場長、日本人技術者B)。しかし、工場長が本社から上海視察を命じられ、中国進出により賃金コスト問題の解消を模索する以外、具体的な労務管理の対策がとられていないのである。

次に、労働者の技能形成を支える労務実態と労資関係の制度的側面を見ていきたい。C社の賃金・労務実態を同規模の日系企業と比較したのが表6-5である。C社は最低保障賃金を基準に能力給の査定、残業手当を所定通り支給しているため、他の日系企業と平均給与の差はほとんどない。しかし、操業から日が浅いこともあって、従業員からの労働条件改善要求(表6-6)にもあるように、福利厚生の整備が遅れている。また、就業規則はあるが、職場が持つ雰囲気、労働者自身が作り上げる職場の規律は形成途上にある(表6-7)。C社には共同体的雰囲気があるが、離職率が高いために、人間関係を介した職場世界に断絶が頻繁に起こり、慣習的な行動規範が形成されにくいのである。

「家族的経営の弊害もあろうが、ここで組織本位の体制をとろうとしても誰もついてこないだろう」(工場長)。「おじさん役・兄貴役で公私共に家族のようなつきあいをしている」(日本人技術者両名)。しかしながら、家族に擬制された組織形態は、経営側が期待する意志の疎通と作業の能率を促進してはいない。労働者たちは実質的な問題処理を要求し、労使のインターフェースとなるタイ

表6-8　援助・指導者

	指名回数	援助工程
工場長	1	事務
秘書		
日本人技術者A	2	木工・塗装
日本人技術者B	1	木工
タイ人技術者	7	木工・塗装
タイ人従業員A	3	木工・塗装
タイ人従業員B	1	梱包
その他の工員	1	梱包

出所：調査

人のマネージャーを求めている。「私は一番一般労働者に近い立場で、彼らのことをよく知っているが、私の考えが操業の仕方に直接取り入れられることはない」(タイ人技術者)。彼は、日本人技術者Bを通して、工場組織の意志決定に加わっている。本工場においてタイ人技術者、秘書、日本人技術者B、及び彼らに指導された男性労働者Aと事務員Bが果たす役割は大きい。この五人に現在の工程を指導された者が労働者全体の三九%でしかないのに、彼らを鉛筆製造の作業工程、職場のトラブル処理の援助・指導者に選ぶ者が七五%もいる(表6-8)。しかし、鉛筆製造・原価管理三〇年の工場長と製造現場三五年の日本人技術者A、及び大学を出て現場を覚えたばかりではあるが日本側にいる三〇歳のBとタイ人技術者を比べれば、明らかに発言力が違う。

「ものを作る作業自体は、タイ語でこと細かく説明せずとも、やってみせれば労働者はだいたい飲み込んでいく」(日本人技術者A)。経営側は製造ライン中心に考えているので、人事・管理の専門職をあえて置こうとしない。しかし、管理業務は少なくない。秘書は新入りの労働者に就業規則を遵守させ、違反者に分かるように説明して矯正させる。さらに、C社ではほぼ毎日五、六名は何らかの理由で欠勤するため、ジョブ・ローテーションの編成及びそれに従おうとしない古参の労働者への説得を秘書が一手に引き受け、オーバーワーク気味である。しかも、工場長は日本の町工場流に手が空けば自ら梱包作業を手伝い、秘書以下事務員Bにもやらせるので、管理業務が滞りがちである。そうでなくとも、「タイ語で人事関係の細かい話を工場長に相談しても、通じていないことが多い」(秘書)、「自分に持ち込まれる苦情・相談の多さのあまり、知り合いや身内を工場に紹介することをやめた。よけいに面倒を見なければならない羽目になる」(タイ人技術者)。

また、査定も労働モラールや規律の内部化を促進していない。「同じ作業をしている労働者でも能率や勤勉さが違う。真面目な者には少し加給してやる。励みは必要だ」(工場長)。それに対して、「賃金がどのくらいそれぞれの労働者に支払われているのか分からない。各労働者が賃金の額を知る権利を社長は与えていない」(タイ人技術者)。インセンティブになっていないのである。実際、給与は個人交渉である。誰にでも分かる基準はこの地区の最低賃金、残業の割増率、労働総時間であり、ここにそれぞれの職能に応じてどれだけの加算給があるのかは分からない。それが不満を呼ぶ。しかし、C社には不満を具体化する労働組合がない。

「労働組合のオルグを受け入れない、仮に入ってきた場合は社長に連絡しなければならない」(秘書)。このような指示を工場長から受けている。組合ができれば、団体交渉によって、給与規定、査定基準から始まり福利厚生の手当等、最終的には組織内意志決定への参加という要求につながり、話し合いによるコストが増大する。タイの労働組合組織率は一九九三年時点で二・二%と低く、九四年時点の日系企業全体では一九・九%、製造業に限れば、三三・六%と日系企業がかなり高い組織率を持っている。これは、ナショナル・センターからの労働組合設立の指導、支援が、工場団地の場合効率的になされていることを示す。

労使関係における経営―被雇用側の意識のずれを要約すれば、タイ人労働者はフォーマルな労務管理、企業内福利厚生を望むのに対して、経営側はインフォーマルな家族的経営を行おうとする。そして、この食い違いが労働者の定着率を下げている。

労働者の移動(離職率)は、第一に、労働者にとっては雇用機会の有無、待遇の比較優位に、経営者にとっては労働力供給量の程度に相関している。第二に、合理的な労働力利用に応じた労務管理体制と労働者の対応に相関している。つまり、調査時点でこの地区では、未熟練工レベルの労働者は供給過剰の状態であるから、経営側は法定の最低雇用条件で雇い、引き留める必要がない。C社の場合、一般労働者を労働者募集の張り紙一枚ですぐにでも補充できる条件を持っているために、これまで記述してきたような労使関係、職場組織、賃金実態になっている。組織への帰属意識が低いのは、彼らの労働市場における地位、現工場での「未熟練工」としての待遇を

表6-9　従業員の特徴

	年令(歳)	学歴(教育年数)	前職期間(月)	前職給与(バーツ/月)	現職在職期間(月)	生家収入(バーツ/年)	本人収入(バーツ/月)	人数
男性平均	20.38	7.27	11.86	4018.75	10.69	30,384.61	5193.33	16
女性平均	23.38	7.25	11.08	2715.38	13.83	26,480.00	4722.17	24
全平均	22.32	7.24	11.5	3126.09	13.18	28,018.18	4927.16	40

出所：調査

冷静に見て、組織に過剰なコミットをする必要がないと労働者が判断した結果である。要するに、C社経営側の家族的共同体に擬制された主観的な日本的経営に、一般労働者は意味を見いだせず、職場における技能形成に喜びを見いだし、将来展望を持つようになれないのである。もちろん、一九九四〜九五年の調査時点では、離職してもほどなく次の仕事が見つかるという時期、つまり、タイ高度成長、バブル景気の終盤であった。労働者の雇用条件に対する期待水準も相当に上がっていたことは確かである。

第四節　労働者の生活構造

本節では、C社タイ人従業員の労働市場における移動経歴、就職後の生活構造を順に見ていきたい（表6-9）。従業員四〇人中（以下の調査項目は全て計四〇人）二三人が東北タイ出身である。南タイ出身は技術者と秘書夫婦の二人。残りは中部タイ出身である。地元バンプリー出身が二人いる。この夫婦と地元の従業員を除けば、彼らは典型的な農村からの移動者である（表6-10）。彼らを出稼ぎ者というのは正しくない。故郷に生業を持ち、季節労働者として、あるいは一時的に働きに来た者たちではないからである。彼らの生家は小売り雑貨商五人、鉱山技術者一人、漁師一人を除いて全て農家であるが、将来も農業をやるつもりでいたのではない（表6-11）。彼らの父親が保有する農地を見ても、四〇ライ（一ライは約一六〇〇平方メートル）の水田、あるいは畑を持っているのが最高で、平均二〇ライほど。土地なし層が四六％もいる。このような農家の子供たちは、農村から町へ出て自分で生活の手段を探すしかない。

従業員の生家の平均年収二万八〇一八バーツ（調査時点で一バーツは約五円）は東北タイ全世帯の平均年収を下回っている。一九九〇年のデータでは、タイ国全世帯の平均月収は五六二一バーツ、東北タイは三五六五バーツである。東北タイは収入で全国平均の六三％しかなく、しかも、マイナス支出の割合が八％と最も高い（四章参照）。彼らは稼ぎ手として期待される位置にあり、村で実家の農業を手伝ったり、出面に出たりして、町に出る機会を待っていたのである。

入社前にほとんどの者が何らかの仕事に従事しており、中学校卒業の未成年か、待業者以外に初職の者は少ない。農村から直接出てきた者は、前職を農業と答えている者わずか五名、うち一名は地元である。彼らは田舎から出て、つてで初職につくが、それはかなり労働条件が悪い。表6-12の前職とは初職以来の幾つか変えてきた職歴のうち、現職に対する前職である。職種は工場労働が五〇％、飲食店、家政婦が一名ずつ、運転手が一名、建設日雇いが三名、変わったところでは元ムエタイの選手である。彼はブリラム県出身で、中学校卒業後五年間選手生活を送り、最後には月九〇〇〇バーツの稼業になったが嫌気がさし、C社のタイ人従業員Aの世話で入社した。収入は減ったがこの仕事を気に入っており、昼休みはサッカーに熱中している。

表6-10　従業員の出身地

出身地	人数
チャンタブリー	4
スリン	4
ナコーンラーチャシマー	4
ブリラム	3
ガラシン	3
ペチャブーン	3
バンプリー	2
ローイエット	2
スィーサケート	2
チャイヤプーム	1
コンケーン	1
チャチエンサオ	1
サコンナコーン	1
サムットプラカーン	1
ナコンシタマラート	1
ナコンサワン	1
ナコンパノム	1
プラチンブリー	1
ピチット	1
プラジャプキーリーカン	1
マハーサラカーム	1
不明	1
北タイ	0
東北タイ	23
中部タイ	14
南タイ	2
計	40

出所：調査

表6-11　従業員の出身階層

父親の職種	人数
農業	27
漁業	1
鉱夫	1
小売り雑貨	5
職なし・死亡	5
無回答	1
計	40

出所：調査

表6-12　前職の職種

職種	人数
職歴なし	8
農業	5
建設日雇い	3
ビニール袋工場	3
縫製工場	2
靴工場	2
料理店	1
石油精製工場	1
食肉加工工場	1
紙工場	1
工場事務	1
工場	1
家政婦	1
化粧品会社	1
鉛筆工場	1
運転手	1
運送会社	1
印刷工場	1
ムエタイの選手	1
ブロイラー工場	1
のり工場	1
シャープ家電工場	1
おもちゃ工場	1
計	40

出所：調査

表6-13　現職への就職の理由

理由	人数
職待ち	19
前職よりも金銭的によい	5
前職が嫌になった	4
出向	1
学卒者	2
無回答	9
計	40

出所：調査

彼らの職歴はその都度の仕事がそれぞれ順調につながっていたわけではない。C社への就職理由として前の仕事をやめたという実質的転職は一〇名で、職がなかった者が一九名もいる（表6-13）。運良く仕事にありつけたのである。その運は、二〇人が工場内の友人・親族から来た（表6-14）。自分で応募した一四人は、工場の門に出した労働者募集の張り紙か口コミで来たのだが、仕事の中身や労働条件に関しては労働者たちから直接、間接的に情報を得ていた。仕事の話はバンプリーや工場団地周辺にごろごろしている。こうしたチャンスを摑むためにも田舎から町に出てくることが肝心である。

C社に就職後は、前職と比べて男性では平均月額（以下同じ）一一七四バーツ、女性では二〇〇六バーツの収入増になっている。これは、前職では男女の賃金格差が一三〇三バーツあったのに対して、C社では四七一バーツに縮小した結果である。インフォーマル・セクターでは法定の地域別最低賃金が守られないことが珍しくない。彼らの前職においても、一九歳の男性が靴工場で月収二〇〇〇バーツ、ビニール袋製造工場で二五〇〇バーツしかもらっていなかったし、女性でも縫製工場二〇〇〇バーツ等の例がある。仮に、一九九二年時点の最低賃金で見ると、バンコク周辺では日給月収で最低二八七五バーツ、最も基準が低い東北部でも二三五〇バーツである。

これは残業、諸手当を一切含まない。C社の賃金体系、労働時間は労働・社会福祉省の法令をそのまま遵守しているだけだが、このために男女格差がなくなり、持ち場による査定と残業時間分の差が男女差に反映されているにすぎない。フォーマル・セクターの未熟練工の場合は格差が圧縮されるので、女性労働者にとっては悪くない仕事である。暮らし向きが良くなったと評価する者二四人の内訳は、女性一六人、男性八人になっている(表6-15)。

彼らはこの町で家族・親族、友人等と借家で暮らしている者が多い(表6-16)。自宅組九人は両親がたまたま早い時期にバンプリーに住みついて、土地の値上がり前に家を持てた者たちと、C社に就職後タウンハウスをローンで購入した技術者と秘書の夫婦だけである。この夫婦の月収は二人で一万八三〇〇バーツあり、しかも両親への仕送りの心配もないのでまるまる使える。ほかの労働者たちは生活費を切り詰めるべく、家賃月額一〇〇〇バーツ程度のアパートに三、四人で生活する。一間で、台所、トイレ・水浴び場共同である。家財といっても、テレビ、扇風機くらいで、少し金が貯まれば、男はバイクを買う。

表6-14　就職の経緯

仲介者	人数
工場内友人	11
工場外友人	1
工場内親族	2
工場内兄弟姉妹	6
工場内知り合い	1
自分で応募	14
無回答	5
計	40

出所：調査

表6-15　就職後の暮らし向きの評価

就職後の生活の変化	人数
暮らし向きが良くなった	24
友人・新しい体験を得た	3
変化なし・普通	12
無回答	1
計	40

出所：調査

表6-16　居住形態

居住形態	誰と	人数
自宅	父母と	8
	夫婦で	1
借家	父母と	3
	叔父・叔母と	1
	いとこと	1
	兄弟姉妹で	5
	夫婦で	9
	友人と	10
無回答		2
計		40

出所：調査

表6-17　将来の仕送り

いつまで家族に送金するか	人数
自分が結婚するまで	8
結婚後は必要に応じて	3
家族が豊かになるまで	6
両親が亡くなるまで	3
下の兄弟が卒業するまで	1
離婚女性：子供が大きくなるまで	2
働き続ける限り	3
生きている限り	6
分からない	3
無回答	5
計	40

出所：調査

若い未婚の労働者たちが生活費を切り詰めるのは、実家への仕送りのためである。男性未婚者の月平均仕送り額一九〇〇バーツ、女性未婚者一八六四バーツは、この階層の労働者としてはかなり多いと考えられる。しかも、男性既婚者五六六バーツ、女性既婚者一一五〇バーツと既婚者でも仕送りする余裕がある。女性既婚者が、男性既婚者の二倍の仕送りをしているのは、共働きのため家計にゆとりがあるからである。男性の場合、ちょうど子供が手のかかる時期で妻が働いていないケースがある。タイでは、子供は結婚したら自分の家族を世話しなければならないので、仕送りという形での親の扶養は義務ではなくなる。しかし、「年老いた親にいつまでもきつい農作業をさせておくのは忍びない」(女二五歳)。

確かに、農村には過剰な労働力がある。ただし、彼らの労働力を動員するのはただではない。手間は返してこそ、経済的交換ではない互酬性に裏打ちされたローン・ケーク(結い)になる。自分の子供が手間を返せないのであれば、ラップ・ジャーン(雇用労働)に頼るしかない。その際相場の出面賃を支払う。農地のない農民であれば、出面をやめれば即座に生活できなくなるので、親の生活費の足しに仕送りすることで、出面の回数を減らしてやれる。また、農地が広大にあっても人件費を送らなければ人を雇えないので、これも子供の仕送りは生活を大いに助ける。都会に出た子供は仕送りすることで、親の土地(バブルで地価高騰)を相続する権利を実質化している。送金は弟妹の学資にもなる(表6-17)。

農村社会の資本主義化は、都市部からの仕送りによって支えられている。かつての老親扶養は、農地という家産の継承に付随した規範的義務であり、上座仏教で説く報恩、孝養の倫理は経済合理的基盤を持っていた。しかし、現在はこの合理性が消失し、規範性のみ残っている。子供にとって、家産を継承する経済的メリットが扶養と引き合わない程度に減少した。親にすれば、子供からの仕送りは当然の返礼として期待できない。労働者の生活が変化すれば、仕送り先の親の生活も変わらざるをえず、農村の高齢者扶養問題が深刻化しつつある。青壮年世代の出稼ぎによりコミュニティの力が低下している[櫻井一九九六]。

次に彼らの日常生活を見てみよう。C社従業員の朝は早い。工場長、日本人技術者A、B共に、六時半には工場に着く。一般従業員は早出の者は七時前に、通常勤務であれば八時前に職場に着く。町から自転車かバイクで二〇分くらいかけて来る。始業は午前八時、終業は午後五時であるが、前一時間の早出、後二時間の残業がある。それをやるかどうかは労働者次第であるが、残業手当のために、よほどの事情がない限りやる。労働時間一二時間。昼休みを除いた実働である。これほど長く高密度な作業を続けたら相当に疲れるはずである。若さでカバーしているところもあるが、適当に抜くところは抜く。「カッターの作業は集中して行うが、トイレに行ったら男でもなかなか帰ってこない」(女二二歳)。

昼休みは正午から一時間。女性は食事の後のおしゃべり、昼寝を楽しみ、男性はこのところ凝っているサッカーを炎天下、工場敷地内で行う。日曜日の賭試合の練習である。張りきる者はユニホームやシューズを借金して揃える。午後一時過ぎにだらだらと作業は再開される。

夕方五時を過ぎると既婚の女性従業員が三々五々家庭の事情に合わせて帰宅する。男性従業員や独身の女性従業員は七時前まで作業を続ける。一般従業員が帰った後、七時半近くに単身赴任の工場長と日本人技術者Aは工場を閉め、夕食を屋台ですませて帰宅。日本人技術者Bは共働きの奥さんを迎えに、バンコク郊外の副都心バンナーのセントラルデパートに車を走らせる。一般従業員は、晩飯を屋台で買って帰る。料理をする時間がないのである。起床時刻は五時半から六時、就

表6-18　起床と就寝

起床時刻	人数
4：00	1
4：30	1
5：00	4
5：30	15
6：00	15
6：30	2
無回答	2
計	40

就寝時刻	人数
9：00	7
10：00	20
11：00	6
無回答	7
計	40

出所：調査

表6-19　人生・生活において楽しかったこと

内容	人数
たくさんあって，話しきれない	2
ここで，働いたこと，しかし，退屈になり始めた	1
ここで働いていること	4
自分が働くことで父母の負担を軽くしてやれたこと	1
就職を申し込んで初めて採用されたこと	1
必要としている金を送れること	1
学校を卒業したこと	1
学生時代	3
学生時代，今は子供といる時	1
家族で一緒にいること	4
家族と遊びに行く	1
結婚して妻と一緒にいること	1
母がいつも助けてくれること	2
黄衣奉献祭に帰ったこと	1
帰省して父母に会う	4
子供を連れて両親に会いに行くこと	1
息子が警察学校を卒業した時	1
夫の家に遊びに行く	1
誕生日のパーティ	1
恋人と話す時	1
若い女性を口説く	1
あまりない，苦労が多い	1
なし	3
なし，ある程度豊かになるまで	1
それほど，楽しい経験はない	1
計	40

出所：調査

寝時刻は一〇時までに寝る者が二七人（表6-18）。週日は働いて寝るだけである。仕事の疲労感の有無と、残業の意志を尋ねたところ、疲れないので残業したいと答える者一七人、疲れるが残業したい者二二人、疲れるので残業したくない者は一人であった。彼らの賃金に占める残業手当の割合（平均三六％）が高いので、残業をやめるわけにはいかない。

農村の生活は自然の暦と宗教的年中行事により彩られているが、生活暦のアクセントが工場労働にはない。日曜という均質な時間のインターバルと国家的暦の祝日が彼らの自由になる時間である。そこでは祝祭的意味合いが消え、文字通りの休日、余暇のための時間になる。しかし、彼らはわざわざ暇つぶしに金をかけることまでしない。女性であれば家事もたまっている。このような労働時間と生理的時間で一日が終わる日常において、宗教的時間・空間が徐々にその領域をせばめていく。毎朝托鉢の僧侶にタンブン（積徳業の布施）を行っている者は四名、機会があれば行う者、行事があれば寺に行く者二二名、残りは昔やっていたが今は時間がなくてやらない、暇がないと答える。

彼らの日常生活は仕事に追われ、余暇にも自己充足的な時間を持つ余裕がない。仕事はまさに労働として、生きるために必要な自明の行為として行われている。彼らが仕事に楽しさを見いだすとしても、それは仕事の面白さではない。表6-19に示したように、仕事をして得られる効用、すなわち生活が成り立つこと、仕送りできること等への満足である。日常生活の楽しさ・喜びの中心は家族とすごす時間にある。若者にとっては恋人や友人とすごす時間でもあろう。しかし、このような時間を十分味わえずに営々と働くだけの者もいる。女性労働者の中には離婚後、子供を田舎の両親に預けて単身働きに来ている者が二名いる。「これまで楽しいことなどなかった」(女二八歳)。彼女の語りには、厳しい農村の生活が色濃く出ている。しかし、村であれば、激しい労働の中にも、祭や家族・親族との語らいがあったが、ここでは働いて終わり。その一カ月分の給与で都市の消費生活は享受できない。デパートに行くのが月に一度もない者がほとんどである。

第五節　職場・労働の意味世界

彼らの生活戦略とは何か。彼らが早朝・夕方の残業を厭わず、疲れをものともせずに働くのは、家族のためである。結婚までは親元へ仕送りして家計の一部を補填し、結婚後は子供の教育のために、あるいは住宅取得のために共働きを継続する(表6-20)。現代のタイにおいてそれなりに生き残っていくために必要な生活の戦略なのである。タイでは、中間層以下、生活のレベルを上げるために男女共働きが当たり前である。未婚者二〇名中六割が学歴・職歴を配偶者選択の第一条件にあげ、相性・性格優先は二割である。結婚後の就労は継続希望(実際に継続を含めて)が八割。共働きでなければ、ここでは衣食住の基本的な生活ができず、子供も育てられない。「現在の自分たちの仕事は生活のためのものであって、できれば子供たちには労働者ではなく、身分・収入の安定した公務員か技術者にさせたい、

表6-20　結婚後の就業

就業の意志	人数
続ける，現に続けている	30
金が貯まるまで続ける	2
分からない	3
無回答	5
計	40

出所：調査

そのために教育費を稼ぎ出すつもり」(女二六歳)。子供への期待は、既婚者二〇名中、高学歴八人、公務員二人、技術者五人、医者二人、子供次第一人である。

彼らの労働志向は、家族戦略として理解される。自身を親と子世代の結節点として家族的時間において生活する。彼らの仕事、生き方は個人の自己実現を直接目指したものではない。家族単位の再生産を可能にするべく稼ぎのよい仕事を探すのである。労働者はこのような労働志向により生理的時間以外は全て労働に費やし、短期的収益を増大させるために有利な条件を求めて転職を繰り返すことになる。ジョブ・ポッピングとは彼らが置かれた労働環境のなせる業でもあるが、彼ら自身の労働志向の結果でもある。そのために、職場に腰をすえて組織を改善していこうとする将来展望は彼らの視野に入ってこない。それは「職業的な労働運動家の仕事である」(男二五歳)と認識している。労働組合設立による労使交渉が、ジョブ・ポッピング戦略よりも彼らにとって有利であるという証拠を見ない限り、生理的な時間を組織活動に削る気にはなれない。実際、外部からの働きかけはC社に届いていないし、組織活動の経験を有する労働者が就職することもなかった。

表6-21　離職の理由

理由	人数
帰郷(結婚)	2
帰郷(田植え)	2
出産	1
兵役	1
別工場(賃金)	6
計	12

出所：調査

本工場には長期的に労働者の資質を向上させるような労務管理制度がない。結果的に、大半の労働者は、仕事に対して短期的戦略をとらざるをえない。離職の理由は様々であるが、わずかの日給の違いでやめる者が多い(表6-21)。二回の調査の間に三三%の従業員がやめ、六人一緒に別工場に移ったケースもその理由である。補充はすぐに内部労働者の口利きと張り紙で行われた。しかし、労働者が皆賃金だけでこの工場を選択しているわけではない。二年以上働いている者は、「新しい技術の習得が面白くて居る」(男二二歳)、「職場の仲間や上司(工場長や日本人技術者)にも慣れているので、よそに移る気はない」(女二四歳)などと語る。また、タイ人従業員A、Bをはじめ、経営側にその技能、組織内の役割を認められ、加給してもらっている者は働きがいを語る。

しかし、長らくとどまっている労働者とて将来とも労働者として生活することを望んでいるわけではない。表

6-22の将来の展望を彼らの言葉からまとめてみると、C社で働き続けようと考えている者の働く理由は、家を作る、金を貯める、仕送りするための稼ぎを確保することにある。これは転職の短期的戦略と容易に結びつく。半数以上の者がここで働き続けることを望んでいない。工場労働に対する不満・違和感は、経済的安定度だけの問題ではない。自分の裁量で仕事をする領域が限定され、作業の工程に組み込まれて他律的に働いていることへの不満でもある。将来、労働者ではなく、自営の商売を始めたいと考えている者が一七人もいる。

既に女子工員三三歳は工場の隅に半畳ほどの雑貨屋を出し、休み時間内に商売をしている。経営側は再三注意してやめさせるが、じきに再開する。結局、根負けし、従業員に便利なことも確かなので黙認している。男子工員はここまでのバイタリティはなく、これを売ったら、こうしてみたらと既存の商売の隙間を常に考え、話題として楽しんでいる。実際に工場をやめて、屋台を始めた者(昔の仲間がお得意先)や、バイク・タクシーを始めた者(カッターで一指切断後、四〇〇〇バーツもらい、離職)もいる。実入りは工場で働くより悪くなる可能性も高いが、自分次第の仕事を運に任せてやっていく働き方を優先する者がいて、すんなりやめていく。

表6-22　将来の展望

内容	人数
今以上に条件のよい仕事につくこと	2
この工場で豊かになるまで働き続けること	1
送金して下の兄弟を学校にやる	1
家を建て，自分で技術を生かした店を持つ	2
家を建てて，家族を幸せにしたい	4
家を新築，月1300バーツのローン返済中	1
結婚に備えて蓄える，家を直す	2
自動車がほしい	1
何か，自分で事業をやりたい・小商いをやりたい	13
進学して勉強を続けたい	4
故郷に戻って，農・漁業を手伝う，仕事を探す	5
いろいろとやってみたいが分からない	1
考えたことない，ここで働くのは楽しい	2
無回答	1
計	40

出所：調査

バンプリー地区は工場団地造成と共に一挙に拡大し、ディベロッパーや小商いをする者が入り込み、労働者が多数借家している町である。人の出入りも激しく、また、待業者、失業者が溢れているせいか、治安が悪い。「車でもバイクでも故障して動かなくなった後、自分で修理屋を呼びに行ったり、夜中に放置しておいたりすると確実になくなる」(男二一歳)、「ここには

表6-23　将来の生活地

場所	人数
バンコクに残る，居続ける	12
他県に移住する	13
故郷に帰る	8
分からない	2
無回答	5
計	40

出所：調査

愛着を感じていない。金を貯めたら他県に移る」(女二二歳)。従業員の中で将来ともバンコクで生活する見込みでいる者は三割である(表6-23)。しかし、将来よそで暮らしたいという者も、そのために具体的な計画を立てているわけではない。故郷に帰る予定の者も、そこで今以上の仕事が見つかるとは実際考えていない。彼らの転職・移動の願望は、労働者としての自己像への違和感、そこに自分を固定したくないという願望を反映したものであるかもしれない。「前の仕事は慣れてきて、面白味がなくなったので、新しいことを求めてここに移った」(男二三歳)。もちろん、それは主観的な生活の切り替えであって、労働者としての働き方、生活の客観的構造は何一つ変わっていない。しかし、やめる、移動することが、未だ個人的裁量として残されていたのである。

未熟練工レベルの労働者が供給過剰という状況では、経営側にとって彼らの生き方は何ら脅威ではない。しかし、熟練工あるいは専門職レベルになれば、初期の人的投資やリクルートのコスト、技術・経営ノウハウの移転という問題を経営側に突きつけ、労働条件を交渉するカードを持つことができる。そして、実際そのような行動戦略をとっている者もいるが、C社のタイ人技術者・秘書夫婦、職場のリーダーである労働者A、Bはこのようなゲームをしない。技術者たちは日本人技術者Bと家族同様のつきあいがあり、この工場の現場と経営の内容をかなり知っている。まずは、タイC社の生産体制を固めることが先決という認識を持っており、さらに、工場長が一九九六年に帰任し、日本人技術者Bが実質的に生産現場を管理するようになってからは、生産体制に意志を反映できるようになった。労働者Aは「現場では工員たちに頼りにされ、社長にも期待されているので、よそへ行くことは考えていない」のであり、秘書とBは、工場長が両手首を骨折する事故にあい、三カ月ほど不自由な生活をした際、家族同様の世話をした。「彼女たちがいなければ、工場で三度の飯も食べられなかった」(工場長)。

経営側は不可欠の従業員とみなせば、手当を加えても信頼関係を築こうとし、彼らはそれに応えようとする。

一九九六年、争議に近いものが発生し、従業員が給与の値上げを要求したが、日本人技術者Bとタイ側のM公司が、従業員の説得に当たった。C社の低い生産性、タイ経済に翳りが見えることを事情として説明し、賃上げ要求に応える余力がないと言い張った。「事情は分かるが、同じ仕事をしていて、何であんた(日本人技術者B)の給与が自分の三倍もあるのか分からない」(タイ人技術者)、「それはおまえがタイ人で俺が日本人だからだよ。理由になっていないかもしれないが、仕方ないじゃないか」(日本人技術者B)。

一般従業員の不満はくすぶり、離職率は高いままであった。しかし、彼らの労働環境及び労働志向は、一九九七年四月のC社日本本社の倒産と、七月以降のタイにおけるバブル経済の破綻により変化を余儀なくされた。本社は七五億円の負債を抱えて倒産したが、タイ工場は別会社のため債務から逃れることができた。一年前に帰国した工場長は、新規に操業していたY県工場長のまま解雇される。日本人技術者A、Bは解雇後にいったん日本に戻り、突然解雇された一五〇名余りの社員と共に会社再建、退職手当の支給を管財人と交渉したが、結果を得ることなく、タイに戻った。二人とも従来の半分の給与、C社の待遇で現地採用として残ることを決めた。

一九九八年からC社経営は出資者であるM公司の若専務(社長の長男)と日本人技術者B、製造部門は日本人技術者A、Bと、タイ人技術者及び彼の義兄(他社の熟練工で一年半前に入社)がそれぞれ相談して進めている。資材・製品の輸出入を本社経由でできなくなったので、M公司ルートとBが開拓した日本の取引先に転換した。しかし、日本向けOEM商品がなくなった分、全体の三〇%を占めた格外品を印刷加工し直し、東南アジア向け市場を開拓することで、逆に収益率が上がった。労働者に日本側規格をおしつけるのではなく、彼らの創意をタイ市場向け製品に生かす雰囲気も出てきている。消しゴム付鉛筆にタイ子音文字列を印刷した鉛筆を作り、これが子供向け商品としてデパート等で売れている。もっとも、労使間の距離を縮めた要因は経営組織の変動よりも、社会経済的環境要因が大きい。バンプリー工業団地でもレイオフ、親会社の操業停止のあおりを受けた下請けの倒産が相次いだ。C社労働者は経営側が示す給与の据え置きをのみ、一九九七〜九八年にかけての半年間自己都合でやめる者が一人も出なかった。現在も同工場は操業を続けており、輸出型企業としてウェブサイトをThailand.com に載せている。

おわりに

本章では、日系鉛筆製造企業C社を事例に、未熟練工の労働者アイデンティティ形成を、これを構造化する労働・生活過程の分析を通して考察した。彼らの長時間・高密度の労働、賃金の比較優位による職場の移動を選択する労働志向は、家族の再生産のために収益の増大を最優先させる戦略から生み出された。それは東南アジアの輸出加工区に進出した日系中小企業C社が採用した経営戦略、つまり制度としての日本型雇用システムを欠きながらも主観的には日本的経営、日本並の労働者形成が意図された労働環境への主体的対応でもあった。技術者、準基幹工レベルの労働者がこのような労務管理体制に適応、同化しえたのは、経営側との信頼関係の醸成、給与面の待遇改善というインセンティブが機能し、働きがいがあったからである。逆に、未熟練工の一般労働者においては、技能形成や労働環境に働きがいを見いだせず、労働者としての自分を異化する傾向が見てとれ、好況時には高い離職率、移動率として表れた。どちらの労働志向も日系中小企業がタイ労働市場から労働力を調達するメカニズム、労務管理体制に変化をもたらすようなものではなかった。しかし、深刻な不況下、独立したタイC社は存亡をかけて生産性の向上、マーケティングに力を注ぎ、従業員も否応なしに組織への帰属意識を強めたのである。

資本主義経済は、タイ社会において、資本制の外部にある農村地域、家族の互酬性をシステム内に包摂し、これを利用している。これまで農民は地域の商品経済化のために、現金収入を求めて出稼ぎし、タイ国の内部市場拡大に貢献してきた。一九九七年から二〇〇〇年にかけて、農村部は失業して引き上げてきた親族を支えるセーフティーネットになった。本章は、こうした社会経済変動下で労働者化していく農村出身者のアイデンティティ形成の一局面を描き出そうとしたものである。本事例はもとより在タイ日系中小企業の一事例にすぎず、地場企業、大規模企業の労働者各層との比較において相対化されるべきである[(1)]。また、未熟練工の労働志向・生活構造を典型的に記述しているため、個々人の価値観・生活背景にまで踏み込んだ議論に至らなかったきらいがある。これらの議論し尽くせなかった部分を今後の課題としたい。

(1)　マヒドン大学人口社会調査研究所が一九八五年に行ったアメリカと日本の電子部品製造工場の比較研究がある。労務実態と労働者の生活構造において、C社との共通点が見られる。どちらの電子部品工場も一九七〇年代に操業開始し、それぞれ一九〇〇名、一三〇〇名余りの従業員を要する大規模工場であり、C社とは組織規模が違う。アメリカの工場は輸出型、日本の工場は輸入代替型であり、勤務期間が五年以上の従業員が半数を占め、QCサークル活動、研修制度、社内福祉も整っている。しかし、現従業員の口コミで低学歴・休職中の女性を集め、細分化された労働集約型作業に従事させるやり方はC社と同じである。この調査では対象者が女性従業員のみであり、女子工員の技能形成(技術者やフォアマンにはなれない)や昇進可能性(男子が早い)、生活費支出項目(食費が五割と仕送り)等が主たる問題関心であるが、ジェンダー差別への不満は相対的に低い。仕事への不満はアメリカの工場に顕著(六〇%、日本は三〇%)であるが、これは勤務形態(三交代制、日本は定時勤務と残業)と学歴(小卒以上五〇%、日本は八〇%)、家族形態(独身者が七六%、日本は四五%)の差異による。つまり、学歴・機会費用・職場への期待度が低く、日常生活や子供の教育のために働かなければいけない女性にとって、工場は悪くない職場なのである。もちろん、単調な作業に飽きて転職や自営の可能性を考える者も少なくないが、実行する者はほとんどいない。離職率の高さや新たな職場を積極的に開拓していくやり方は、タイの未(半)熟練工員に一般的に顕著であるのか、ジェンダー差が見られるのかは(C社では男子に顕著)、今後の検討が必要であろう(Voravidh, Amara, and Sirinan, 1991)。

第Ⅳ部　地域開発におけるNGO・NPOの役割

上：パンマイの縫製工場で働く主婦たち
下：CEESの授業で漢字の書写をするタイの生徒たち

第七章　東北タイ地域開発における開発ＮＧＯの課題

一九九〇年以降、タイでは市民社会論が盛んである。一九八〇年代から一〇年間に及ぶ高度経済成長の結果、厚みを増した都市中間層がタイの民主化を促進するという説をマスメディアや研究者が唱えている。バンコクの中間層が官僚政治や軍部の介入を嫌って、政治経済活動の自由を求めていることは確かであるが、反面、社会的公正についての関心は低いのではないか。一九九七年の新憲法において国会議員の被選挙権を国民の数％にすぎない大卒者に限定したことが、政治改革及び市民社会論の一つの特徴を物語っている。

他方、市民社会形成の担い手を、開発行政や環境破壊によって人権や生活権を脅かされている地域住民と連帯するＮＧＯ・ＮＰＯに求める論者もいる。タイの社会をマクロ的に見れば、都市中間層の政治志向や地域の住民運動を市民社会形成の要素と見るのは当然であろう。しかし、社会学としては、ミクロな意識とマクロな社会構造の間をつなぐ、地域や集団レベルの社会的活動に焦点を絞って、市民社会形成の動きを見ていくべきではないかと思う。

本章では、地域開発ＮＧＯ・ＮＰＯが、組織の自立を図りながら、地域住民や都市住民を活動に巻き込んでいく社会過程の中に、市民社会形成のもう一つの動きを読み込んでいこうと考えている。事例となる地域女性の自助組織や開発NGOは、東北タイをはじめ、タイ全土で活動する数百もの地域開発NGO・NPOの中の一つにすぎず、むしろ、その中では小規模なものである。しかしながら、地域開発という地味な活動の中に、組織の自立、グローバルなネットワーキング、そして、「開発」の意味を問い直すという契機が含まれていた。

もとより、市民社会の問題を地域で考えるのであれば、一九九四年以降制度化された地域自治体であるタンボン行政機構の活動を検討しなければならない。これは予算規模、活動内容共に地域差が大きく、筆者は試験的に二、三の地域で聞き取りを行っている程度であり、この問題に言及することは今後の課題としたい。

第一節　タイの市民社会論

近代の市民社会は、西欧において人権思想と資本主義的経済社会から生まれたものであるが、社会学的に定義すれば、国家と国民（ないしは家族）の間に位置する結社組織の活動領域となろう。国民は自発的結社において私的営利活動や公共的活動を行い、社会の形成・維持に直接関わる。そうした結社の活動を通じて、多元主義的政治価値が代議制民主主義に具体化される。また、市民社会の概念は、国民の直接統治を目指した独裁国家や国家社会主義、及び国民がサービスの消費者に矮小化された大衆社会と区別されることで、実質的な内容を持つに至る。やや図式的な市民社会の概念化であるが、社会学成立期の問題意識は、市民社会の形成にあった。

社会学は、歴史上、経済社会の変動に伴う旧体制崩壊期に、人権や民主的政治システムを求める政治活動や社会政策と共に、社会の再組織化を理論的に、実践的に考察しようとしてきた。従って、社会変動期における市民社会の形成、つまり、民族、階層等の社会集団における価値や利害関係が対立する中で、どのようにして秩序を形成していくのかという問題こそ、社会学の中心テーマであった［秋元一九九七］。政治学が、政治過程という直接的な秩序形成を問題にするのに対して、社会学は、地域社会における様々なアクターたちの社会活動が、全体社会レベルの秩序形成にどのようにつながるのかという社会形成過程を考察の対象にすえる。
まず、現代タイ社会において市民社会論が出てきた背景と問題状況を簡単に説明しよう。
一九九九年の第七回国際タイセミナーのテーマは「タイは市民社会か?」であった。タイ研究者と外国人研究者がタイ社会の現状を分析し、それぞれが展望する市民社会像と現実の落差、克服すべき問題を論じた。しかし、直接的な政府への抗議運動を除いて、タイにおいて社会層の大半を占める地方住民、農民・労働者階層が市民社会に果たす役割を論じたものは少なかった。それはなぜか。数少ない例外として、タイの村落共同体論、市民社会論者が構想する(農村)地域―都市の協働戦略に対する批判的検討があったが、その詳細はV部に譲りたい[北原一九九九]。

タイでは一九九七年夏の通貨危機以降、経済再建と政治改革が国家的課題となった。メディア、言論界では、タイを代表する知識人たちが国家的危機を招いた腐敗政治と経済官僚の不明を批判し、タイの伝統文化・仏教、あるいは国王の新理論等を新しい政治的価値とした民主社会の理念を説き、都市中間層と共にリベラルな社会改革、いわゆる市民社会の形成が目指されている[Thirayut 1998]。しかし、タイの言論界は市民社会を展望するにもかかわらず、中央と地方の経済格差を解消し、政治・文化両面にわたる中央集権体制を分権するといった具体的な政治課題に対して、極めて規範的・道徳的に論じる特徴がある。正論を述べておいて、実現されるかどうかは市民各人の心がけ次第というわけである。ティラユットの社会集団各層からの意見を汲み上げる参画型民主主義の議論もまた、タイ国家、政治・経済支配層の権力を過小評価しているという点で、理念的ではないだろうか。

実際、IMF管理下の緊縮財政、金融制度改革を断行するチュアン政権は、農作物価格安定、農民負債繰り延べ等をデモ等の直接行動で要求する貧民フォーラムの運動には冷淡であった。その一方で、失業者のセーフティー・ネットとしての位置づけしか得ていない農村地帯の不満を吸収する形で、保守政治家が地盤固めの政治活動を展開した。新憲法では国会議員の要件として大学卒の学歴を明記したように、議会政治から地方の農民、都市下層労働者を排除している。一九九〇年では全人口に占める未就学者の割合は一〇・七%、小学校卒七〇・七%、中・高卒一三・六%、大卒五%、一九九八年の大卒者は同年齢の約一二%(国立私立、オープン大学を含む。オープン大学を除けば、五、六%程度。タイ統計局(National Statistical Office)の人口センサス、就学者数データから推計)である。

タイの社会開発史において、地方は開発されるべき地域であり、農民・労働者は民主政治を啓蒙されるべき主体として長らく位置づけられてきたし、現在でもそのように評価されている。国民の五分の四を除いた都市住民、中央の行政官僚・実業家、大学人によって担われる市民社会とは片肺飛行ではなかったのか。

二〇〇一年一月の総選挙でタクシン党首率いるタイ愛国党が二四八の議席を確保し、与党民主党を破った。これは国民の三年間にわたる経済政策への不満や、タクシン新首相が出した画餅の公約に地方人がのせられただけなのであろうか。三年間の農家負債返済のモラトリアム、村当たり一〇〇万バーツの公共事業、国家資産管理会社による不良債権の回収という具体的な政策と、予算の手当は行財政改革により捻出する(汚職をなくす)とした公約は、国民には魅力的であった[Bangkok Post, January 10, 2001]。

エリートによる市民社会は、ポピュリスト型政治家に覆される恐れがある。このような事態は、市民社会形成の担い手を知識人や都市の新中間層に求め、地方の農村・農民をポテンシャルとしてのみ評価してきた言論の動向とも無縁ではない。アネークによれば、市民社会論者は①新憲法、選挙・行政改革等法治主義により民主化実現を目指す者、②「タイ」「ムラ」を評価する共同体文化論者、③参画型民主主義に分けられる。アネーク自身は①の立場で、個人が市民として成熟するための施策に力点を置いていた[Anek 1997: 3-14]。

玉田が明快に論じているように、市民社会論や政治改革論議には危うさがある。マスメディアが、新聞の主たる購読者である新中間層(バンコク都民)を啓蒙しようとするあまり、民主化闘争や社会改革運動が一部の活動家や社会各層の人々に担われたにもかかわらず、主体を新中間層にすげ替えた。運動のアクターを子細に見れば、そこに新中間層というカテゴリーで捉えられる社会階層出身者は少ないのである。一九九二年の民主化の動きにしても、一九八〇年代からの軍部と内閣・議会との抗争が背景にあるし、チャムロン・スーイアンのような活動家の存在があった。一九九〇年代中盤になされた地方政治家による票買い、政治家買い(買収)という政治腐敗に対する批判や政治改革希求の背景には、経済の主体である都市住民、新中間層の意志が、人口の五分の四を占める地方人、すなわち農民や労働者の未成熟な政治意識に潰されているという意識があった。都市と地方の対立の構図には根深いものがある。都市住民、新中間層から出された腐敗政治家の票買いを困難にする選挙制度改革、及び被選挙権の大卒者への限定という欲求が、政治改革と称されたのである[玉田二〇〇三]。しかしながら、このようなメディア報道やアカデミズムの言説の威力に海外の研究者も影響されないわけにはいかなかった。

アジア諸国においても、経済成長に伴い都市に新中間層が生まれ、開発独裁型の強い国家に異議申し立てをする市民社会の担い手に育っているのではないかと注目されてきた。軍事独裁から民政に転じた国々では、民主化の抗議行動が都市で発生し、大勢の市民が街頭に出た。事実はその通りである。しかしながら、政治的イベントで行動した都市住民と、社会学的階層としての新中間層は必ずしも一致していない。後者は、ホワイトカラー的職業分類や所得の社会階層カテゴリーに名づけられた操作的な概念であり、リベラルな政治志向や社会意識を持った社会階層として確認されているわけではない。むしろ、恒常的に政府批判の抗議を直接行動で展開するのは、経済発展から取り残され、開発政策の結果、生活環境を破壊された社会層(農民・労働者、あるいは少数民族)や支援NGO、一部社会的関心の高い学生である。市場経済のプレイヤーでもある新中間層は、自由競争・公平な機会を求めるという点において、政治家・官僚・資本家の癒着・汚職を鋭く批判するが、社会的公正の観点から国内の様々な格差にまで敏感に反応しているわけではない[船津二〇〇〇：九三―一〇二]。

資本主義経済のグローバリゼーションの結果、新中間層が生まれ、市民社会形成に向けてアジア社会は大きく動き出している。この社会変動の構図は確かであるが、新中間層の誕生、市民社会形成、民主化の過程は連続的ではないと思われる。パースックはグローバリゼーションが国家の役割を減少させたという最近の議論には留保が必要であるとし、政官財の癒着が強まっており、ダム建設反対運動への抑圧に見られるように公権力が衰えていない事実を指摘している。彼女は、下からの抗議行動がNGOやマスメディアの媒介により社会問題を提起していく過程に注目し、タイ国民国家の周縁に位置する少数民族でも、国家を市民社会化する活動により市民になっていくという議論を展開しており、興味深い[Pasuk 2000: 20-27]。

第二節　市民社会形成におけるNGO・NPOの役割

マクロ的視点で外側からアジアの変動を捉えるような議論よりも、むしろ、議論の範囲を絞って具体的な個人や結社がどのように市民社会的領域で活動しているのかを見た方が、市民社会形成の内実が分かるのではないか。本章ではその担い手の一翼と目されてきたNGO・NPOを分析対象にすえてみたい。

ここではNGO（非政府組織）とNPO（非営利組織）を実質的に同じものとして扱い、名称は出典に準じる。NPO法人制度、NPOの概念は国家ごとに異なり、また、NGOも自己申告的用法が多いために、行政機構に組み込まれない公共的目的を持つ民間団体をNGOと定義する。

NGOは、西側先進国では一九六〇年から八〇年にかけて激増し、その開発援助を受けて途上国では七〇年代後半より、東側では体制崩壊後に相当数誕生した。市民社会形成にNGOが貢献するという期待は単なる知識人の願望ではなく、発展途上国に対するアメリカの戦略的援助に制度化されたものでもあった。アメリカは第二次世界大戦後、被援助国にアメリカ式の民主主義、市民社会の実現を求め、体制と体制内組織の両面から働きかけてきた。冷戦体制下、地政学的な理由で被援助国家の安定性を重視した時期には、開発独裁を支持しながら、他面NGOを支援することで内部から市民社会形成を進めようとした。現在は、直接、援助へのコンディショナリーをつける形で政治介入を行う。こうした経緯もあって開発独裁体制は柔軟化し、NGOの存在を許容するようになったといわれる[Blair 1997: 32-42]。

また、政府は福祉行政の一部を、開発援助機関は社会開発プロジェクトをNPOにフランチャイズしている。サラモンによれば、一九世紀末から始まった国民国家の時代は、福祉国家政策の財政的行き詰まりや社会主義国家の失敗により一九七〇年代までにその役割を終え、その後登場した市場万能論も効果的な社会サービスを提供できるものではないことが明らかになった。そこでアソシエーション革命が起きているという[Salamon 1994: 109-115]。

タイでも、NPOは民衆文化の推進者、民衆の利益の代弁者、代替的政策提言者としての役割が評価されてきており、国家、財界主導の開発政策に一定の歯止めをかける第三のセクターとして注目されている[Amara 1995: 261-267]。タイの非営利組織は所轄官庁ごとに、財団、協会、事業者団体、葬儀互助会、労働組合と分けられるが、組織数が最大であるのは葬儀互助会である[Amara and Nitaya 1997: 47, 79]。

現在、NGOの活性化が市民社会形成に連動するという認識は、途上国NGO活動家の了解事項となっている。それは、NGOが、開発過程に地域住民の参加を促し(自治のトレーニング)、開発政策へ異議申し立て(行政へアカウンタビリティを要求)する機能集団と位置づけられているからである[Anuchat 1997: 1-23]。こうした役割期待はどの程度可能なものであろうか。

NGOの力量を評価する際、NGOの社会的役割は、国家が行政上NGOにどの領域をどの程度まで任せるかという許容限度、活動資金を提供するドナー(行政・援助機関、国際NGO等)とNGOの関係、NGOの構成・支援メンバーの志向等にかなり左右されるという事実を認識しておく必要がある。NGOの活動や、市民社会的領域を規定するものは国家の強さ・弱さ、行財政能力や権力機構であり、それは国家ごとに独特である[岩崎一九九八:二七―三〇]。この観点を欠けば、NGOの組織・機能を過大評価し、その実践的な課題を見誤る可能性が大きい。

市民社会論との関係において、タイの開発NGOはどのような視角から考察されなければならないのか、どこに実践的な課題があるのかを考察するのが本章の目的である。その際、なぜ、抗議行動を起こし、直接行政に政策転換を迫るNGOではなく、開発NGOを取り上げるのか、もう少し説明が必要と思われる。

まず、開発という現象は途上国においては政策そのものであり、社会・政治的実践である。発展途上国における開発は、経済開発から社会開発、人間開発の順で理念、方法が変化したと開発論のテキストに記述されている。第一期(一九六〇～八〇年前後)は社会資本、インフラ整備を重視した経済開発であったが、都市―地方農村部、階層間格差の増大を招来し、また環境も破壊した。従って、第二期(一九八〇～九〇年)ではBasic Human Needsの充足に重点を置き、参加型開発、環境への配慮あるいは持続可能な開発が目指されたという。一九九〇年以降、開発は第三期に入り、教育、医療、地域レベルの経済重視、開発への住民参加、NGOと開発機関の連携・相互監視、人権の強化(性・民族差別)、開発教育、国際理解等多様な課題が設定される〔西川一九九七：第一章〕。

しかし、それは先進国の開発援助政策の転換を述べていると読むべきであろう(OECF一九九八)。経済的開発が開発の主要な概念を構成してきたのは資本主義先進国の話であり、途上国では国家による国民の人間開発、社会開発が優先され、近年ようやく経済的発展としての開発が進行しつつあるという逆説が見られる。途上国では、反植民地主義闘争としてのナショナリズムにより国家の版図的独立を達成した後、領域内の複数民族、対立集団を国民的文化へ統合するべく、さらに官製ナショナリズムを形成する必要があったからである。東西冷戦構造下の危機管理体制として登場したアジア諸国の独裁政権は、家族・権威主義的国家体制を作り上げ、国家・社会開発を国是とした。しかし、冷戦構造の崩壊と共に、国民を総動員するような開発主義(反共的近代化)を国家目標として掲げ続けることが困難になり、軍・官僚以外の社会勢力(資本家層や市民団体等)の要求を受け入れて、開発政策の中身が実質的な経済開発(工業化)や民主政治の領域拡大へ変化してきたのである[末廣一九九四:二二八]。

どの時点で、どのような経緯で開発主義の中身が変容していったのかは国家ごとに見ていかなければならない。その意味で、開発の社会政策史をふまえない開発論は、論者の理想的開発像を各地の事例に読み込んだにすぎないし[加茂・遠州一九九八]、開発実践に含まれる政治的含意を看過することになる。これは開発NGOによる地域開発にもいえることで、住民を動員する開発教育、住民組織作り、事業展開のやり方に政治的理念が含まれている。本章では、タイの社会開発史にNGOを位置づけたうえで、NGOの開発理念がタイの支配的な開発理念・方法とどのように異なるのかを多少なりとも描出してみたい。なお、東北タイの社会開発史に関しては二章で既に述べているのでここでは繰り返さない。

第三節　東北タイ開発NGOの現在

一九九六年に開催された東北タイNGOの会議において過去一〇年間の活動が総括された。現状分析は二章のタイの社会開発史で述べた近年のNGOの動向とほぼ同じであり、活動上の問題、将来展望は個々のNGOごとに異なるのでこの内容は割愛し、ここでは東北タイNGOの活動領域、一般的特徴を分かる範囲でおさえておきたい。

会議に参加したNGOは九領域にわたり、①東北タイ農業ネットワーク委員会七団体(以下部門名と団体数)、②資源・環境(一一)、③住民組織(四)、④女性衣料・工芸品制作(一一)、⑤農村工業(一)、⑥人権(五)、⑦スラム(七)、⑧児童問題(八)、⑨エイズ(六)であった。

一九九〇年代に入り、NGOによる住民の組織化、動員のためのフォーラム、ネットワーク作りが活発化する。一九九一年に衰退林からの退去命令をきっかけに一七県の住民が森林フォーラムを結成。一九九五年にはキャッサバ等の換金作物の市場価格下落に抗議する三、四〇〇〇人規模のデモを仕掛ける東北タイ小農フォーラム(一万六〇〇〇家族が会員)が結成された。また、一九九四年に政府系と異なる東北タイ農業協同組合連合、一九九五年に住民開発組織連合等が生まれた。本章の事例に関わる農業部門のNGOは県(七県調査)当たり平均三・四団体あり、団体それぞれ平均六百余世帯を対象とする。女性部門NGOでは、団体(二四団体調査)当たり平均九・九カ村を対象とし、団体それぞれの担当区域に平均四・四団体の女性グループを作り、グループそれぞれが平均一二四人ほどの会員を擁している[Khanakamakaan 1997: 32-37, 69-86, 104-105, 189-191]。

次に、筆者が一九九五年に調査したマハーサラカーム県ボラブー郡に事務所を持つフォスターペアレント(以下FP)東北タイ支部の活動を参照しながら、外国NGO傘下型組織のオーソドックスな開発方法を見ていきたい。FPは一九八三年から活動を開始した老舗のNGOであり、ドナーから送られる豊富な資金で、一八五九人の子供に年二五〇〇バーツ(約一万円)の奨学金を給付、村落開発資金として九つの区に六五〇〇バーツずつ、医療費補助を管轄区域内の貧困者に一回当たり五〇〇バーツを支給する。これ以外に、ボラブーの市場に出す食肉の屠殺場、水牛銀行、信用組合の経営を行い、機織り、複合農業、家畜飼育、養蚕、協同組合店舗の支援を複数の村落で行っている。スタッフは事務所に五人おり、各区に協力者を置く。人件費を含めて年間予算規模は少なくとも推定六〇〇万バーツに達する。しかしこれだけの事業を展開しながら、村に独自の起業家が生まれたり、農民がFPの援助なしに上記の協同組織を運営したりしている例は稀であるという。

地域開発に果たすNGOの役割に関して、開発理念・方法・効果の点から筆者なりに問題点を指摘しよう。第一に、FPの中央で企画された計画の硬直性、紋切り型の開発が問題であった。結果が出ない場合は対象村落の設定を五年で打ち切る方針のために、せっかく建設した機織り工場が村の集会所になり、農民が出稼ぎを再開した村があった。村人の潜在能力を引き出して参加型開発を行うという目的を掲げてはいるが、村人に出面賃に相当する報酬を支払い、村の問題を学習する研修に動員している。村人は仕事として研修に参加したわけである。

第二に、資金面をドナーに完全に依存しており、なおかつドナーの安定性ゆえに、FP支部自体が自立しようとしていない。所長は予算の少なさを開発の障害にあげるが、一般公務員以上の給与を貰うプロのワーカーと自分の生活が全てかかっている農民とでは、自立への切迫感が違うのではないか。こうした問題を抱えつつも、ドナーが資金を提供してくれる限り、ワーカーと一部農民の雇用を確保する程度の開発は継続できる。

現在、タイでは多くのNGOが深刻な財政危機を抱えている。タイの開発NGOは外国のNGOにより形成された傘下型NGOが多いために、これまでは潤沢な活動資金を持ち、フルタイムのワーカーを抱えることができた。しかし、タイ経済が途上国の域を超えるや、ドナーから支援打ち切りが通告され、多くのNGOが資金調達に苦しんでいる[Srisawang 1995: 39, Jaturong 1995: 155-156]。これはNGOが一方で脱国境的ネットワークにつながりながら、他方で一国の経済発展に拘束されている結果でもある。皮肉にも、開発NGOが唱えてきたサステナブルな発展をNGO自身が証明しなければならない状況に追い込まれている。端的には、事業プロジェクトで自分の食い扶持を稼ぎ、広くタイ国内で資金調達を行い、ボランティアに活動を支えてもらうことが必要になった。この段階に至って、タイのNGOは市民による自発的結社組織として市民社会を形作る役割が果たせるのかどうかが試されているといえよう。

タイの新中間層と目される都市住民は、眼前の政治、経済問題に関しては鋭敏に反応し、一九九二年民主化の底力になったといわれる。しかし、彼らは辺境に生活する農民にどれだけ関心を持っているのか。逆にいえば、地域開発NGOはどれだけ都市生活者・中間層の関心を惹きつけ、自らの支持者として取り込めるのかが問われている。現在の開発NGOは、多くの市民を直接、間接的に社会づくりに動員する仕掛けを作れたのだろうか。

旧態依然のNGOは少なくないが、開発対象と組織自体の自立を目指すNGOの事例を紹介したい。財政・開発政策において自立を迫られたNGOは、政府の事業助成、企業・篤志家からの寄付、会費・事業収入により自らを維持したうえで、多元化したドナーの意向を調整しながら、組織の理念に沿った活動を行う必要がある。財政規模の縮小という現実を見すえて、地域住民の起業・生活両面の自助組織形成を支援するのが最も効果的な開発方法であろう。この点から、パンマイと東北タイ農村開発協会の実践に見るべきものが多いと思われる。

第四節　女性の自助組織パンマイ(地域織物プロジェクト)の事例

一九九六年に調査を実施した。パンマイ(Pan Mai)とは絹を紡ぐ道具であり、NGO適正技術協会(ATA)により設立された地域織物開発団体の名称である。一九七八年、チュラロンコン大学工学部教師と学生により、地域の伝統技術を生かした発展を研究、実践する適正技術協会が結成され、一九八二年に法人化された。現在の活動は、①環境重視の適正技術開発、②啓蒙・普及、③特別プロジェクトからなり、地域織物プロジェクト(LWDP)はその1つである。以下、パンマイの統計的データは、Local Weaving Development Project (ATA in Roiet), *Weaving for Alternatives*, 1995 及び調査による。

一般的に、水稲や換金作物栽培、家畜飼育、養魚等の農作業では、主導権が世帯主である男性にあり、妻、娘は補助的労働者である。従って、この領域を支援する事業は家計の収入を増加させることには適切であるが、必ずしも女性のエンパワーメントに直接つながらなかった。養蚕、製糸、染色、機織りこそ伝統的な女性の領域であるために、ここを支援することで女性が生産手段・技術・販売全般で意志決定できると考えられた。

女性のエンパワーメントには、地域社会で生きるための経済力を持つことと、自らの仕事・活動を通じて自己実現することの両面がある。タイでは経済階層に応じた学歴構成のため、まず学歴に男女格差が少ない。そして、学歴に応じた職業構成であるために、専門職・管理職にも女性の割合が極めて高い。しかし、学歴メリットを全く持たない農村女性の生活には直接ジェンダーが機能し、農業生産・家内労働に携わりつつも「働いていない女性」として低い評価が与えられる。彼女たちの仕事は家族のためのものであり、社会的なものではなかった。

ＡＴＡは、一九八五年ローイエット県カセートウィサイ(Kaset Wisai)郡ソンホーン(Son Hong)村から活動を開始した。ＮＧＯワーカーは、村落内に女性のグループを作り、伝統的な養蚕、糸紡ぎ、天然染色、機織りの技術を向上させて、まず伝統的な女性役割において自信をつけさせる。その後、織物生産をビジネスとして立ち上げていくためのノウハウを伝える一方、女性たち自身に短期・長期のグループ目標を設定させ、自ら問題解決を行う過程で彼女たちが主体性を確立するよう促した。

「村の女性の潜在能力を開発するには、①総括をしばしば行う。ＮＧＯは村人から学び、村人はＮＧＯから学ぶ。②村人を主役にする。③実際の業務を通して学ぶ。④村落と国家レベルの社会機構を連関的に捉える。例えば、村落内の織物産業が、タイの資本主義、世界市場の中でどう位置づけられ、どうすれば発展するか等。⑤村落の組織を経験する。問題を発見したら、誰にでも問いかける」(パンマイ事務局長のＰ・Ｓ)。Ｐ・Ｓはアーントーン県出身三九歳の女性であり、スリナカリン・ウィロート大学で学生運動を経験した後、開発ＮＧＯのワーカーになった。

次に、ＡＴＡは女性たちに運営・販売の組織を任せるために、パンマイという事業体を設立した。組織の概略を説明しよう。

一九九二年当初、資本拠出内訳は、①ＡＴＡからの年利七％の借り入れ五〇万バーツ、②ＡＴＡ所有二〇万バーツ、③地域開発・教育推進プロジェクト所有四〇万バーツ、④農業改善・農村開発プロジェクト所有二・三万バーツ、⑤パンマイ会員の三〇〇口三・八万バーツ、⑥八カ村主婦グループ五〇〇口五万バーツ、計一二一・一万バーツであった。

組織は総会(株主とパンマイ会員)―代表委員会(株主とパンマイから七名)と顧問(ＮＧＯ)―職員の本部組織が、各村落の生産グループ、主婦グループを統括する。

約款として、①会員は一口(一〇〇バーツ)以上一〇口まで出資、パンマイを通して製品を販売する時は二％の手数料を払う、②機織りグループは会員が生産資材を調達する際に掛け売りを保証し、村の主婦グループは織物の買い入れ、センターへの搬送に責任を持つ、③パンマイは生産財を主婦グループに卸し、価格保証で織物を買い入れ、主婦グループは八％の手数料をパンマイに払い、利益が出た場合は出資者に還元する、④開発ＮＧＯは主婦グループに対してマーケティング、会の運営、生産技術等の指導を行うことが定められた。

経営に関しては、最初はＡＴＡがマーケティングと資金調達に責任を持った。パンマイとしては、会員に五〇％の資本所有を望んでいるが、未だ他のＮＧＯに支援を仰いでいる。しかし、一九九三年にはローイエット、スリン、スィーサケートの三県四九一人に会員が増加し、会員の資本比率も二五％（一九九一年）から三一％（一九九三年）に上がっている。その間ＮＧＯからの出資が三倍、ＡＴＡからの借り入れを倍増、全体で二六九万四〇三九バーツの総資本となった。販売店はバンコク三カ所、カセートウィサイ、ローイエットそれぞれ一カ所の計五カ所である。年間の利益は、一九九一年度から九三年度まで三一万二六六一バーツ（売上一四六万六二七七バーツ）、五四万四六九四バーツ（同二六九万九二〇二バーツ）、一四万六〇七五バーツ（同三一四万五一四〇バーツ）と推移している。一九九三年度はマーケティングに六人の従業員を新規で雇ったため、純利益が減った。

その他のビジネス・プロジェクトとして、ガソリンスタンドと制服縫製工場の経営がある。ガソリンスタンドはＮＧＯ-ＣＯＲＤの仲介でバーグジャーク石油会社より、スタンドの提供を受けたもので、株は六〇％を村人、三〇％をＮＧＯ、一〇％その他で保有している。営業上利益も出て、パンマイ製品輸送の拠点にも便利である。縫製工場は、同社とその関連会社の従業員の制服縫製を請け負い、主婦のグループで運営している。今後、共済保険事業（一五～七〇歳加入、年三〇〇バーツかけて死亡五万バーツ、損害賠償一〇万バーツ）も考えている。

こうしたパンマイの事業が村落レベルの世帯収入に与えた影響をパンマイ自身の調査結果（一九九二年）から探ると、活動歴六～一〇年の会員からなる七カ村では、世帯の織物収入年平均六四二五バーツ（世帯年収平均二万七〇五〇バーツ）、活動歴三～五年の九カ村では、同三〇六五バーツ（同一万七二三二バーツ）、活動歴二～三年の八カ村では、同四一八九バーツ(同二万二三七七バーツ)である。中期にグループを作った村落が後期グループより織物収入が低いのは、パンマイとは別のNGOがこの地域で途中から事業展開したことで、双方に運営上の対立が生じ、村人を組織化することにあまり成功しなかったことが原因とされる。また、年収そのものが低く、パンマイの活動に対して投資できる予算も限られていた。しかし、中期グループを除いた農家では東北タイ農家の平均年収(一九九一年同二万一八九八バーツ)を超えている。

現実に現金収入を手に入れたこと、家族内・地域でその働きを具体的な形で認められたことは大いに意味がある。主婦グループの集会は活気に溢れ、大声で討論がなされ、議事が進行されていく。「当初、村の男性たちは女性が集まって色々な活動を始めたことに驚き、NGOが村の女たちを変な風に唆しているのではないかと疑い、嫌がらせをしたり、非協力的な者もいたりしたが、現在では女性の活動を認めている」(ワーカー)。「町へ出稼ぎに行かずに、村の中で金が稼げるようになったのが嬉しい。家族といられる」(会員)。「よその女性グループとの交流活動が楽しいし、自分たちの活動を語ると自信がつく」(会員)。

東北タイ農村では、娘たちを近くに置いて農地を分与、結婚させるために、バンコクへ出稼ぎにでも行かない限り、女性の行動範囲は極めて狭い。「教育程度が低いために労働法の存在を知らず、騙されやすい。バンコクの高い労賃を嫌って地方に進出した造花製作、安物のシャツ縫製、小刀の刃を柄に刺す作業、ダイヤ・宝石の研磨、指輪加工等の小工場から下請けに出された仕事を一日三〇バーツ余りでやってしまう」(ワーカー)。いくら内職とはいえ、一九九四年東北地方の最低賃金は一一五バーツである。女性たちが情報交換によって、社会的知識を身につけ、自分たちの客観的状況をある程度認識し、改善する方策を自分のものにしたとすれば、その意義を認めてもよいだろう。

もちろん、パンマイの事業収益は投下されたNGOの資金、労力と比べれば微々たるものである。しかし、女性の地域・事業組織作りに成功し、女性の社会化に成功した点は評価されよう。その鍵は女性と伝統織物に開発の的を絞り、都市でのマーケティングに成功したことにある。パンマイはATAから資金・人材の供給を受け、地域住民を動員して設立されたNGOであり、当初はATA下位機関NGOとして、地域の社会状況、住民のニーズに合わせた事業を拡大していく戦略をとった。ATAはパンマイへの資金融資、専従ワーカーの給与支払いを継続しているので、経営体として未だ自立できていない。また、織物グループを他村に拡大すれば、グループ育成のために初期投資を必要とし、そして質・量共に増大するパンマイの織物生産能力に見合った販売ルート、市場を確保することが求められる。アウトプット市場をATAだけに頼っていては組織が成長しない。従来は、マーケティングを外国NGOルート(日本の「手織りものを通してタイ農村の人々とつながる会」等)に頼っていたが、パンマイは自前の店舗を国内に開設し、絹織物を国内市場で通用する商品に仕立て上げる戦略をとった。いわば、途上国生産、オルターナティブを冠されただけの民芸品を、国内外において実際の使用、所有にたるだけの産業製品に育てたのである。

第五節　東北タイ農村開発協会の事例

一九九七年に調査を行った。同協会は一九九二年、Y・Tが、Save the Children Norwayから八〇%、Community Aid Abroad of Australiaから二〇%の出資を受けて、民衆の自力更正・持続可能な開発を目的に設立した。Y・Tはサムットサーコーン県出身で、四二歳。コンケーン大学大学院にて社会開発に関する修士論文を執筆中であった。同氏はラームカムヘーン大学政治学部で学生運動を経験し、卒業後二年間スィーサケート県ラーシーサライ病院の栄養補給計画、後Food and Agriculture Organizationで1年、さらにSave the Children Norwayで一〇年NGOワーカーとして働いた。タイ古式按摩の腕は確かであり、筆者も肩・首筋を揉んでもらった。

同協会は、当初一四人の職員と九人のボランティアで運営されたが、外部支援団体であるSave the Children Norway, Community Aid Abroad of Australiaから支援が停止したため、現在Y・T氏と数名の専従職員のみ実験農場と事業で生計を立てている。「プロジェクトを次から次へと企画し、補助金を得て実施していく自転車操業に疲れた。農民のように少しずつ活動すればいい」(Y・T)。

協会はコンケーン県ノンサオホーン(Non Son Hong)郡の本部以外に、三カ所(サコンナコーン県グッバーグ(Kut Bak)郡、コンケーン県ウェーンノイ(Waeng Noi)郡、チャイヤプーム県テープスィティ(Thep Sithi)郡)に支部を持ち、四部門の事業を展開していた。

第一が健康計画であり、身体を自然に適合させることで自己治癒力を回復させる自力全身健康保持法の啓蒙普及を目指す。具体的には、民間の薬草医、指圧師、呪医等と協力して、伝統的タイ方医療に日本の瓜生良介が提唱する快医学を接合する。タイ方医療とは薬草、タイ古式按摩、ハーブサウナ、呪術的治療の総称で、漢方ほど体系化されていない[Yogyut 1993: 65-86]。快医学とは灸と薬草、自然食品、運動療法を組み合わせて慢性疾患患者に自然治癒を促すもので、瓜生が世界快医学ネットワークを設立して啓蒙・普及に努め、南米・アフリカ・アジア等一四カ国に広がっている。タイでは瓜生の弟子A・Hが日本国際ボランティアセンター(JVC)からタイ方医療の情報を得て、六年前からブリラム県ラムプラマート(Lam Plaimat)郡サヌアン(Sanuan)村の民間医P・P、S・Pと交流を持つ。A・Hの尿飲用等の施術によりS・Pが壊血病を治したこともあって地元住民からも関心を持たれ、協会が快医学と接触を持つこととなった。現在は年二回日本から施術者を派遣してもらい、研修会を開催する[アグリ・ネクスト編集部一九九七:一二五—一三八]。

一九九七年八月一三、一四日の研修には八人の民間医が東北タイ各地から参加し、①患者の予後の観察、②薬の処方の標準化、③新しい医療知識の普及、④尿飲用療法等の治癒例を報告し合うことを確認した。「病院は手に負えない患者を我々に回してくる。そういう患者が我々の診療施設で亡くなるケースが増えると、医師免許のない我々が疑われるのでは」(P・P)。「糖尿病、癌、エイズ等の慢性疾患は根治できないが、病気と共存して生きながらえることは可能」(Y・T)。将来は診療所を付近の村、ブリラム県ラムプラマート郡、チャイヤプーム県テープスィティ郡、及びこの協会内に開設して、土日の診療も行う予定であった。

また、ナコーンラーチャシーマー県パックチョング(Pak Chong)郡カオヤイ国立自然公園にて、月二回二泊三日、参加料一〇〇〇バーツで自力全身健康保持法の講習会を行っている。一〇人以内に参加者を限定して研修の密度を濃くし、参加者のケアを十分にしている。参加者のほとんどは気管支系の疾患であり、バンコクから来る。将来計画として、薬草の種苗栽培を行う研究施設を設置して、村人対象に薬草、自然食、古式按摩等の内容で年三回四カ月の講習を行うこと、生薬製造の充実等を考えていた。調査時点では、サコンナコーン県に小規模な工場を日本郵政省の国際ボランティア貯金の支援で設置し、三四種類の煎じ薬、カプセル薬(生薬のタイ方民間薬)等を作っていたが、技術的に商品化まで至っていない。

健康計画は伝統的タイ方医療に日本の民間医療を接合して再生させるものであったが、安価な治療費を実現し、なおかつ東北タイ人の心性に適合的である。最近では東北タイの県庁や郡の市街地にも、ＩＣＵ設備を完備した近代的民間病院が開業するようになった。しかし、ホテル並のベッド代や高額治療費をほとんどの村人は払えないし、重篤の病気、慢性疾患は病院で診てもらっても治らないことがある。民間医への報酬はバス代程度であるから、本人、家族の負担にならない。しかも、慢性疾患には薬草・食餌療養を併用した体質改善による自己治癒法がきく。さらに、ストレス性の精神疾患は、精霊ピーの仕業、あるいは祖霊の知らせと理解される文化が依然根強いために、呪医による霊の慰撫、抜除儀礼は効果的である。

第二の事業が、参加型学習により「子供に愛郷心を育てる」計画である。村落ごとに子供たちにグループを作らせ、高齢者から慣習・文化、自然を利用した農業、生活方法等を学び、またスラム、工場や商店、郡役所を見学させ、社会問題や経済、行政を理解させる。これ以外に子供銀行の支援と子供たちの協同組合店舗(サワディー Sawatdii)がある。
子供銀行は子供たちがそれぞれの小遣いに応じて、あるいは子供たち自身の判断によって小銭を毎月貯金させ、これを一括して銀行に預け、子供たちには年利一%で貸し出しもしている。サワディーは生徒と教師がグループを作って行う学校内の協同組合事業であり、村落においては、村人と村の子供たち、若者が委員会を作って事業計画に当たる。「若者よ、経営者を目指そう」というスローガンを店に掲げ、朝七時から八時、昼一二時から一三時、夕方一六時から一八時の間に子供たちが営業する。当初の資金はテークエーンユー製薬グループ財団から一店舗に三万バーツ相当の物品を提供してもらい、次に村人に一株五〇バーツの資金を募り、村には一〇〇バーツの拠出を願った。

図7-1　子供たちによって運営されるサワディーの店舗

これらの事業はコミュニティ、学校、サワディー本部の共同で行い、利益の三〇%は子供たちの職業教育(帳簿のつけ方、品揃えの仕方、店舗の経営等)に用いる。学校教師はこの事業を支援する役割を担い、ノントーン(Non Thong)村の教師は生活体験学習、協同組合等について教室で教えるだけでなく、サワディー店舗において実践もしている。しかし、サコンナコーン県のグッパーク(Kud Pak)村では、まだ教師や村の雑貨店の協力が得られないために開店できず、子供たちは行商という形態をとっている。「サワディーの商品の方が村の雑貨屋より安いので、客をとられ潰れてしまう店も出てくる。ただし、村の雑貨屋全てから客を奪えるほどの販売量はないので、それほど深刻ではない。村人は便利になった、安くなってよかったといっている」(グッパーク村委員会代表)。「サワディーの目標は地域にトラブルを起こすことではなく、子供の教育支援である。子供たちには『我々が生活できてこそ、社会は存続する。社会が存続してこそ、我々も生きていける』と教えている。雑貨店の親たちも村の子供のためになっていると理解してくれているので、多少の売上減少には目をつぶってくれる」(ブン(Bun)村代表)。サワディーの効用を子供たちは「帳簿のつけ方、商品の揃え方、店の経営、売り方など勉強になった。本が読めるようになった」(会員児童たち八名)と評価する。

「この村には三人の大人の委員と子供、小学生一人、中学生三人がいる。店は二年目になり、一日一〇〇〜二〇〇バーツの売上がある。自分は学校が終わってから週日六時まで、土日は午後三時まで店番をやっており、帳簿をつけている。勉強するよりも店でいろんな人と話す方が好き。サワディーで大人の委員から教えてもらう方が、学校の先生から教えてもらうよりも分かりやすい。使う言葉も分かりやすいし、勉強したことを実際にやるのでのみこみやすいのだと思う」(サラゲーオ村中学二年女子)。

一九九八年九月一一日の「サワディー店舗経営をめぐるセミナー」では、問題点として①全体に経営方針の徹底がなく、子供の教育事業であることを忘れて廉売の店舗経営だけやるところがあること、②子供たちが商売を恥ずかしがって参加したがらない傾向があること、③店舗と本部の連絡がまずく、発注商品の遅配・誤配があることが指摘され、対策として、①子供たちに販売、農業生産、工芸品制作の経験を積ませること、②物価高の現在、本部が二一店舗の発注を一括して卸売業者から値引かせること、そのために各店舗が商品管理を徹底することが確認された。

サワディー店舗事業は、地域社会に協同組合を組織すること以上に、教育実践として意味がある。タイでは学校カリキュラムに沿った「テキスト知」を生徒にインプットし、試験でアウトプットさせる教育方法が一貫しており、こうした知識を学歴メリットに変換していく可能性のない子供たちにとって、教科とは自分たちの日常生活とかけ離れた極めて退屈な代物である。子供たちは村の社会生活に店舗を通して関わり、村の大人たちからコミュニティにおける身の処し方、商売のやり方を学ぶ。目標をたて、手段を吟味し、成果を検討する会議から組織運営のノウハウのようなものを感じ取っていく。こうした経験、学習方法は、将来村から出て町で商売をしたり、勤め人になって組織で働いたりする時に生きる。実際、子供たちの大半は村を出ていく(サワディー会員の生徒八人中農業をやると答えた者一名)。こうした生活力とでもいうべきものを育てようとする事業は、個人の潜在能力を活性化させるというNGOの決まり文句を経験学習プログラム化した意欲的な取り組みであった[Lave and Wenger 1993]。

第三は、工芸品制作計画である。天然草木染の綿織物製品を制作し、二年前から千葉県にあるNGO「大地の会」事業部門「株式会社大地」(一九七七年設立、一九九八年三月年商九六億)に輸出・販売を委託。調査時点では、まだ綿織物工場はなく、コンケーン県ウェーンノイ郡、ウボンラーチャターニー県デットウドム(Det Udom)郡等、村にある織物女性グループに頼む。この事業では年一〇〇万バーツほど年商を上げ、原材料・必要経費・労賃配当を除いた純益から二〇%を協会が事業収入として得て、村人は三〇%を受け取る。残り五〇%はそれ以外の事業に必要な資金として留保しておく。村人はこれらの生産を農閑期に行うため、これまでの所得を出稼ぎによらず上げることができるようになったと語る。

第四の事業が環境保護計画である。プーパーン山地周辺に位置するサコンナコーン県、ガラシン県、ウドーンターニー県六〇カ村で、三年にわたり、農民に森林を伐採して農地にするのをやめてもらい、アグロ・フォレストリーを勧める。複合農業はタイで普及し始めている。畦に植林し、水稲、野菜、果樹を組み合わせる。一人当たり三年で六ライ(一ライ=約一六〇〇平方メートル)の森を維持してもらうことで、計六〇〇家族、一万八〇〇〇ライの森林が保護される。この事業資金は科学・技術エネルギー省環境保全委員会から計五〇〇万バーツ、三年間出る予定である。

東北タイ農村開発協会は設立当初、上位関連NGO、外国ドナーへの依存性が高かったが、その後、プロジェクトを政府・外国NGOに提案し、その事業主体として組織を運営、存続させる戦略をとってきた。ある程度の規模になった段階で拡大戦略をやめ、各事業がそれぞれに自己展開できる範囲で充実を図っていく方針に転換した。これは主催者の農民生活型の自立理念に沿ったものである。東北タイ農村開発協会はパンマイ以上に、他国のNGOと積極的に交流して伝統技術のイノベーションに力を入れ、新しい医療理念を事業として展開し、農村地域のみならず都市住民のニーズも睨んでいる。教育・協同組合店舗事業においても、地域における人づくりの理念を実践する。アグロ・フォレストリーも環境と共存する農業を目指したものである。こうした開発の理念を事業化する仕掛け、ノウハウを地域住民に提供し、後は自助組織に運営を任せていくやり方がこのNGOの特徴である。

第六節　NPOの組織特性と戦略

ここでは、小島廣光の非営利組織類型を参考に、パンマイ、東北タイ農村開発協会の組織特性、戦略、今後の課題を考察してみたい。小島の組織類型は次のようなものである。非営利組織がどのようにして外部環境(政府や他の民間組織)から資源を調達しうるのか、この資源依存性を縦軸とする。組織目標がどれほどの実現可能性を持つものかを(理念の高邁さ、目的の複雑さ、技術的問題、成果の社会的受容度等の関数として)、タスクの不確実性として横軸とする。そして、それぞれの高低から四つの組織類型を構成した。

(類型Ⅰ)　資源依存性が高くタスクの不確実性が低い環境状況の組織は、行政の外郭団体かNPO下部組織が該当する。組織目標が限定され、資金・人材等が上部組織から提供されるために上位に協調する戦略をとり、規則に従った型通りの仕事をこなす官僚制的組織形態を示す。

(類型Ⅱ)　資源依存性が高くタスクの不確実性が高い環境状況に直面するNPOは、小島によれば見当たらない。資源による支配を受けずに(自由にふんだんなリソースを使うという恩恵だけを受け)、実現困難な課題に挑戦するのは、個人であれ組織であれ、身勝手か、現状誤認のいずれかである。誤解を恐れずにいえば、外国NGOに資金・技術を全面的に依存した開発NGOが、地域に根ざした自力更正、オルターナティブな開発を唱えるのは矛盾であるが、途上国であるがゆえに許容されたのである。先進国のNPOを分析の対象とした先行研究にこのような組織が存在しなかったのは当然である。言い換えれば、途上国を脱した国家のNPOには自立が求められる。

（類型Ⅲ）　資源依存性が低くタスクの不確実性が低い環境状況というのは、ある意味で組織目標が限定的で、資源動員を必要としないものであり、友好・交流団体等が該当する。チャリティ型の国際交流組織等が典型的な例であり、設立も運営も紳士的に進められよう。第三国において紛争処理や開発を行う、あるいは本国にて不法行為を問われる在留外国人の人権を擁護するような組織は、第Ⅳの類型にならざるをえない。

（類型Ⅳ）　資源依存性が低くタスクの不確実性が高い環境状況に直面しているNPOには、先進国の大規模な社会開発NPOが該当しよう。アドボカシーとしての存在意義や社会開発の成果を効果的にアピールすることで寄付と会員を募り、また、独自の事業を展開することで資金を調達する。資金・人的資源の自立を図ることで組織的自律性を確保でき、限定的課題・方法に拘束されない有機的組織運営を可能にするのである。

パンマイはATAから資金・人材の供給を受け、地域住民を動員して設立されたNGOであり、当初はATA下位機関NGOとして類型Ⅰの組織形態をとりつつ、地域の社会状況、住民のニーズに合わせた事業を拡大していく戦略をとった。従って、類型Ⅱの環境状況に近づいたのである。つまり、資源はATAにある程度頼りながら、活動の幅と規模を拡大すれば、初期投資は増えるものの十分な成果を見込めない事業になる可能性がある。そのため、事業規模に見合った市場を自前で確保するべく、パンマイは自前でビジネス・プロジェクトを立ち上げ、いっそうのマーケティング、収益構造を強化していった。ATAの傘下を脱して、自律的な事業体の経営が実現されれば、パンマイは類型Ⅳの組織に近づき、設立理念に沿った地域女性の自立を名実共に誇ることができよう。

東北タイ農村開発協会も設立当初は上位関連NGO、外国ドナーへの依存性が高かった。しかし、外部環境に依存したのは資金のみで、主催者の個人的事業という性格もあり、プロジェクトを政府・外国NGOに提案し、その事業主体として組織を運営、存続させる戦略をとってきた。その意味では自立志向が強く、パンマイが類型IとIIの境界に位置していたのと異なり、類型IIとⅣの境界に組織を置いていたといえる。ある程度の規模になった段階で、拡大戦略をやめ、各事業がそれぞれに自己展開できる範囲で充実を図っていく方針に転換した。これは主催者の農民生活型の自立理念に沿ったものであり、NGOとしてコーディネートする事業を拡大して地域社会の改善を図るやり方から、自身が生活者として地域社会に貢献していくやり方へ変えたものともいえる。東北タイ農村開発協会が類型Ⅳの領域で事業展開できた要因は、地域住民の需要及び時代の要請に応えたオルターナティブな開発であったために、地域のリソースとフレキシブルな外部資金の調達が可能であったことにある。

しかしながら、Ⅳの領域で活動を継続するには、資源の動員戦略に難しさがあった。つまり、東北タイ農村開発協会の事業運営費は年間、ざっと五〇万バーツを要するが、それらはY・Tが様々な海外の大規模NGO・NPOや政府の開発助成をとりつけたものに、事業収益を加えたものである。その事業は多角化していたため、だいためどが立つ前に資金切れの状態になった。結局、東北タイ農村開発協会は一九九八年にコンケーン県の本部事業(健康計画、協同組合店舗、工芸品制作)を中止し、アグロ・フォレストリーに特化せざるをえなくなる。二〇〇一年、本部跡地には実験農場で働いていたワーカーが夫婦で住み、細々と有機農業を継続していた。彼はナコーンラーチャシーマー県のYorei Center(浄霊センター)からEM農法を学んだのである。

EMは琉球大学の比嘉教授が開発した有用微生物による肥料作成に関わる総合的な自然農法であり、日本では世界救世教が全面的な支援を行っていた。サラブリー県にあるタイ世界救世教の本部(世界救世教新生派)と東北タイ各地の支部が行うEM農法の普及はめざましいものがあり、自然農法で有名な福岡正信の名前と共に、EM、岡田茂吉(世界救世教創始者、盟主)は、タイでは著名人である。

いずれにせよ、地域開発NGO・NPOが組織及び事業を維持していくことはかなり難しいことであり、この点を度外視して、活動のオルターナティブ性だけを取り上げることはできない。

第七節　NGOの発展戦略と国家、市民社会

一九六一年から始まったタイの社会開発は、サリットが開発を政治的言説として用いたことから開発主義イデオロギーとして長らく機能し、実質的な経済開発は遅れて始まった。そしてNGOが一九八〇年代後半から地域住民を組織化し、先住権や生活権を政府に対して直接訴えていくことで、地域開発の基礎となる開発主体の形成、開発が可能な政治・経済的条件作りに大きな役割を果たした。実際、開発行政を変えなければ、地域でいくら対処療法的に開発に取り組んでみても実効性が上がらない。その意味で、NGOの政治的アドボカシーの役割は重要である。市民社会論との関係で地域開発を考察する意義として、内発的発展論のように地域の主体性・独自性という個別的価値を大切にすることに加えて、文化・地域を超えた人権・自治・社会的公正という理念により、開発の中身を評価することができるということも確認しておきたい。

本章では、開発NGOの事例から、地域住民の組織化、事業におけるマーケティング、共同体・伝統文化の資源利用、NGO自身の自立が重要であり、この課題に正面から向き合うことで開発が進むだけでなく、NGO自体が持続可能な主体となりうる可能性を示唆した。ローカルに自立を志向しながら、知識・技術・資本の導入、市場も含めてグローバルなネットワークで事業展開をしているNGOの活動は、国家を超えた市民社会的活動といえるかもしれない。しかし、この成功の事例は、タイの地域社会に市民社会を形成するという点において課題

を残している。

パンマイでは女性領域における起業、東北タイ農村開発協会では子供領域の教育、成人領域における医療と農業に活動領域を絞っている。それが成功の要因であった。つまり、男性の領域である村の政治や公教育に直接介入することを避けてきた。政治的言説を用いて組織を作り、活動を行えば、行政、及び郡役所と密接な関係を持つ区長・村長、村人と葛藤を起こしたろう。それよりも、家族・教育・医療といった日常生活の領域で、現代タイ社会のパッタナーとは異なる開発実践を行った。これは長期的視点に立てば、自立的個人、地域を形成する戦略として不可欠である。しかしながら、一九九四年のタンボン自治体法の公布以後、行政区レベルの地方政治は、不十分ながらも予算と自治のための議会を実質的に持つことになった[橋本一九九九、Kromkaan 1996]。地域開発NGOが最終的には地域に市民社会的領域を構築することを目指すのであれば、今後地方自治の主体となったタンボン自治体と関わっていかざるをえない。開発NGOが地方自治の領域でどのような活動を行っていくのか注目されるし、今後の研究課題はそこにあろうと思われる。

従来の行政優位の地域社会に、内務省直轄の郡長―区長―村長ラインと対立する形でタンボン自治体が編成されている。選挙や予算執行にまつわる旧習を残しつつも、国家行政と国民の間にある社会的領域に、住民が直接関与できる自治システムの政治空間が拡大した。自治体自身の徴税分に加えて政府の開発予算、宮沢ローン等の雇用創出資金の投入等で、開発関連の予算が激増している[北原・赤木・竹内二〇〇〇：三七六―四〇二]。現時点では村内のコンクリート道路建設のように事業者を潤し、村人の短期的雇用になる開発が目につく。社会開発にまで手が回るかどうかは、予算執行に関わる村人次第である。NGO・NPOが民衆の代弁者を自認するのであれば、地方自治が実質化していく過程に関わる戦略を持つべきであり、今後その点が問われるであろう。

第八章　東北タイにおける日本語教育支援型ＮＰＯの活動と市民交流

現代は、人・モノ・情報が国民国家を超えて空間を移動する時代である。国際的労働力移動は受け入れ国において様々な文化接触をもたらし、新しい文化の創造がある反面で、社会的格差の増大による深刻な階層・民族・文化間の衝突も生み出している。ファンダメンタリズムの動きがある一方で、金融資本とインターネットを媒介した情報は世界を瞬時に駆けめぐり、リスク管理において国際社会の共同性や世界市民的意識を喚起していることも事実である。政治・経済・環境の諸問題は一国で問題解決が不可能になり、ＥＵやアセアンのような地域連合を求める動きも出てきている。グローバリゼーションの原因でもあり、結果でもある移動性の高い現代社会において、従前の福祉国家、市場原理主義は破綻を余儀なくされ、自律的な地域発展を基礎とした共生型社会の創出を我々は迫られているのである。

共生とは、様々な社会集団や経済的集積体が自然環境との調和的関係を保ちながら持続的発展を成し遂げることである。具体的には、地域社会、ＮＰＯ等の中間集団を媒介としながら市民社会を活性化することでもある。移動の時代という現代社会のダイナミズムを背景に織り込みながら、個人の生活と生きがい充足、及び社会的課題の解決を目指すアソシエーションのあり方を検討することが本章の目的である。

七章で取り上げた東北タイ地域開発NGO・NPOの事例に引き続き、本章では日本語教育支援という文化交流の面からNGO・NPOの役割を考察してみたい。ローカルな地域開発に事業を特化したNGO・NPOであっても、支援団体のとりつけや市場の確保の必要性からグローバルな戦略なしに事業体の存続はできなかった。海外における日本語教育は、日本からの文化輸出という要素があるので、元々グローバルな展開が企図されていた。そこには国際交流基金やJICAが主導する海外支援（外交戦略と同義）の側面もあるが、本事例は民間レベルの事業展開であり、市民社会的活動という側面がある。タイと日本において、どのような文化交流が展開されたのか、一NPOの事例から考察する。その際、日本とタイにおける日本語教育環境の中にボランティア、NPOの活動を位置づけてみると、そこには現代日本の青年や中高年の人々が抱えている生きがいの希求という問題が見えてくる。

現代において、「地域」は地理的空間を超えて、特定の関心をもとに人々が共同行為を行う空間が成立しつつある。市民社会は元来が国民国家に限定された経済社会に成立したものであったが、「関心共同圏」あるいは「協同活動圏」としてNGO・NPOの活動に成立する可能性があるのではないか。そのポテンシャルと実現の困難性を同時に明らかにしたい。

本章の調査研究は、NPO設立から数年の活動を対象にしており、NPOの組織経営にしても、活動にしても、極めて萌芽的段階にある。そこから読みとれる意義も当然のことながら暫定的なものである。また、調査方法としては、筆者自身がNPOの主要メンバーであることから、よくいえば、アクション・リサーチをやっているといえるが、研究対象に過大な思い入れ、期待が入り込み、客観的な分析になっていない可能性もあろう。筆者は、組織の具体的な人間関係のレベルで外部の調査者が知りえない情報を得て全体の構図を描いているが、筆者自身が当事者でもあるため、あえて使わない資料、言及できない問題があることも事実である。この種の研究には一長一短があるが、それを斟酌して、事例研究として読んでいただければ幸いである。

第一節　一九九〇年代日本における青年の行動

一九九〇年代の日本には、対照的な二つの青年たちの行動が見られた。ナルシスティックな意味探求で自家中毒に陥る青少年がいる一方で、他人や異文化、外の社会へ関わりを求めてボランティアやNGO・NPOに向かう青年がいた。前者には、自己の覚醒と世界の救済を目指したあげくに無差別テロを起こし、なお現在も活動を継続するオウム真理教（現アーレフ）のような閉鎖的「カルト」集団の青年たちや、学校や会社をやめて外部社会との関わりを絶ち、自室に引きこもる数万から数十万人といわれる青年たちがいる。(1) 後者には、阪神大震災で駆けつけた青年たちをはじめ、ボランティアを通して積極的に社会と関わる中で、自分を確認していこうという青年たちがいる。彼らは役立つことをしようと慈善の気持ちでやっているのではない。それどころか、現場で怒鳴られ、自分が何の役にも立たないことに気づかされる。しかし、そこで実際、人と関わり、具体的な問題からボランティア活動の難しさを学んでいる。また、そのような若者を受け入れる度量を、被災地をはじめ、様々な現場が持っているのである。先に述べた内向的な青年が、主に宗教教義やインターネット情報から間接的に世界を知ろうとしていくのに対して、ボランティアの青年たちは、直接、人と経験から世の中の有り様をそれぞれのやり方で体得していくのである。

このような二つの青年たちの群は同世代の中ではどちらも少数派に属する。多くの青年たちは、一九八〇年代後半のバブル経済の宴に酔った消費社会に育ち、大衆化した高等教育を享受した。長期停滞局面に入った日本経済・社会の中でさえ、何不自由ない豊かな社会がこれからもずっと続くというような世界観を抱いていた。ポスト・モダンの概念が、思潮から日常的な感覚として若者たちに浸透していった様子は、宮台真司が女子高生の人生に退屈している日常として描いたところである［宮台一九九五］。こうした時代の風潮に飽きたらずに、自分探しを様々な形で求めた若者もいたであろう。生活するために生きることから、生きることに意味を問うために生活する。こうした若者たちが先の二つの群であったともいえる。彼らの活動は社会の主流ではないが、次の時代の予兆を感じさせる。

筆者はタイ地域研究をやるかたわら、「市民教育交流の会」というＮＰＯに関わっている。東北タイのノーンカーイ県を中心に、近県の中高等学校に日本語教師を派遣する団体である。設立五年目で、二〇〇三年度は一〇名を派遣した。任期は原則一年。渡航費用、現地生活費全て自己負担。現地の学校に宿舎と昼食提供を依頼し、可能であれば講師料月三～五〇〇〇バーツ（一万～一万五〇〇〇円強）を寄付金（二〇〇四年度は給与）としていただく。ほとんど、ボランティア日本語教師といってよい。この活動に加わる者は当初青年たちであったが、現在は中高年の方の参加も得ている。彼らのボランタリー・アクションとそれを支えるＮＰＯの組織運営の問題を一つの市民社会形成の事例として読み込めないかというのが、本章のねらいである。

第二節　日本における日本語教師養成

一　日本語教育ブームと日本語教師養成政策――需要と供給のアンバランス――

日本語教育ブームは、一九八三年に中曽根内閣が日本の国際化を図るために「留学生受け入れ一〇万人計画」を打ち出したことを嚆矢として、その後日本語教育の学科や講座が大学に設けられはじめ、民間でも日本語教師養成のための各種学校が続々と開校されていった。

外国人留学生数は、一九七八年の五八四九名から八〇年代に急増し、九三年に五万人を突破、その後伸びが鈍り、二〇〇〇年には六万四〇一一名になっている。全留学生に占める私費留学生の割合は当初からほぼ八割で変

表8-1　日本語教師養成の進展

	1990	1992	1994	1996	1998	2000	2001
学校数	821	955	1,512	1,658	1,592	1,497	1,590
教師数	6,329	9,671	19,036	19,114	19,693	20,691	24,353
学生数	60,601	69,950	83,220	79,796	83,086	95,049	132,569

出典：文化庁2001より作成

化がなく、大半が中国と韓国の留学生である（文部科学省高等教育局留学生課二〇〇二）。日本語学校で学ぶ就学生は一九九一年の三万五五七六人をピークに減少し、九八年には一万五二六九人になっている（日本語教育振興会 http://www5.airnet.ne.jp/aiaso/text/kyokai.html）。

外国人定住者について見ると、在留外国人登録者数は一九九〇年から九六年にかけて永住者が一定の数であるのに対して、非永住者が四〇万人ほど増えている。その過半数を中国、韓国・朝鮮が占め、ブラジル、フィリピン、ペルーと続く。不法在留者は一九九三年に三〇万人が推定されている（入管協会二〇〇一、法務省入国管理局二〇〇一a、二〇〇一b）。非永住外国人の大半は日本への出稼ぎ者であり、日本人と結婚した定住外国人もいる。学生・就学生以外に、外国人労働者も地域行政でサポートする場合に、日本語教育あるいは日本語ケアの該当者になる。一九八〇年代の経済成長期からバブル経済の時期に留学生・就学生とも激増したが、九〇年代中盤から日本で学ぶことは必ずしもアジアの学生にとって魅力的なものではなくなっている。しかし、一九九〇年代においても、依然として外国人労働者は日本の産業を下支えしているのである。

このような日本語学習者の需要に応えるべく、日本語教師の養成が官民一体で進められた。日本語教育実施機関数、日本語教師数、学生数の推移を表8-1で示してある。日本語教育実施機関は、一九九〇年の八二一校から二〇〇一年で一五九〇校、日本語教師数は、六三二九人から二万四三五三人、学生数は、六万六〇一人から一三万二五六九人と一〇年でほぼ倍増している。日本語教育機関は、学習者の数で見ても一般の教育機関が大学・大学院のほぼ三倍である。一般の教育機関とは行政による学校の認可を必要としない株式会社の語学学校がほとんどであり、受講生は日本語教師認定の四二〇時間を修了することになる。日本語検

表 8-2　日本語コースを受講した学生の就業機会(2000 年)

就職先	大学卒業者・大学院修了者	その他の学歴
日本語教師(日本)		
高等教育	17(35%)	27(26%)
中等教育	8(50%)	53(87%)
日本語学校(認定校)	33(33%)	438(18%)
その他の日本語学校	34(41%)	295(28%)
その他	12(33%)	229(38%)
日本語教師(国外)		
国際交流基金	3(33%)	9(100%)
海外青年協力隊	7(100%)	49(86%)
その他	79(44%)	683(85%)
その他の仕事	2,140	806
学生，あるいは主婦	400	742
不就業	400	665
不明	983	6,674
計	4,116	10,670

注：数値は実数，(　)内は常勤職員の割合
出典：文化庁 2001 より作成

定の受検者は一九九〇年代を通して七千名前後を推移しており、合格率は一八%前後である。日本語教育ブームは主に民間の語学校によって支えられている。

日本語教師の養成機関を終了した人にはどのような就業の機会があるのだろうか。表8-2には受講者の就職状況を簡単に示してある。二〇〇〇年に日本語教師養成コースを修了した一万四七八一人のうち、日本語教師として就職できた者は、大学等では四・七%、一般の機関では、一六・七%であり、専任の職に限定すれば、それぞれ、二%、八・八%である。国内の日本語教育施設では、日本語教師を目指す人たちの数に合わせて雇用の継続、解雇が決定されるので、安定雇用とはいいがたい面がある。また、海外の日本語教員には一年から数年の任期がある。要するに、日本語教師として安定した職を得る者は受講生のうちわずか一%前後でしかない。

日本語教師数の推移を見ると、全ての期間を通して、専任は一九九〇年二五一三人からほとんど増えず、二〇〇〇年は二二一八人と減少している。それに対して非常勤とボランティアが、五八一六人から一万八四七三人と大幅に増加している。日本語教育の仕事に新規で参入するのは極めて難しいことが分かる(文化庁二〇〇一)。

日本語教師の最終学歴を表8-3に示してある。日本語教育の課程を大学院で修了した専門家は五%であり、学部卒を含めても九%である。また、これらの専門課程を修了したものの、非常勤職員である者の割合が専任の数倍に及んでいる。

表8-3　日本語教師の学歴と就職先

	大学		その他の教育機関		ボランティア	計(%)
	常勤	非常勤	常勤	非常勤		
日本語教育の博士課程修了	75	88	10	33	7	213(0.9%)
その他の博士課程修了	259	398	20	43	14	734(3.0%)
日本語教育の修士課程修了	185	485	89	222	52	1,033(4.2%)
その他の修士課程修了	373	938	92	277	47	1,727(7.1%)
日本語教育の学士課程卒業	30	121	170	441	198	960(3.9%)
その他の学士課程卒業	143	683	937	3,365	1,943	7,071(29.0%)
短期大学・高校卒業	15	71	136	545	1,163	1,933(7.9%)
不明	22	89	31	1,111	9,429	10,682(43.9%)

出典：文化庁2001より作成

以上、日本語教育機関数、日本語教師数、日本語教師の身分・学歴を通覧してみた。

日本の国際化と日本からの情報発信をもくろんで、日本語教育が官民あげて大々的に取り組まれた。それは確かに海外からの外国人留学生・日本語の就学生及び外国人労働者への日本語ケアという当面の需要に対応するものであった。日本語教育専門家や文化庁の報告では、量的拡大の後に質的な充実を謳っているものがあるが、高度専門職業人としての養成を受けた大学院の修了者の多数が正規の職を得ていない状況を十分に認識していないのではないかと思われる。職場と報酬が与えられてこそプロになる。日本語教師という労働市場が十分に成熟する前に人材養成の機関だけが拡大したというのが実態ではないか。

民間の日本語学校で働く日本語教師も非常勤が多く、日本語教師の仕事ともう一つアルバイトをしなければ食べるだけの生活もできない状況である。教師の仕事は授業前の教材作成と授業後の小テストの採点などがあり、授業時間だけの拘束ではない。一日数コマ教えるのがせいぜいである。しかし、講師の時間給は大学生の家庭教師並である。「日本語教師は能力と経験のある専任講師以外は食べていけない。主婦がボランティアでやる分にはいいが、転職の選択肢には実際なりえない」(日本語教師女性二六歳)。新聞や雑誌に日本語教師資格取得の宣伝が掲載されているが、仕事につけても生活できないのが現状である。

他方、海外では日本語教師は専任率が極めて高い。これは短期のプログラムや雇用によるもので、現地の生活は保障されているが、日本語教師の仕事をつないでいくことは現実に難しい。国際交流基金が財政支援をして、日本語教師を一年間アメリカに派遣するJALEXプログラムにしても、「一九九七〜九八年に派遣された五〇名余のうち、その後日本語教師を続けている人は二人しかいない」(元日本語教師三一歳)。

二　日本語教師労働市場へ参入する人々——自分探しの仕事——

各種の日本の社会意識調査によると、「経済的に豊かになるために働く人」が「豊かに生きるために働く人」の割合を下回ったのが一九八〇年代初頭といわれる。一九八〇年代半ばには、女性の社会進出として大卒女性の総合職進出が拡大し、生きがいとなる仕事を探す女性を応援するフェミニズムが盛んになり始めた。しかしながら、女性の中間管理職昇進や、仕事が生きがいの男社会の環境で女性が自己実現するには様々な問題があり、女性の初職継続期間は短かった。バブル景気の頃は男女問わず労働者の売り手市場であったから誰でも容易に就職し、転職していった。しかし、一九九〇年代の長期景気低迷で就職、転職が困難な時代になったが、普通の仕事に飽きたらなさを感じる人たちは、生活できる仕事を棄ててでも新しい自己実現の機会を探していたのである。日本語教師というのは、学歴を問わない教育の資格であること、国際協力を日本人特有の技能(日本語)でできること等から、一つの自己実現を提供する仕事として考えられていった。おりしも、日本の国際化への対応として官民あげての日本語教育環境整備が進められていった時期だった。

なぜ、少なからぬ人々が今、日本語教師を目指すのか。日本語教師養成講座を半年から一年かけて修了した人たちの声である(千駄ヶ谷日本語教育研究所ＨＰ掲載)。

「東京都の主催するボランティア団体で、アジアからの学生に日本語を教えていましたが、きちんとしたかたちで教授法を学びたいと思い、養成講座の受講を決めました……現在は、韓国・ソウルの学院で悪戦苦闘しながらも充実した教師生活を送っています」(二四歳・女性大学新卒)。

「夫の仕事の関係で、二年間アメリカで暮らしました。そのとき、近所の人に頼まれて日本語を教えましたが、いろいろな質問にうまく答えられず、いかに自分が日本語についてわかっていないかを実感し、帰国してから正式に教授方法を学ぼうと思いました……現在、非常勤で週三日、日本語学校の講師をしています」(三二歳・主婦)。

「会社勤務の五年目に転職を決意。いろいろな職種の中から、異文化交流ができ、多くの人と接することができる仕事ということから日本語教師を選び、入学しました……現在、都内の日本語学校で専任として教えています」(三〇歳・男性元会社員)。

「これまでの会社勤務の経験を活かしてビジネス関係者や技術研修生への日本語教育に携わり、国際交流の架け橋になりたいと思っています」(六二歳・元会社員、定年退職後)。

学生や転職志望の会社員、主婦、中高年の生きがい充足型職業願望が見受けられる。

インターネットのチャットでは、志願者同士で日本語教師事情が議論されている。次は、学歴は問われない資格として日本語教師を目指す人に対してなされたアドバイスである。

「〔日本語教師という業界では〕高卒は高校野球の世界、大卒はアマチュア野球の世界、院卒で初めて、二軍になるかどうかの世界という感じです。四二〇時間はさしずめ草野球チームといったところです。実業団ではありません。でもしていることは同じです。ルールもほぼ同じです。でも使っている物、配給されるものは格段に違います」。

日本語教育という労働市場に参加する際には、現在、日本語教師養成講座を修了しただけや、日本語教師の認定資格を得るだけでは不十分であり、何らかの教育経験が必要とされている。就業経験を初職の人に要求するのは酷である。現実にほとんどの人が就業できないという現実がある。多くの人は日本語教師の置かれた現状を自ら体験することで、この職域から去っていくのであるが、未だ経験できないでいる大勢の人たちには、日本語教師としての職場への渇望が強い。そこで、日本語教師としての海外経験を積むためのプログラムを開発するエージェントを利用して、わざわざプログラム参加費を払って経験を積みに出かける人も少なくないのである。こうした状況にあって、四節で述べる日本語教師派遣コーディネートNPOは、思いもかけない形でその機会を提供することになった。

第三節　タイにおける日本語教師需要

一　海外における日本語教育への需要

海外における日本語教育は、この二〇年余りで飛躍的に増大した。日本語は世界第八位の言語人口を持つ言葉であるが、日本国民に使用がほとんど限定されている民族言語である。他民族が日本語を学ぶ理由は、植民地時代のような日本の政治的支配力や日本語の文化的支配力によるものではなく、現在はもっぱら日本の国際的経済

表 8-4　海外における日本語教育

	1979	1984	1988	1993	1998	2003
学校数	1,145	2,620	3,096	6,800	10,930	12,222
教師数	4,097	7,217	8,930	21,034	27,611	33,124
学生数	127,167	584,934	733,802	1,623,455	2,102,103	2,356,745

出典：国際交流基金 2005 より作成

表 8-5　地域別日本語学校数(2003 年)

	東アジア	東南アジア	南アジア	オセアニア	北アメリカ	中央・南アメリカ	西ヨーロッパ	東ヨーロッパ	中東・アフリカ
実数	4,827	1,236	136	2,537	1,459	588	1,007	354	86
％	39.5	10.1	1.1	20.8	11.9	4.8	8.2	2.9	0.7

出典：国際交流基金 20005 より作成

力の伸張によるものである。国内においては留学生・就学生、外国人労働者が主な学習者であったが、国外では、日本企業や日本人向けの観光産業に従事することを期待した人々、及び、アジアにおいて国際的競争力を持つ産業構造を生み出した日本社会・文化への興味を持つ人たちである。もちろん、日本政府機関や民間団体による日本からの情報発信の一環として、日本語教育の支援政策がなされていることは事実であるが、それだけで学習への意欲を現地で生み出すことはできない。表8-4では海外における日本語教育の推移を学校数、教師数、学生数から見ている。表8-5では学校数の各国別の割合を見たものである。学習者は東アジアが六五％を占める。

学習者の教育段階は国により特徴がある。主に初等・中等教育で日本語を教えているのが、韓国、オーストラリア、ニュージーランド、カナダであり、中国・台湾では高等教育の割合が高い。ブラジルは学校教育以外での学習者が多い(国際交流基金日本語国際センター二〇〇〇：三)。タイでは七割近くが高等教育段階で教えられている。タイの日本語教育は表8-6に示してある。

近年のタイにおける日本語教育は、一九六五年にタマサート大学、一九六六年にチュラロンコン大学で日本からの無償賠償援助資金によって講座が開設されて始まり、一九七〇年代に他の国立大学に拡大していった。中等学校では第二外国語として日本語の授業を選択科目にしている

表8-6　タイにおける日本語教育

	初等・中等教育		高等教育		私立学校等
	1998年	2003年	1998年	2003年	1998年
学校数	83	165	82	82	35
教師数	142	236	285	309	188
学生数	7,694	17,516	24,218	22,273	7,910

出典：国際交流基金日本語教育センター2000，国際交流基金2005より作成

ところがあり、大学の入試科目に日本語を採用している大学は一九九九年度で八大学九学部がある。民間の日本語教育機関は、泰日経済技術振興協会併設の日本語学校をはじめ、バンコクなどの都市部に集中している[前田二〇〇〇]。

ところで、通常の日本語教師養成講座では、日本語だけを使って教える「直説法」を教授法としている。これは日本の日本語環境の中で外国人が日本語を習得する場合に効果的であり、また、どこの国に派遣されても用いることができるやり方である。しかし、この方法は集中学習に近い学習時間がカリキュラム化されていてこそ威力を発揮するもので、週一、二時間の授業で日本語の特徴を生徒や学生たちに伝える場合は、現地語の文法構造との対比で説明していった方が分かりやすい。日本で英語を日本人教師が教え、英語を母国語とする教師が中学・高校にティーチング・アシスタントとして派遣されているように、現地の日本語教師と日本人教師によるチーム・ティーチングが望ましいのである。そのためには、現地で日本語教師を育てなければならない。

国際交流基金では、「日本語教育の専門家派遣」と「青年日本語教師派遣」事業を行うほか、タイ人の日本語教師を養成するべく、「中等学校現職教員日本語教師養成講座」と「日本語基礎集中講座」をバンコクで実施している。この制度を後に述べるNPO、CEESはノーンカーイ県で日本語教育に関心のある中等学校校長に伝え、教師を応募させるよう働きかけている。しかし、首都や県都の大規模校でなければ、現職教師から授業義務を一定期間免除し、バンコクで養成講座を受講させるのはなかなか難しいのが普通の中等学校の現状である[三原一九九八]。バンコクでの研修費を国際交流基金が全て出したとしても、当該の学校で空いた授業を臨時教員か、現員の教員でカバーしなくてはならないからである。有名大学の日本語学科を卒業した学生が東北タイの僻地校で教師になることはほとんど考えられな

い以上、国際交流基金のこのプログラムがタイ人日本語教師養成に果たす役割は大きい。

二　日本語教育と国際交流

タイと日本との間には、政治・経済・文化の様々な面で交流がなされており、タイの地域開発に携わる日本のNGO・NPOも数多い。その大半は地域開発や医療・教育支援の援助団体であり、日本語教育だけに特化したNGO・NPOは本章の事例以外は見当たらない。それはおそらく次のようなNGO・NPOの理念によるものである。つまり、国際援助には現地の人々の人権や生命を守るために緊急に支援体制を整える活動と、現地の地域開発を長期的なスパンで支援する活動の二種類が想定される。そのどちらも現地の人々の役に立つものであり、援助という介入により現地の人々の生活環境に影響を与えるものであってはならないと考えられている。これは日本のODA批判に典型的に見られる言い方でもある。

教育支援事業も奨学金とか学校施設の備品を援助する活動が一般的である。教育環境を整備するだけであり、教育の中身には通常介入しない。おそらく、一九七〇年代の中頃に、日本製品不買運動が起こされたタイ民主化の時代に日本語教育支援事業がなされたとしたら、経済的支配以上に日本の文化的支配と批判されたであろう。この時代は、モノと文化がセットで捉えられた。

ところが、一九八五年以降、タイは高度経済成長を遂げ、アジアの第五のドラゴンとなり、都市中間層が消費社会を享受するようになった。街には日本製品以外にも、世界各国の品物が溢れている。ジーンズをはいた若者がマクドナルドのハンバーガーをほおばっても何ら違和感がない。映画館はハリウッドと香港映画で占められている。ショッピング・アーケードには世界のブランド品が並んでいる。純粋にタイで作られたものでタイ人が使っているものは、タイ語くらいしかない。言いすぎであろうか。しかし、どこの国のものを使おうと、タイ人はタイ人であることに多くの人たちは気づいた。消費物資、ライフスタイルはそれが生み出された文化圏とは切れて、便利なもの、魅力的なものとして使われているだけのことである。

一九九〇年代に入って、タイ社会が海外の文化に寛容になり、語学教育に対しても抵抗がなくなったのは、文化もモノとして使いこなせる自信がついてきたからだと思われる。日本語も就職の機会を拡大するために習得する、日本のマンガに興味があるからやるというような志向がはっきりしているのである。豊かな国日本という憧れがあったとしても、豊かな日本文化への憧れということはあまり聞かれない。このへんはドライな割り切り方がある。

ところが、日本のNGO活動経験者や研究者は、日本製品不買運動というナショナリズムが学生運動と連動した時代を想起したり、また、日本が戦後アメリカの政治・文化支配を受けて後、英語崇拝(転じて英語恐怖)に陥ったりした現実から、日本語教育は文化支配につながるのではないかと懸念してしまうのではないか。確かに、言語は政治・文化的権力と密接な関係を持つ。複数民族国家における公用語の認定や、国際的な公用語にどの言語を用いるかということは文化のみならず政治的ヘゲモニーの問題とも関わる。日本でも開国、敗戦、経済停滞と五〇年周期で日本社会の将来が悲観される折に、英語を公用語化しようという奇妙な議論が登場し、そのたびに道具としての英語(国際化の武器に用いる)と、文化アイデンティティとしての日本語(英語が公用語になれば英語による文化支配が発生する)の議論が衝突してきた[中央公論編集部二〇〇二]。

日本語教育に関して、現地では日本語による文化支配という議論はあまり聞かれない。むしろ、圧倒的な日本製品に囲まれているタイ人に対して、日本の政治・文化のプレゼンスが弱いことを真剣に考えた方がよいくらいである。

もちろん、教育は科学的知識を教えるにとどまらず、地域社会・文化の価値を伝える社会化の営みでもあるから、教育内容、教育方法に関して、教育を受ける生徒・学生、教育を施す教育機関の意向が重視されるべきであり、その地域社会や国家に責任を持たない(あるいは持てない)他国の人間が簡単に介入すべき領域ではないこと

表8-7　JLTAのこれまでの活動

1995	Jが個人のボランティア活動として，タイ・ノーンカーイの中・高等学校で日本語を教え始めた。活動の中心はナーデー校であった。
1998	タイ・ノーンカーイの他の中・高等学校から日本語を授業に取り入れたいという要望が出始めた。親交のあったB英語学校のO氏(後にNPO法人市民教育交流の会代表理事)に相談し，札幌に日本語教師募集の拠点を作ることにした。インターネットを利用しての日本語教師募集を開始した。特定非営利活動法人申請の準備を始めた。
1999	1月，特定非営利活動法人の認証を申請した。 4月，特定非営利活動法人の認証を北海道庁から得た。 5月，インターネットで募集した日本語教師の1人目をノーンカーイへ派遣した。 6月，2人目の日本語教師を派遣した。計4名派遣。
2000	1月，ノーンカーイで日本語フォーラムを実施。ノーンカーイ県のほとんどの高校長70名余が出席。ノーンカーイでの日本語教育について，2日間にわたり協議をした。 タイ・ノーンカーイへの派遣日本語教師数は6名となった。 12月，社会人向けの日本語教室を開設した。
2001	派遣先校8校，日本語教師数7名となる。
2002	派遣先校9校，日本語教師数10名となる。学習生徒数約2400名に達する。 ノーンカーイに専用事務所を開設。日本語教師，来訪者の宿泊施設も整備。
2003	現地コーディネーター専従職員を採用，派遣。派遣先校9校。日本語教師10名。

出所：調査

は確かである。外国語としての日本語を教える意味は文化のおしつけであってはならないし、学ぶ意味は文化の崇拝であってもならない。日本語が国際交流のメディアになればよいのである。

第四節　CEESの活動概況

一　活動の経過

本事例で取り上げるのは、NPO法人市民教育交流の会(Citizens' Education Exchange Society: CEES)の1つの活動であるアジア日本語教師の会(Japanese Language Teachers for Asia: JLTA)による日本語教師派遣事業である。活動の概略は表8-7を参照されたい(http://www.asahi-net.or.jp/~ww8t-oosk/index.htm)。

Jは、北海道に本部を持ち、ノーンカーイ県の中等学校生に奨学金を給付、併せて地域開発事業も行うNGO「メコン基金(Mekong Foundation: MF)」の会員であった。MFがノーンカーイ県の教師を日本に招聘した際、Jはその若い女性教師をホームステイさせ、タイで日本語教育を行う事業を支援したいと考えるようになった。そして、自ら日本語教師認定四二〇時間の講習を受け、北海道庁退職を機にノーンカーイ県ファオライ(Faorai)郡のナーデー(Naadee)中等学校に赴き、ボランティアとして二年間、日本語教育に従事した。当時のナーデーはコンクリート建築の校舎がなく、茅葺き屋根に柱だけ立てた吹き抜け校舎に机とイスを置き、教師が黒板を背に講義をするという僻地校であった。Jは校内の宿舎にタイ人教師と同居し、シャワーも井戸水を汲み上げて使うような暮らしぶりであった。JはMFを通じて面識があったOに支援を要請し、OはJを支援する活動を企画することになる。また、Oの翻訳会社に原稿の校閲を数年来頼んでいた筆者にたまたまこの件で相談が寄せられた。筆者はNGO活動を支援することもタイ地域研究者の一つの役割ではないかと考えたために、最初は顧問として、後に理事として加わることになったのである。

二〇〇〇年にノーンカーイで開催されたフォーラムは、CEESがノーンカーイに日本語教師を三名派遣した実績の上に、MFの奨学金事業の時期からCEESに協力してくれているP校長をはじめとする同県の中等教育関係者、日本側は国際交流基金バンコク日本文化センター所長、及びCEESの現地協力NPOとしてバーンラック財団(Baan Rak Foundation)のS代表を招いて行われた。これまでのCEESの活動内容を説明したうえで、今後同県でタイ側と協力して日本語教育事業を行っていこうという呼びかけが会の趣旨であった。確認されたことは、①国際交流基金はタイ人日本語教師養成講座や教材の支給協力事業でCEESとタイ側の日本語教育を支援すること、②CEESは同県からの要請に応えて、日本語教師派遣事業を継続すること、③日本語教育は日本からタイへの一方的な援助活動ではなく、相互協力的な文化交流を目的としたものであること、④日本人日本語教師はボランティアから現地雇用に徐々に切り替えていくことの四点であった。

フォーラムはほとんどOの個人的な持ち出しによる開催であったが、CEESがノーンカーイ県で社会的承認を得て事業を拡大していくためには必要な措置であり、確認された四点は事業の方向づけを決めるうえで重要なものであった。ノーンカーイ県から国際交流基金の日本語教師養成講座に参加する現職教師も出始め、また、C

ＥＥＳから派遣された日本語教師は、二〇〇一年は七名、二〇〇二年は一〇名と増しており、ＣＥＥＳの事業は着実に伸張している。

二　ＪＬＴＡの組織運営と日本語教師の特徴

タイの中等学校における日本語教育は、①選択必須科目(職業学校の語学専攻コースと中等学校後期の文系クラスで開講され、週六時間三年間で約六〇〇時間の学習)、②自由選択科目(中等学校後期の理系クラスで基礎職業訓練科目の一つとして開講され、週三時間二年間で約二〇〇時間の学習)、③課外活動(週一、二時間で一年間開講)の三系列に分けられる。全体の六〇％が自由選択科目として講義されている［三原一九九八］。

ＪＬＴＡが対象としている学校では自由選択科目がほとんどである。その理由は、日本語教師一名で三学年を対象に週二コマを三クラス担当しても週に一八コマの授業であり、一人で教えられるコマ数としては限界に近い。中には学年進行で四、五学年にも及び、二十数コマ担当の教師もいたが例外的である。その他、日本語クラブ指導などを担当する者もいる。

日本語の授業実施内容については、本章が日本語教育の研究ではないので割愛したい。

ＪＬＴＡの活動は、Ｏが主に担当する札幌の日本事務局で日本語教師の募集を行い、タイ側で現地支部の代表であるＪが中等学校長から様々なつてでなされる日本人教師派遣の要請を受け付ける。また、年に一回程度、派遣先学校を筆者が訪ね、派遣事業に関わる連絡調整を行うという少人数体制でなされている。日本語教師を募集する方法は、ホームページに掲載された派遣教師募集に応募してきた人たちと電話・メールで情報交換を行い、派遣先を斡旋する。

募集当初、筆者は応募者が出てくるとは思わなかった。日本語教師資格四二〇時間終了の有資格者で、年間約五〇万円の現地生活費と往復渡航費を自己負担したうえで、仕事をやめても行く奇特な人はいないだろうと考えていた。ところがいた。これまで二〇代前半の女性たち十数名、二〇〇三年に至っては四、五〇代が派遣者の半数である。思いつきでやれるものではない。資格取得のために学校に通うか、通信教育を受けなければならないし、事前に生活費を用意しなければならない。筆者は驚いた。しかも、日本で外国人に教えるのとは違い、直接法(日本語で日本語、日本に関する知識を教える)には限界がある。つまり、眼前にない、経験できないモノ、概念、仕組みを説明するには、現地語と現地の文化・社会と比較して説明しなければならないのである。タイ語、タイ社会の勉強は必須である。タイ旅行を経験していた人はわずかであった。だから、現地で相当の苦労がある。気候、食事、タイの人づきあい等に慣れるのは容易でない。旅行者が感じるタイ人の素朴さ、自然の豊かさ、子供たちの輝く目。それを生活者、教師として実感するのは、教師、生徒、現地の人たちとの葛藤を飲み込んだ後であろう。こうした環境に飛び込んできた日本語教師の特徴をまとめてみよう。

①年齢は二〇、三〇代から最近は五〇、六〇代(子育て終了、職業の現役後半、年金生活段階)。
②学歴は専門学校卒、短大卒、大卒であり、出身地は全国にちらばる。
③経歴は社会人経由が大半で、日本語教師養成講座四二〇時間修了者(参加資格要件)。
④将来展望も様々で、日本語教師のプロを目指す人は多くない。
⑤自費で参加の気概がある。ボランティア精神よりも自分探し的要素が大である。

三　JLTAへの参加動機と将来展望

以下では、福澤淑子(現在JICA勤務)が北海道大学文学部卒業論文「国際協力NPOの存続条件と課題――日本語教師派遣事業を事例として――」として、JLTA初期メンバーにインタビュー調査した内容を引用して、最初にこの活動に参加した二名の参加動機を見てみたい。

Aは北海道出身で専門学校を卒業後、CADとして数年働き、退社後、日本語教師養成学校にアルバイトをしながら通い、資格取得後、日本語教師のボランティアをしていたが、JLTAを友人の紹介で知った。一九九九年一一月から二〇〇二年三月までノーンカーイ県の中等学校に赴任し、自由選択科目を中心におよそ週一二コマ担当してきた。落ち着いた人である。

『アジア』が好きで、ずっと興味を持っていたんだよね。メディアを通してみるアジアの人の表情が好きだったし、少女売春とかストリートチルドレンの問題にずっと興味を持っていた。二〇歳頃からアジアに関わる仕事する、アジアで生活するという夢があった。そんな時に日本語教師が自分の夢を叶えられる職業だって知ったのかな。就職先のない夜間コースの生徒がたちあげた日本語ボランティアグループに、養成科が終わってから関わるようになった。活動を通じて、自分が色々な国の人に会って話せること、お金がなくても日本語を教えられることがすごく楽しかった。

海外で教えるには、インターンシップとか海外派遣制度は無駄な仲介料が高いし、JICAとかは経験と学歴がなきゃ無理。国内も海外も、日本語教師の募集は大卒あるいは二年以上の経験っていうのが応募条件になっているし。養成講座に入るには学歴が要らないけれど、仕事は学歴がないとできなかったんだよね。JLTAでは、簡単なエッセイを提出するだけで試験なし、面接なし、学歴も必要なし、タイ語能力もいらない。これならお金さえ貯めれば自分にでも行ける。都合がよかった。Oさんとは派遣前に五、六回会った。意志を確認されて、その時にOさんの夢も聞いたよ。Oさんの夢に共感したし、のびのびやらせてもらえそうな雰囲気にも好感もてた。

私はボランティアをして『助けている』という意識は全然なくて、教えたくて教えている。本当に少女売春とかが許せないし、ビラ配りでもなんでも小さなことからしたいと思っていた。だから直接的にではなくても、結果的に自分の活動によってそれが防げるようになればいいと思っている。『助けよう』という意識はないけれど、結果としてそうなればいいと思う。

お金の問題があるから、タイに二年半以上いるのは難しい。日本に帰ったら、日本語ボランティアとして前にいたボランティア団体には戻るけれど、日本語教師として働くことはないと思う。私は、日本語を学びたいという人に、ボランティアとしてでも、必要とされながら教えられれば十分。そのことが私の生きがい。

将来は色々なことをやってみたいね。とりあえず一つの夢を達成できたから、次のことは帰ってから考えようと思っている。とても不安だけどね。ここで作った人脈で、タイの雑貨を売る店とかやれたらいいよね。ただ、何をやるにも先立つものが必要だから。元の仕事に戻るかもしれないし、またフリーターをやるかもしれない。将来的には結婚をして。時期がくれば子どもも欲しい。日本語ボランティアだけではなく、結婚してもやりたいことはやっていきたい」

次のBは名古屋の短大を卒業後、名古屋で韓国商社の事務、英会話学校の受付の仕事をした後、一九九九年五月から二〇〇二年三月まで三年間、ノーンカーイ県の中等学校に赴任し、自由選択科目を週二〇コマ程度担当してきた。明るい性格でタイでも人気者であった。

「名古屋で英会話学校の受付けをしているときに、外国人教師に日本語を頼まれて教えるようになった。日本語教師っていう職業を知って、それにすごく魅力を感じて、通信教育で一年間日本語教師養成講座を受講して、ボランティアとして豊橋のブラジル人などの外国人に日本語を教えていた。

ずっと日本語教師として働きたいと思っていたんだけど、日本語教師業界の就職はすごく厳しくて、経験なしに就職するのは不可能だった。ＪＬＴＡのことはインターネットで偶然知って、その場ですぐにメールを送って、次の日には履歴書を送ったよ。経験のない自分ができるのは、たとえ無償であってもＪＬＴＡでの派遣しかなかったから。不安は全然なかったよ。自分がどんなところに行くのかも全く分からなかったのにね。父親は勘当するとか言い出した。私は絶対行くって決めていたし、姉のおかげでそれがわかってもらえるようになって、何とか収拾ついた。

今の自分の状況をボランティアとは考えていない、全く。だって、自分の大好きなことを毎日やれて、本当に幸せ者だと思わない？

もちろん、お金をもらえればそれに越したことはないし、その気持ちは強くはなっているけど。でも、私には経験も無いし、だから仕方ないよね。経験が長い人が、私たちのような日本語教師を経験も無いのに無責任に日本語を教えているって批判しているけど、それは妥当な意見だと思うよ。けどあまり考えないようにしている。仕方ないから。

自分が日本語を教えていることで生徒の夢を生んで、自分が生徒の夢実現のお手伝いができること、それにやりがいを感じているし。あと、私は印象に残る先生でありたい。私、学校の先生なんてやらないって思っていたけれど、日本語教師ならいい。どうしてかはわからないけど。生徒がこれから生きていく中で、辛いこととかあった時に、『あー、日本人の変な先生いたなー』って思い出して元気になってもらえたらすごくうれしい。

どうしてここで日本語教育をやるのかということを深いところまで考えているわけじゃないよ。Ｊさんが教えていたころからニーズがあったからという程度。むしろ、日々の出来事とか授業の忙しさに追い立てられているから。タイでの需要とこちら側の事情があったのだから、それで十分だと思うよ。

日本で日本語教師として働いていきたいけれど、それが無理なら、ボランティアでもいいから日本語教師をしたいと思う。日本で生活しているタイ人に生活支援とか日本語ボランティアとかで、今自分がタイから色々もらっている分を恩返ししたいと思う。今なら、外国人の気持ちが分かってあげられると思うから」

語りからうかがえるのは、ＪＬＴＡのプログラムでも日本語教師養成講座を終了した普通の若者には十分魅力的であったことと、二人にはタイの田舎であろうとどこであろうと自分を試したいという強い願いがあったことである。実質的にはボランティアであるが、奉仕の精神よりも、異文化体験と自分のやりがいを確認することに充実感を持っている。

ＪＬＴＡの初期二、三年は上記の二人の若い日本語教師と初期から活動している代表Ｊを中心として、半年から一年の短期で派遣された日本語教師たちが実質的な活動を行った。

二〇〇一、二〇〇二年にはのべ十数名の日本語教師が参加してきたが、体制が整うにつれ、参加者の動機づけ、田舎の学校への順応性にはばらつきが見られるようになり、学校との相性の悪さから途中で帰国する教師も出た。不便・不都合を異文化体験としてタイを楽しむ人たちよりも、ある程度の快適さが保障されたところで日本語教師を経験したい人たちが増えてきたともいえるし、人数が増えてきた分、組織内での人間関係も複雑になったのであろう。

四　ＪＬＴＡ拡張期の日本語教師と活動の課題

現在、ＪＬＴＡでは派遣先の学校に対して事前にＪが視察をすませたうえで、教員用住宅と最低限の耐久消費財（ベッド、机、冷蔵庫、洗濯機、電話）と無償の昼食を用意し、ＪＬＴＡに寄付金として月五〇〇〇バーツ出してくれるよう求めている。どれだけ施設を整えてくれるかは学校次第であり、住宅は教師二、三名の共同住宅の個室で台所・シャワー室兼用から一棟貸し切りまで。食事も昼食だけのところもあれば、寄宿舎を持つところでは三食つけて洗濯のサービスまであるところもある。電話は、ＪＬＴＡがインターネットのメールで連絡を回すことにしているため、設置を強く要望しているが、教員住宅まで電話回線を引く予算がないという学校も半数はある。寄付金の額は、学校次第であり、県都・郡都にある学校かどうか、特別な予算措置のある指定校かどうかなどで学校の予算規模が異なり、加えて学校長の熱意があり、後から申し込んだ学校ほど寄付金額が多い。

寄付金の処理方法は、二〇〇一年に派遣先の学校から給与として支払うという申し込みが数校あった時に決められた。日本語教師の派遣先はJLTAで管理しており、日本語教師が選んだわけではない。しかし、そのまま日本語教師に給与支給されると、派遣先によって給与額に大きな差が出て不平等になる。そこで、給与相当額をJLTAが一括して寄付金として受け取り、各日本語教師には一五〇〇バーツを研修費として再配分し、残金をノーンカーイ市内にあるJLTA事務所の維持費に充当することに決めたのである(表8-8)。

JLTAの日本語教師は、派遣された年度の最初にバンコクの国際交流基金日本語センターで開催される短期研修、及び年に一、二回の研修への参加費と月々の研修費が支払われる。これで食住が確保されていれば、学校の休業期間中に旅行するとか一時帰国する費用等を入れても、かなり割安な生活(年五〇万円弱)が可能である。現在、寄付金収入はJLTAのノーンカーイ事務所運営に不可欠なものになっている。年間約二〇万バーツ(約七〇万円)は、派遣教師への研修費支給、事務所賃貸料、電話・インターネット回線料、備品設置費に充当されている。

表8-8　JLTAへの寄付金(2002年)

学校(県名)	生徒数	寄付金額(バーツ/月)
ノーンカーイA	560	2000
ノーンカーイB	1030	3000
ノーンカーイC	1700	3000
ノーンカーイD	2500	3000
ノーンカーイE	2400	3000
ノーンカーイF	600	2000
ローイエット	900	5000
ノーンブアラムプー	2500	5000
ナコンパノム	1750	3000

出所：調査

ところで、日本語教師が二〇〇二年度は一〇名になり、Jがノーンカーイでコーディネート業務を行っているが、派遣先が四県に拡大したことに伴い、様々な問題が生じてきた。

第一に、ノーンカーイ本部と派遣教師間の連絡が難しくなったことである。日本語教師たちが週末に集まって情報交換して励まし合える場所を作るために、ノーンカーイ市に宿泊施設を兼ねたJLTA事務所が設置された経緯がある。二〇〇〇年度は、メールで連絡が難しくとも週末の集まりで様々な情報が共有できた。しかし、ノーンカーイ県内であっても、セーカ(Seka)郡からは市内までバスで片道五時間かかるし、距離的に近くとも郡の町まで学校の宿泊施設から足がない人は、同宿の教師に車で送迎を頼まなければならず不便である。ナコンパノム県のタートパノム(That Phanom)からはバスで七時間、ローイエット県からも同じ時間がかかる。ただし、他県でもノーンブアラムプー県都からは交通の便がよいのでバスを使い三時間で来られる。従って、片道三、四時間程度の人は週末ノーンカーイに出てくるが、それ以上になるとひと月に一回来るかどうかになる。この距離はＪが派遣先の学校と連絡調整を行う際にも障害になっており、年に一、二度しか合わない校長とはやりとりが難しく、行き違いも発生する。

二〇〇二年に問題となったのはヴィザと労働許可証の取得についてである。従来、学校が日本語教師として受け入れるという文書とＪＬＴＡからの派遣文書でNon-Immigrantのヴィザが取得でき、ノーンカーイ市内に出入国手続きの事務所があったので楽に手続きできた。ところが、遠隔地の学校は初めての手続きに戸惑い、それを日本人教師がノーンカーイに出ていった際にやるようにしたので、日本人教師の負担が相当にあった。また、後から派遣先になった学校では、給与支給のために労働許可証取得を日本人教師に義務づけ、これも取得は本人の仕事となった。寄付金扱いに慣れたところと、それほどの額を寄付しないところでは労働許可証を必要としない。この種の手続きはＪＬＴＡと派遣校で予め段取りをしておくべきであったが、Ｊの手に余る作業となった。また、連絡を入れてもその通りにことが進まないことが多かった。

第二に、ＪＬＴＡのＮＰＯ活動にボランティア的要素をどこまで入れるべきかが問題となっている。Ｊが単身ノーンカーイ県に乗り込んだ一九九五年から九九年までは文字通りのボランティアであり、タイ側はＪＬＴＡの活動に様々な便宜を図るなど協力してくれたが、日本語教師に給与支給という発想はなかった。日本人教師はボランティアであると認識し、初期の赴任教師たちもその現状を納得してきたのであった。二〇〇〇年のノーンカーイ・フォーラム以降、筆者やＪが中等学校長に会うたびに給与の件を要請し、現在のような寄付金の申し合わせを作り、支払いの遅れの場合には督促もかけて体制を構築してきた。このような体制を組むに至ったのは二つの理由があった。

一つは、日本語教師の専門家としての職業的地位をタイの中で確保することにＪＬＴＡも協力しなくてはならないということがあった。これはＪＬＴＡに限らず、日本の海外支援ＮＰＯがボランティア・ベースで日本語教師をタイに送り込むことによって、タイで日本語教師として生計を立てている人の職域を侵すことになるからである。多少、日本語教師としての専門性に難はあっても、日本人がただで来てくれることになれば、従来、外国人教師に対して相当の給与を払っていたところが、専任講師の日本語教師からボランティアに切り替えることは目に見えており、そういった事例が報告されてもいる。これは日本語教育関係者の間で問題になり、この点への配慮がＪＬＴＡの活動に対して忠告されたことがある。

もう一つは、派遣に応じるＪＬＴＡの日本語教師はボランティアが目的ではなく、日本語教師としての経験を積みにタイに来ているのであり、給与が支給可能であれば当然それを受け取りたいという意識がある。ＭＦの場合はノーンカーイ県の地域開発にも貢献するという活動目的があったから、ボランティア・ベースで活動する人材が派遣されてきたが、ＪＬＴＡの日本語教師は異なる。

また、組織運営の項で述べるが、ＪＬＴＡタイ支部の維持費捻出などの理由により、給与支給相当の寄付金をタイ側に要請してきた。ただし、現在の寄付金額がいわゆる「日本語教師」の給与水準と見合っていないことも事実で、実質的には寄付の性格が強い。ちなみに、日本人教師のタイにおける給与は、国際交流基金(Japan Foundation)の日本語教育の専門家が日本国内の正規職員として給与が支給されているほか、同機関の日本語青年教師、海外青年協力隊の日本語教師の給与が相当に高い。そして、タイの大学で雇用される日本人教師が月二万バーツ以上であり、現地の日本人教師の間ではこの程度の給与がなければ都市部での生活は難しい。中等学校教師大卒初任給が月六〇〇〇～七〇〇〇バーツ程度であることを考えると、日本人を現地雇用して週に二〇コマ程度の授業負担が与えられるのであれば、ＪＬＴＡの月五〇〇〇バーツの寄付金という水準は妥当な線である。

ところが、タイ側では、ＪＬＴＡが従来のボランティア・ベースから突然給与を要求するように変わったという認識を持ったり、寄付金の遅れに対する督促を営利主義と考えたりする学校が出てきた。もちろん、ボランティアならほしいが寄付金には渋いという学校にも日本語教師を数年来派遣してきた実績がある。つまり、カリキュラムの途中の生徒がいるという理由で、継続的に日本語教師を派遣してきた。しかし、二〇〇二年から寄付金をコンスタントに入れてくれる学校に日本語教師の派遣を優先的に決める方針をＪＬＴＡは決定した。この点をめぐって、日本語教師の中には、寄付金の必要性は認めても、月々の徴収ということにあまり賛成ではない人も出てきている。つまり、日本人教師にとって、月々一五〇〇バーツ(五〇〇〇円相当)の手当では、実質的にはボランティア・ベースに近い。特に、中高年の方にとっては、寄付金の遅延に関するＪＬＴＡと学校側の調整に関与したくない、自分の金を使ったとしても日本語教育に専念したいという思いが強い。ＪＬＴＡ本部の長期的な組織目標と日本語教師の任期期間中の目標との若干の齟齬がこの寄付金に関して現れてきている。

第三に、タイ側における日本語教育の位置づけとＪＬＴＡが目標とする日本語教育との間には少なからぬギャップがある。日本語を生徒に習得させたい教師側にすれば、自由選択科目という位置づけであっても、十分な授業時間と、教材、熱意を持った生徒がほしい。しかし、学校行事等で授業時間が割かれることが多い。教材は自由にコピー機が使えないので、日本語教師が町に出た際、自分の金でコピーして教材を作成することが多い。大学入試を日本語で受験するレベルの生徒がいる一方で、日本の英語教育同様にただクラスに座っているという生徒も少なくない。こうした状況は、日本語を学びたがっている人にボランティアとして日本語を教えてきた経験からするとストレスになる。もちろん、日本と比べれば、まだ生徒の熱意と真剣さは感動ものであるが。

日本語教師が日本語教師養成講座で受けた日本語教育は、日本語を習得させるための論理と技術であり、日本語教育を通して日本の文化や社会を伝えるという段階に至っていないことが多い。二〇〇〇～二〇〇三年の間、コーディネートに専念していたＪは琴、日本舞踊等をたしなむ婦人であった。また、若手でも創意工夫を凝らす教師がいる。しかし、日本語だけとなると相当にきついものがある。要するに、ほとんどの授業は日本語による日本紹介にならざるをえないのに、日本語教師の方で発想の転換ができないと、ここでは十分な日本語教育の環境がないという意識を持ってしまいがちである。

タイ側では日本語教育を生徒獲得、特色のある学校経営の一つとして実施しているところが多く、必ずしも、日本語習得を目指した日本語教育をカリキュラムに位置づけているわけではない。派遣先の中等学校卒業生の大半は、彼らの主観的な希望がどうであれ、将来日本語を使うような職種につく可能性は極めて少ない。日本語を生かすためには、大学の日本語学科に入る程度の学力、親の経済力が必要である。また、現実に、週二時間の授業と、日本語を使う環境がほとんどないノーンカーイで日本語を習得するのは、日本人が中学の授業だけで英語を使えるようになると考えるようなものである。こうした状況から判断すると、ＣＥＥＳのＯが考えるように、ノーンカーイの子供たちが日本語を通してタイ以外の国へ目を開くようになればそれでよく、日本語教育は異文化理解のきっかけになればよいと割り切るやり方もあろう。異文化理解には日本語以外の言語を用いてもよいだろう。タイ側の日本語教育の位置づけもその意味では妥当なところであり、子供たちの国際性涵養の一助に日本人教師の異文化的なパフォーマンスが求められている。しかし、Ｊをはじめ、現地で長らく日本語教育に当たっている専門家には、国際交流への導入という簡単な割り切り方が難しく、日本語教育の普及がＪＬＴＡの活動の長期的目標として考えられている。語学は習得に意味があるのか、それを通して視野を拡大することに意味があるのか、語学という学問領域、語学産業にも様々な議論があろう。ここではＪＬＴＡの活動もそのような問題に直面していることだけを報告する。(2)

五　ＣＥＥＳのＮＰＯ組織としての課題

ＣＥＥＳは市民による教育活動の相互交流を目的に設立されたＮＰＯであり、現時点ではタイにおける日本語教育事業部門JLTAが活動の中核である。理事会はO、J、行政書士のUとタイ研究者の筆者から構成される。中核メンバーだけで切り盛りしている組織である。日本語教師は契約を取り交わして活動に参加してもらっており、離任した後は、イベントがあった折に協力を呼びかけるという関係であり、常時のつながりはない。また、タイに学用品を送る際など、学用品の提供先、運送など、その都度Oの知り合いが協力してくれている。一般会員は会を設立して以来、活動の後援者を広く一般企業、市民に求めているがわずかである。先に述べたノーンカーイの経費は自立採算へのめどがある程度立ってきたにもかかわらず、日本の活動はOによるほとんど持ち出しの事業になっている。

Oの事務所、電話・ファクス、パソコン、及びO自身の活動時間が運営経費として決算に計上されていないために、組織維持が極めて安価なNPOになっている。それを組織外部に出し、専任の人を置けば、運営資金を補充する組み入れ金と併せて、年間数百万円のコストになるであろう。換言すれば、日本語教師派遣や海外留学・研修を扱うエージェントは、その必要経費を参加者と派遣先の学校や団体から経費として徴収しているのである。手弁当主義は日本のボランティア、NPOを支える精神ではあるが、JLTAの日本語教師のみならず、組織運営に当たる者にもボランティア精神が求められているといえる。

海外支援型NGO・NPOは維持会員を積極的に募集し、また、活動のアピールを行い、イベントごとの寄付を広く求める戦略をとっている。NPO組織運営論の最大の課題は、活動に必要な資金をいかに調達するかである。

教育支援型・国際交流型NPOにおいて資金調達がしやすい活動内容は、奨学金支給、車椅子供与等、目に見える対象者がおり、彼らと手紙や現地へのスタディ・ツアーを通してふれあえる場面を提供する事業である。あるいは、植林、学校作りなどの参加型研修を伴った環境保護の活動も支援を得やすい。もちろん、これらの活動が様々な困難を抱えていることは承知したうえで、比較の話である。JLTAの活動は日本のODAや営利型民間交流機関が既に日本語教師派遣事業を行っている領域であり、東北タイ地域に日本語教師は手薄とはいえ、地域の人たちが渇望しているという意味での事業の緊急性、必要性を十分にアピールできない弱みがある。

加えて、先に述べたように言語教育という形で地域の文化に介入することに対しては従来様々な議論があり、さらに、日本語教育という点から地域への侵犯というイメージを持つ人も少なからずいる。バブル時代のフィランソロフィー・ブームが一過性であったことを考えても、一般企業にこの種の教育支援の意義を訴えることは難しい。一般市民にとって、日本語教師として職を得たい者や外国に出たい人の支援をなぜしなくてはならないのか、特段の理由を思いつかない人も多いだろうと思われる。これらが一般会員をほとんど募ることができない理由であるし、箱ものを作らないので、郵政省の国際ボランティア貯金や各種財団の資金提供も申請してもほとんど外れている状況がある。

このような資金調達の問題を解決するためには、CEESの活動目的・方法をタイのみならず、日本社会で訴えていく理念が必要であり、一般の人を説得するだけの議論をしていかなければならない。端的にいえば、第一に、日本語教師派遣という事業が日本社会にどのような貢献をなすのかというアピール、第二に、日本語教師を目指す若い人たち、中高年の人たちが考える第二の人生の旅立ちを支援するという事業をどのように評価するかである。これらの諸点を考えることは、タイの地域社会発展と、タイ―日本との交流に役立つだけではなく、日本の市民による社会形成の問題とも関わっている。CEESというNPOが広く一般市民にこの点を考えてもらい、そこから支援を導き出せれば、数名の個人とタイの学校との関わりから、NPOを媒介としたタイ―日本の市民同士の関わり方に拡大するであろう。

第五節　日本語教育とNPO活動の課題

一　日本語教育とNPOの活動

日本語教育支援事業の意味合いとしては次のようなことが考えられよう。

第一に、日本語教育を通して、日本からの情報発信をどのように行うのか長期的な戦略を国家のみならず、市民レベルでも考えるべきである。一九九九年小渕内閣の下「二一世紀日本の構想」懇談会が組織され、「英語を第二公用語」にすべしという議論が、二〇〇〇年に公表された最終報告書に盛り込まれ、その結果、日本国内に英語公用語論争を巻き起こした[鈴木孝夫一九九九]。日本の国際的競争力維持のためという賛成派、日本国の文化を維持するという反対派。どちらも一九九〇年代の日本経済、社会の低迷にナショナリズム的危機感をもって反応していたことは確かである。政治的交渉、経済的取引、学術的交流に英語が必須であり、高度に専門的な業務に当たる人材養成を急ぐという発想は妥当であろう。

それにしても、日本社会を諸外国にアピールするために一般市民に至るまで英語取得に励みましょうという公用語の議論はおかしい。学習という面からすると、日本ほど翻訳を通した情報収集が可能で、ほとんどの人が日本語だけで政治・経済の社会活動が可能な社会において、他言語を取得する動機づけと機会を一般市民に求めることは不可能である。公用語という観点からは、英語を公用語とすることでその人たちの人権を守らなければならないような、英語を母国語とするエスニック集団は日本社会に存在しない。経済効果という点では、公用語化のために英語産業は活況を呈するであろうが、国や地方自治体に二カ国語で行政文書を作成する予算と時間がないことは明らかである。従って、英語公用語論などは意味をなさない。

しかし、対外的には、国際的コミュニケーション用言語としての英語と、日本文化・社会の結晶でもある日本語の両面から、日本を諸外国に等身大の姿で伝えていくことが重要である。また、日本語教師が現地国で文化を吸収して持ち帰る経験は、日本社会が国際性の感覚を豊かにするために重要なものである。

第二に、青年、中高年を問わず、自分の金で海外に出て他国の人々とふれあいながら、自己発見をしたり、日本を再認識したり、また、他者のために役立っているという生きがいを充足することは意味あることである。人は生活のために目標が必要であり、自分が誰かのために役立っているという実感を欲する。第一節において、日本社会では内向的な意味探求が閉塞状況に陥っていることを指摘した。少なからぬ青年たちが、日本には生き生きできる場と時間がないという。人生の諸段階において社会的達成課題が早々に決められ、容易にそれを変えられないし、また、人生のやり直しがきかない社会であるという意識を子供たちですら持っている。いい学校、いい仕事、いい生活という高等教育の拡大期、高度経済成長期の画一的な人生観に青年たちは飽きてしまったが、そうしたレースから降りても自分の価値を承認できるような生き方を個々のやり方で見つけているわけではない。子供にしても大人にしても、思い描いていた人生の道筋から逸れた時に、不登校、引きこもり、自殺などと内向せずに、どのようにして積極的に生きていくのかが課題なのである。

日本語教師として海外の経験を求めるＪＬＴＡの教師たちが欲しているのは、「模索の機会」である。会社員から日本語教師へ、都市生活から田舎暮らしへ、日本からタイへと生活空間を移動する中でしか味わえないものがあるのだろう。これは、ＪＬＴＡのＪが定年後を生き直したように、子育て期を終えた主婦や、会社生活に一区切りつけた中年の男性が、若者同様にタイに来て、それぞれの生き直しをしている。これは、ＣＥＥＳの代表であるＯの会社経営以外に自分の夢を見てみたいという願いにも通じるし、筆者のアカデミズムから一歩外に出て社会と関わってみたいという志向性にも共通していよう。

もちろん、生きがいを求めている人たちの単なる自己満足の活動に、タイの人たちをおつきあいさせるわけにはいかない。日本語教育にしても、地域開発や国際協力にしても、活動の効果を見極める冷静な判断と、活動目標を効果的に達成する戦略をNPO組織として備えていなければならない。このような自制と知恵は、ノーンカーイ県において数年間、日本語教育支援事業を展開する中で試行錯誤的に身につけざるをえなかったものである。東北タイは温かい土地柄であるが、甘えを許さぬ厳しい生活の現実もある。タイ側の学校も寄付金や様々の便宜を図る一方で、JLTAに対して相応の教育的期待を持っている。それに応えていかなければ日本語教育の専門家としての信頼を失う。日本語教師とNPO組織はその土地で鍛え上げられているというのが実態である。ここに、タイと日本との協同作業を通した関わりが生まれてくる。

市民社会は地理的空間を超えて「関心共同圏」として成立するのではないかということを序節で述べたが、CEESの目標は日本語教育を通して国際交流の空間をタイの地域社会に構築することであった。毎年派遣される日本語教師の働きによって、東北タイの一部の学校ではあるが、日本への関心が生まれている。現在、これは日本からタイへという一方向的な働きかけであり、真の意味で協同的・相互的とはいえない。タイ語教師やタイの生徒たちとの交流が日本の地域社会においても発生することが望ましい。二〇〇一、二〇〇二年のJLTAの試みとして、日本の数カ所の郵便局において、タイの中等学校の生徒が書いた日本語の文章やタイ文字の書写が巡回展示された。これは日本では馴染みのないタイ文字を紹介し、日本に関心を持っているタイの生徒がいることを少しでも日本の一般市民へ伝えようという試みであった。

二　自己充足的NPO活動の意義

このような国際交流事業型NPOの活動を社会変動という局面において評価してみたい。CEESは日本語教師派遣に応募する人たちをホームページで募集した最初のNPOである。現在、このような人的資源の確保方法は当たり前であるが、数年前に同じような試みをしている日本語教師派遣の民間会社、団体等のプログラムはほとんどなかった。応募してきた日本語教師は、地縁・血縁、学縁・職縁が全くなく、インターネットで関連事項を検索中にCEESのホームページにたどりつき、タイ行きを考えるに至ったのである。インターネット普及以前にはありえないボランタリー・アクションの啓発形態である。もちろん、従来も文書や口コミによる広告・伝達手段は使われたのであるが、かける費用の少なさ、情報の浸透の早さ、広がりの点で、インターネットは「関心共同圏」を形成する強力な武器になった。

この「関心共同圏」によって作られた団体は、従来の市民活動によるボランティア団体や生活クラブ生協等の生活拡充組織・運動とも異なる性格を持つ。つまり、日本語教師として派遣されたメンバーは、個人的に自身の生活において活動の意味を確認し、達成感を求めているのであって、必ずしもCEESという団体の活動目的に強くコミットしているわけではない。事務局メンバーもまた、問題意識を共有することをそれほど重視はしていない。従って、市民運動に付随する「学習」(「危機の共同主観化」)はない[佐藤慶幸一九八九：九一九―九二二]。日本語教師として研修に参加し、個人の技量を磨くことは個人的学習である。

また、日本語教師は、派遣期間が終わればCEESを離れ、新しい生活を各自始めていく。彼らは、NPO活動の専門家にもならないし、この活動を拡大し、支援する維持会員にもならない。もちろん、協力要請には応えてくれるであろうが、メーリングリストへの加入を継続してもらい、活動にアドバイスを期待する程度の関わりである。まさに、一時的な活動家による、自己表出としての社会的活動である[佐藤慶幸一九九二：一〇八六―一〇九一、西浦一九九七]。中核的メンバーは固定されていても、周辺のメンバーは常に交代していき、組織として拡大しない仕組みになっている。

拡大戦略をとらない理由は、中核メンバー、周辺メンバー共に、活動のプロセスに意味を見いだしているからである。タイにおける日本語教育の普及は、国際交流基金等の政府機関の仕事である。CEESにとって、タイという場所、日本語という文化的なツールは、国際交流の手段として現段階で採用されているだけであり、タイの地域開発や日本語教育が目的なのではない。CEESを含めて現在、国際協力や交流事業を行うNPO・NG

Oの大半が、活動の過程に意義を見いだすタイプの集団である。それは開発や教育という事業評価を厳しく行うことが求められる領域に入っていく団体としては素人集団の域を出ないであろう。しかし、素人が勝手に始めた国際協力・交流事業は、専門家や公的機関が予算の制約上カバーできない領域や地域で、多くの人的交流や知識・技術の伝達をなしている。

また、このような自己満足・自己充足型のNPO活動は、労働運動や市民運動と異なり、特定の課題に関わる制度変革を目標としないので、組織を拡大し、政治的発言力を増すような組織戦略を考えない。メンバーに「使命感」が薄い分だけ、運動としての安定性や継続性に欠けるが、逆に、「運動疲れ」を起こしにくいともいえる。活動に関わる人々が、自身のリフレッシュを行いながら、社会的な公共性を追求していくというタイプの新しい運動は、多くの「生きがい」探求者に活動の場所を効果的に提供しうるのではないか〔櫻井一九九五〕。人を組織目的のために拘束しない柔らかい組織構造を維持することも、このような活動の意義と考えられる。市民社会形成の動きの中に、精神的充足という新しい局面が発生している。現在、それが多数のNPO組織によって、個人と社会を結ぶ仕掛けになってきている。

三　自己充足型ボランティアとNPO組織運営の課題

二〇〇三年にJLTAは大きな危機を迎えた。現地コーディネーターとして派遣された青年と現地統括者のJとの間に、JLTAの活動に関して様々な意見の相違が生じ、それが派遣された日本語教師を巻き込む形で問題が大きくなり、札幌側でも十分な対応ができなかった。最終的にはコーディネーターとJが離任して帰国し、O代表理事も責任をとって辞任することになった。筆者は日本で事態の収拾に当たったほか、二〇〇四年一月にノーンカーイ県で中等学校校長と会議を持ち、経過説明とNPOの力量不足を陳謝した。

会議の席上、筆者はJLTAの活動範囲を日本における日本語教師募集と派遣のコーディネート業務に縮小し、東北タイの日本語教育はタイ側でイニシアチブを完全にとってもらいたい旨の要請を行った。一つは日本語教師を各学校で雇用し、直接給与を支給してもらうこと。もう一つは、日本に派遣され学習経験を持つタイ人日本語教師を主に、日本人日本語教師はアシスタント的役割を行うという業務配分に関わることであった。結果的に、タイ側の校長、日本語教育担当教師たちで委員会を結成し、現地の日本語教育に関わる一切の事柄に責任を持つことが表明された。日本側NPOの危機が、タイ側の奮起を促したともいえる。

しかしながら、NPOの組織運営に関して、幾つかの課題が明らかになった。

第一に、小規模NPOにおける人事、労務管理の問題である。業務の権限、職員間で紛争があった場合の解決方法等、明確化・規則化されていない事柄が多い。そのため、問題が発生した場合の処理方法に混乱が生じてしまう。ボランティア組織や手弁当でやっている組織は、人の善意と信頼を過信しがちであり(そこが持ち味といえばそうなのであるが)、話し合いで問題が解決するという思い込みがある。コミュニケーションの断絶が生じ、話せば話すほど問題が複雑化するような事態に直面した際に、コミュニケーション以外の制度的な解決方法を持たない組織は弱い。組織の活動に支障をきたす行為であっても、少数のメンバー間でそれは組織への批判的提言であるという了解が成立すれば、サンクションの対象ではなくなってしまう。このような欠点を官僚制的な強い、固い組織ではなく、あくまでもゆるやかなネットワーク型の組織でどのようにカバーしていけるのかが、この種のNPO組織の課題であるといえる。

第二に、自己充足型ボランティアにおけるコミットメントの問題である。日本でもタイでもボランタリー・アクションが無償の奉仕活動と誤解されることが多い。人間行動に見返りを求めない行動はない。サービスへの対価は金銭的報酬を伴わずとも、受け手から是認を求める欲求となって表れる。それはボランティアの行為を賞賛せずとも、承認してほしいという要求になる。筆者はNPO活動をボランティア的行為にしないように事業展開をすべきであると考えているが、それは、仕事には報酬をもって報いてほしいというだけではなく、無償である時ほど善意のおしつけが甚だしいと考えるからである。ＮＧＯ・ＮＰＯ内の人間関係は神々の闘争になりかねない面がある。それを避けるために個々のメンバーの自己抑制や組織運営の工夫が不可欠である。

（1）　筆者は「引きこもり」を当人の心理的問題と家族の生活構造の両面から捉えるべきであると考えている。前者は当人の精神状態であり、病理性の高い専門的治療を必要とするものから、カウンセリングや家族の対応、自力による気づき等によって、居室から出てくることが可能なレベルまで差異があろう。後者は、「引きこもれる」居室と両親等家族によるケア・生活の保障の問題であり、これが、「引きこもり」を可能にする条件である。その意味では、この現象は明らかに日本社会の経済的豊かさを象徴している。しかし、だからといって、当人が単に甘えているとか、現代社会に適応しきれない未熟さを持つというのではない。それでも、要因の考察とは別に、極めて多くの青年たちが能力を生かしきれていないという事実それ自体は、「引きこもり」が社会にとって大きな喪失であるといっていいのではないかと思われる。

「引きこもり」数の正確な統計はないといわれるが、数万の推計では少なすぎるだろうし、かといって、百万相当というのも極端であるが、統合失調症の相談と引きこもり相談の症例数が拮抗してきたところから、引きこもりの数を数十万と精神科医の斉藤は推計している[斉藤二〇〇二]。（全国引きこもりＫＨＪ親の会、http://www.khj-h.com/kouzou.htm）。

（2）　二〇〇三年度、ＪＬＴＡは八名の日本語教師を派遣した（一名はコーディネート補助）。六名が継続、二名が新規であった。二〇〇四年度への応募者は二度目が一名、六名が新規である。応募者の数には波があるが、有償の日本語教師募集がインターネット等で広くなされるようになり、海外における日本語教師希望者が条件を吟味することが可能になった。日本語教育を研修化している留学プログラムと比較すれば、仲介料が一切かからないという点でＪＬＴＡは比較優位に立っている。しかし、日本語教師志望者は、有給の教師募集を見る機会が増えるにつれ、現地で生活が可能な程度の給与を応募の基準にしてきている。タイへの日本語教師が集まらない一方で、ＪＬＴＡに中国や韓国から有給日本語教師の依頼が来ている。

第Ⅴ部　タイの共同体文化論と市民社会論

上：急成長する近代都市バンコクの高層ビル群
下：新中間層のコンドミニアムと線路脇スラムで生活する地方出身者

第九章　タイ・アイデンティティと文化研究

現在タイでは、村落共同体の伝統文化と技術を用いて自力更生型開発を推進しようとする農本主義的村落開発運動が盛んである。北原淳はこれをポピュリズム的共同体復興運動と名づけ、共同体文化、民衆の知恵といった集合的シンボルの言説性と、開発戦略としての限界を指摘している。本章では北原の問題提起を受けながら、共同体言説の代表的理論家であるチャティップ・ナートスパーのタイ社会論、開発論を紹介し、彼の所論に寄せられた批判を検討する。

タイの共同体文化論は、タイ人による自己再帰的な歴史認識であり、地域開発の実践的認識論として、いわゆる実証主義的な地域研究を行う外国人研究者に大きな問題を投げかけた。しかしながら、論議の主題が、地域社会、歴史研究の目的であった社会的事実の探求から、それを解釈する文化の問題に移行している。そのために、後述するような様々な問題が出てきたのである。

文化は元来がイデオロギー的であり、当事者から文化を表象する権利を持ち出されれば、外部から共同体文化論のイデオロギー批判をしにくい。しかも、社会計画的実効性とは別の次元で、共同体文化論が一部研究者、NGO、農村指導者の言説から政府の開発政策に採用される公定言説となりつつある。そのために農村開発、地域文化の社会的現実を構成する力を現実に持つに至った。このような状況の中で、むしろ利害関係を持たない位置から、文化の領有をめぐる政治的問題を指摘すること、文化支配による社会的再生産の構造を分析することが可能であり、今後のタイ文化研究を行う切り口になるのではないかということを論じようとしてみた。

第一節　問題の所在

筆者は、現代タイ社会で生じている農本主義的村落開発や既成仏教改革型宗教の運動内部において、政府の開発政策や資本主義的経済発展の恩恵に与れない社会層が、伝統や宗教文化の集合的シンボルによってアイデンティティを回復しようとしているのではないかと論じたことがある。特に、タンマカーイやサンティ・アソークといった上座仏教の僧侶や信者により生み出された新しい宗教運動が、近代化に適応しきれない都市中間層を癒したり、商品経済下で没落していく都市下層民や農民をコミューン運動に動員したりしていることを指摘した。また、東北タイの開発僧と呼ばれる僧侶が近代主義に対抗的な言説を構成して、自力更正的開発運動を展開していること等を紹介したことがある［櫻井一九九五］。

農本主義的村落開発では、一部の知識人、NGOの開発ワーカー、農村指導者がタイ固有の村落共同体、伝統的文化・技術をてこにして自力更生型開発を推進しようとしている。北原淳はこれをポピュリズム的共同体復興運動と名づけ、共同体文化、民衆の知恵といったシンボルの言説性と、農村開発上の非実効性を批判している。本章では北原による問題提起を受けながら、共同体言説の代表的論者であるチャティップ・ナートスパーのタイ社会論と開発論を紹介し、彼の所論に寄せられた批判を再検討することを目的とする。その具体的な分析の前に、言説批判がその言説性、非実証性、非実践性批判で終わらないこと、問題はより複雑であることを第三世界の文化状況に照合させつつ確認しておきたい。

確かに、タイ共同体文化論はタイ人によるタイの想像であると筆者も北原の認識に同意する。なるほど、タイ共同体文化論は開発独裁、後期資本主義の矛盾を近代主義と同定し、他者化し、その反転した像として「タイ」アイデンティティを作り出した行為である[北原一九九六：九二]。その点ではまさに言説なのであるが、西欧社会が、あるいは日本がアジアなるものを認識した方法、及びその知的体系もまたオリエンタリズムと呼ばれる言説であったことは間違いない。マルクスの「アジア的生産様式」の議論やウェーバーのピューリタニズムの禁欲倫理と資本主義、近代化論の接合は、共に西欧近代社会の反転として「アジア的」なるものを本質規定していった点において、知的体系の総合性、緻密性は別として同じ言説の構造を持つという指摘も正当であろう。東アジア、東南アジアの華僑資本による経済発展を儒教文化のエートスで説明する議論もまた、東洋を評価しつつも、依然として西欧とは異なる他者として扱うオリエンタリズムであろう[Lee 1994: 16-17]。いわば、こうしたオリエンタリズム的他者定義に対抗した自己定義が第三世界に現れた場合に、その言説性を外部の先進国社会の研究者はどのように批判しうるのか。これが、筆者の問題意識である。

タイは一九世紀以降、植民地勢力との柔軟な交渉戦術によって独立を維持し、近代国家を形成することに成功した社会であったために、植民地宗主国による他者像の強制から逃れ、むしろ、こうした文化的権力に対抗するべく自画像を当初から作り上げてきた経緯がある。その点では、タイの共同体文化論をポスト・コロニアルな対抗的言説とみなすよりも、優れてタイ・アイデンティティ創造の近代的伝統につながる言説形成の行為と考えてよいかもしれない。この点は次節で詳述するが、こうしたアイデンティティ追求型の文化運動はタイ独自のものであると共に、現代の第三世界共通の文化動態と関連している。この点を確認することによって、本章の問題設定がタイ地域研究という限定を超えた文化研究であることが明らかになろう。

マレーシアの社会学者レイモンド・リーによれば、第一に、グローバリゼーションという自己調整的な資本主義生産システムの際限ない拡大に伴い、第三世界は植民地期以降、近代化・開発をイデオロギーとして採用し、その効率的な実施体制を政治システムとしてきた。先進諸国でポスト・モダンが論じられても、第三世界は、先進諸国の多国籍企業の活動や、政府主導の開発政策、あるいは先進国の援助政策により、依然としてモダンの実践主体である。第二の論点としては、文化が権力の主たる資源となる程度に第三世界は消費社会化、多元的文化を経験し始めているということであり、先進諸国の文化をめぐる争点もまた輸入可能になる。フェミニズム、環境、民族文化といった実践的文化表象は、社会的コンテキストを全く異にしつつも、既成権力に対抗する第三世界の文化運動主体を鼓舞することができる。また、このような文化資源の動員が頻繁化するにつれて、文化における差異性の強調、すなわち他者性の増幅がなされ、現代では非西欧の人々が自らを他者として語り始めているという現状がある[Lee 1997: 269–270]。これが第三の論点であり、この部分を多少敷衍しておきたい。

オリエンタリズムとは、「我々は○○である」という西欧人の自己理解を反転させた「彼らは○○ではない」という本質規定をなし、固有の文化表象を体系化する知的傾向であった。しかし、植民地時代以降は「我々は○○であるべき」というオリエント自身の自己理解が他者性を形成してきた。その方向の一つは西欧を目標とする近代主義的自己像から差異化された他者性であり、いわば克服されるべき自画像である。もう一つは近代主義によりゆがめられたと認識される、本来のあるべき自画像、独自の到達点を設定した文化に象徴される他者性である。この他者性は自らの過去、伝統に発見され、未来に投射される。前者から後者に他者性が転換される事例が第三世界には散見される。

その理由は二つほど考えられる。第一に、植民地期以後、探求の主体と客体の関係、調査者と被調査者の権力関係が逆転したことである。今では、先進国の研究者は当該国に調査許可を請い、関係各機関のチェックを経て、ようやく調査対象者のもとにたどりつき、さらに彼らに調査の許可を請う。植民地時代の民族誌がどのような方法で収集、編纂され、これをもとに知識化されていったのかを振り返るだけでも、現代との差異は明瞭である。しかも、地域の社会・文化研究は先進国研究者の独壇場ではなく、当該国で高等教育を終了した研究者によって担われている。外国人には客観的な他者理解であっても、彼らには次第に研究自体が自己再帰的な性格を帯び、地域の社会・文化・歴史の理解は自己理解を投影したものになってくる。当該国の政府がどちらの研究方法、成果を重んじるかは、近代主義への距離の取り方次第である。しかし、次に述べる第二の条件が整えば、後者を重視するのは明らかである。

つまり、第二の要点は、当該国が近代化への離陸に成功し、消費社会、多元的文化の時期に達すると、近代化イコール西欧化という発想はなくなり、独自の文化アイデンティティ形成を志向するようになるということである。開発初期には、植民地時代同様、先進国の知識・技術・経済協力(投資・援助)は先進国の文化とセットで輸入される。ここでは教育者と生徒、援助者と受領者の権力関係であるが、いったん経済成長を達成すると、先進国は当該国市場への参加を請う立場、あるいは対等な協力関係に移動せざるをえない。先進国の文化もまた、文化商品市場に並ぶ文化パッケージの一つでしかなくなる。西欧文化を選択させる社会構造的強制はもはや存在せず、コマーシャリズムや文化資源を利用した権力ゲームの道具として利用されるにすぎない。この段階では、もはや先進国研究者の批判的な他者理解を受容するよりも、自国のアイデンティティ志向型の研究者が社会的認知を受けるであろうことは想像に難くない。

このような第三世界における文化表象、文化研究の型、政府の文化支援の動向を、現代タイ社会を事例に考察するのが、本章の第一の課題である。二節では、タイ社会におけるアイデンティティのありかをめぐってなされた諸議論を紹介した後に、タイ・バブル経済崩壊後の消費社会型アイデンティティの危機と再編を展望する。三節では、現在アイデンティティ模索型の研究を精力的に展開しているチャティップの共同体論と開発論を取り上げ、彼に対する批判的議論も同時に検討する。つまり、自己再帰的な研究に対して、客観的実証主義が対立するが、研究者の政治的位置と語りの内容の連関が問題とされる。

第三世界のアイデンティティ模索型の文化研究は、既成の文化研究への挑戦であるだけでなく、文化人類学、比較社会学といった外国人研究者による地域研究に大きな問題を投げかけており、それにどう応えるかが現在問われている。この課題が第二の問題であり、本章では、二、三の文化研究の試みを紹介しながら、回答を試みたい。四節において、当初NGOや一部の研究者に見いだされた共同体文化が、現在では行政が積極的に介入する公定言説となった事例をもとに、言説の現実構成力を論じる。第三世界では客観主義的実証主義により確認された「事実」が、必ずしも社会形成の動因になっていない。この事実を認識することで、自己再帰的文化研究あるいはアイデンティティ模索型研究を、いわゆるオルターナティブな社会論とは別の立場で評価し、併せてその理論構造が持つ問題点を描出することが本章の目的である。

第二節　タイ・アイデンティティ形成の議論

チャイアナンは、近代国民国家を形成する過程において、官僚制国家こそがタイ社会のアイデンティティであり、政治システムが文化アイデンティティを形成してきたとする。タイの国民国家はブルジョワジーによって作られた国民国家ではなく、国家機構の形成が国民の形成に先行した国家である。一八七三年以降の官僚貴族や地方領主の勢力を切り崩し中央集権化を進めたチャクリー改革は、ラーマ五世と官僚によるものであり、一九三二年の立憲革命もまたピブーンソンクラームらの軍部エリート、プリーディー・パノムヨンらの文官エリートによって主導された。ピブーンソンクラームは第二次世界大戦終結前後を除き、前後一〇年ずつ政権を担い、前期はタイ国家アイデンティティの創出、後期は反共親米主義を掲げてアメリカから軍事・経済援助を引き出して国営企業による工業政策を遂行し、近代の官僚主義政治体制を確立した。

タイの国民アイデンティティ形成は、まず、国名を数世紀以上国際的通称であったシャムからタイ系諸民族の総称であるタイに変更し、タイ民族の国民国家を目指すことから始められた。しかし、タイには、中部タイのタイ、北部のユアン、ルーとアカ、モン、カレン、ラフ、リス等の山岳民族、ラーオが主な東北タイでも、ほかにプータイ、ヨー、ヨーイ、セーク、ソー、カメン、クイ、スワイ等の民族がおり、南部にはマレー系ムスリムがいる。ほかに華僑、印僑の子孫、ベトナム難民の子孫が多数居住しており、こうした多民族国家において、もとよりエスニック・アイデンティティは国民統合のシンボルにならない。そこで、タイ国民国家は、仏教の擁護者たる王により保護される国民(チャート)という新しい民族概念、つまり狭義のタイ族を超えた「タイ人」を作り出さなければならなかった。タイ語教育による他民族のタイ化だけでなく、ダンス、劇、歌等のオーソライズされたタイ国民文化と周辺民族の「フォーク」文化とを弁別し、さらにラジオ放送による「良きタイ人」のプロパガンダと併せて、「官製国民」国家を建設した。後の反共政策の中で、コミュニストでないことが良きタイ人の条件に付け加えられ、反体制、反王政、反宗教的な信条と行動は「タイ」的なものではないとして徹底して検閲され、排除されることになった。

このような国家、王権、仏教のトライアッドは、現在のタイ社会でも相当に堅固であるが、一九七〇年代以降政治の舞台に華僑ブルジョワジー、新中間層と呼ばれる市民、社会運動指導者が順次登場している。それは一九七三年に憲法要求の民主化運動が成功し、一九七六年の左派学生弾圧、クーデターによる挫折、一九九二年流血クーデターへの徹底抗議によって、ようやく文民政治の定着を見るに至った。チャイアナンによれば、従来の(軍主体の)官僚制国家アイデンティティは揺らいでいるが、なお市民社会への移行を妨げる要因が二つある。第一に、長年民衆と役人の橋渡しをしてきたチャオポー(caao-phoo 原義は土地の守護神、転じてヤクザ、事業家、政治家の諸要素を持つ地域の親分)が票をとりまとめて公然と政界に進出する事例が出てきていること。第二に、軍・官が政治力(許認可権)で華僑財閥と結託し、利権、金権政治が政治手法として定着してしまったことである[Chai-anan 1991: 64–71, 77–79]。

チャイアナンの問題意識は、タイ政治エリートが推進した国家イデオロギーのナショナリズム化をいかに市民社会主体に転換するかというものであった。ところで、タイ民族、国民イデオロギーを完全に脱神話化しようとする試みが、トンチャイの地理的国家論(geo-body)でなされている。

タイでは、一九世紀末より英仏植民地勢力との対抗関係の中で、支配領域の割譲、国境の確定を行い、国家内部の地方行政機構を整備してきた経緯がある。トンチャイは、タイが西欧の地理学、測量術によって初めて地理的領土を有する近代国民国家になり、以後この領土に合わせてタイ民族の歴史が編成されてきたという。タイの国家は本来がムアン(都市)であり、その勢力は他のムアンの勢力と拮抗するところまで延ばされ、そこがおおよその国境となる。しかし、その境界部分は権力の空白地帯であり、ムアン同士の紛争でもない限り、国境に対してムアンは関心を示さなかった。タイの国土は元来人口がまばらな森林地域であり、ムアンの王の勢力基盤は土地よりも、奴隷(タート)の所有や賦役労働を強制できる自由農民(プライ)の管理にあったと考えられる。東北タイには、個人が開拓した限りの森を所有地とみなすチャプチョーン(土地の占有)という慣習的所有権が二世代近く前まであり、国家への土地登記に先行していたことを考えれば、土地の所有そのものに王権が固執していなかったことも頷けよう。トンチャイによれば、タイ固有の空間概念は古代インドの聖なる宇宙観、タイ上座仏教の三界経的宇宙観に基づいており、実用的な河川、海岸図を除けば、内陸部の町と町の関係、国と国の関係は宗教的象徴と聖なる枠組みで表現されていたとされる。このような宗教的地理認識が、西欧の測量術による地図作成によって一変し、地域行政と軍事的行動が可能になり、境界領域のムアン領主たち、各民族は国家へ組み込まれていったというわけである。

彼は言語を媒介とした国家、国民の創造、それを可能とした印刷技術の普及に着目したアンダーソンの想像の共同体論に依拠しつつも、東南アジア諸国にはそれぞれに王権の正統性を示す歴史書があり、これを書きかえる媒介を想定する必要があるとする。かつて、地図はすでにある地理上の実体を写し取るものでしかなかったが、タイでは逆転して地図上での領土画定、分割交渉が実質的な国境の設定になった。これによって、シャムは宗教的な実体から、近代国民国家としての実質、領土と国民を備えた想像可能な実体となったのだという。その結果が、既に述べた「タイ人」「タイ民族」「タイ的」なるものという言説の創造である。これまでのタイ近代史では、タイは国民統合の結果として生まれたと考えられてきたが、実際は西欧植民地勢力の外的圧力の下、国境を確定される中で成立した、地図上の想像の産物であり、民族や宗教、文化により統合されたのではないことを彼は主張する。従って、国民国家形成後、タイのアイデンティティは言説として構成されたものであるから、対抗的な言説により、タイの歴史、現在を語り直すことができるということになる。しかし、実際は、タイでは植民地勢力、周辺諸国、共産主義から国家を守るという名目でタイ民族の団結が繰り返し語られ、反体制的な思想、集団を「タイ的」ではない、コミュニストであるとして排除してきた歴史がある。

トンチャイは一九七六年タマサート大学で弾圧され、森に逃げ、その後学究を志してオーストラリアに渡り、現在米国で研究する歴史研究者であるが、彼の国家権力の伝統性、正当性への痛烈な批判にはこの原体験が色濃く残っている。タイには植民地にならなかった歴史的自信から、タイの独自性、自立性、その裏返しであるタイ人のみがタイを知っているという、一種日本と酷似した自意識があり、トンチャイはこのような「タイ人性」に強烈な違和感を持っている。ともすれば、オリエンタリズム批判の後で、ネイティブの特権性が主張され、外部者の遠慮、無批判という状況が出てきている事実があるが、ネイティブの支配的な言説が持つ抑圧の構造を、ネイティブとして批判していくというのが彼のスタンスである。このパースペクティブは近代主義、エリート支配へ対抗するために唱えられる別種のタイ的言説にも向けられるであろう[Thongchai 1994: 7-12, 15-16, 24-28, 34, 130, 162, 167, 173-174]。

しかし、彼の地理的国家論には批判もある。ゲーハンによれば、国境の観念は、政治(国境付近の住民の移動に国家が関与するかどうか)、宗教的(仏塔による国境)なもの、外交(一八九三年ラオスの宗主権をフランスに譲る、一九〇七年カンボジア二州を割譲、一九〇九年マレー四州をイギリスに割譲)上の出来事によって生じてきたものであり、国民国家の幻想だけではないとする。同氏は、歴史とは現在への認識から過去を構成することであり、現実の恣意的構成を批判するというトンチャイの視点を評価しつつも、歴史的事実の確定もまた歴史家の仕事であるという[Gehan 1991: 160-161, 170-172, 180-184]。

ところで、従来タイ・ナショナリズムは、政治、文化領域に制度化されたものであったが、タイ社会が資本主義経済システムの枠内で発展する過程において、次第に経済領域に移行した。「開発(パッタナー)」はサリット元帥・首相が一九六一年国家経済社会開発計画に用いて以来、経済領域を超えてあらゆる領域で進歩を示し、かつ志向する言葉になり、タイ社会、タイ人のアイデンティティに昇格したといえる。しかし、個人のアイデンティティ形成に影響力を及ぼしてきた社会的コードの力が弱化していることに注意しておかなければならない。つまり、「良きタイ人」「開発」といった言説が機能する社会空間が、消費社会化以降かなり性質を変えたのである。

経済の離陸期であった一九七〇年代、学生が推進した日本製品不買運動やフォークソング・グループ、カラバオの一九八四年のヒット作「メイド・イン・ジャパン」等に表現されたのは、日本からの圧倒的な消費物資流入、商品経済化の中でタイ・アイデンティティが危機にさらされるという意識であった。しかし、一気に消費社会に突入した一九九〇年代には、タイ製品にさえあえて英語風(稀に日本語：kodomo 子供用品のブランド名)の名前をつけて広告性を高める工夫すらなされ、これはショッピング・センターやマンション名に始まり、スター、会社名、果ては子供のニックネームにまで及んでいる。商品は国籍や文化を固有の指示対象とはせずに、商品と商品の差異のみを示しているにすぎない。従って、タイ人がトヨタに乗り、ナショナルの家電や資生堂の化粧品を使い、すしを食べても、タイ人のアイデンティティは揺るがない。性能、ブランドにおいて違ったものを使っているという感覚でしかないのである。メルセデスを好むタイ上流階層は、そのシンボル性を社会的地位の表出に利用しているだけである。ドイツ車が好きなわけではない。経済成長による新中間層の購買力の上昇、ヤッピーの出現が、モノを記号として操作する感覚を日常化してきた。こうした消費社会において、少なからぬタイ人がタイ・アイデンティティの社会的コードから解放され、タイをエスニックの記号として、個人的なポリシーを表現する感覚を表明している。スターがインタビューの中で、ヨーロッパの保養地で休日をすごすかたわら、タイではタンブン(積徳儀礼)もしていますよと語る[Kasian 1996: 390-391, 397]。それが受けるのである。

しかしながら、モノをシンボルとして操作し、自在に自分のアイデンティティを組み立てていくような消費社会の感覚は突然消滅することになった。一九九七年夏、為替の変動相場制移行を契機としたバブル経済の破綻である。不動産、株式への投機、不良債権化した過剰融資、過剰な財政投融資、ローン頼りの消費生活等、タイ経済が赤字を金融市場からの資金調達で補塡できなくなった段階で、バーツは下落し(ドルに対して半年で二分の一の価値)、タイ政府は金融不安を回避するべくＩＭＦの管理下に入った。輸入資材に関連する物価は倍近く上昇、財源確保のための間接税アップが消費を冷え込ませて不況が本格化し、公務員は給与の削減、民間では従業員削減のリストラが進行している。「タイ人がタイを救う。タイのものを食べ、タイのものを使おう。タイ国内で観光しよう。節約に協力しよう」のスローガンがメディア、ポスターで始終、ここかしこで呼びかけられる。このような状況の中で、市民はタイの国民として利害を共有していることを実感せざるをえない。消費社会において、経済不況は個人のアイデンティティ・クライシスに容易に転化し、再び個人を超えた共同性を訴える社会的コード、種々の言説が機能し始める。タイはその意味で再び転機を迎えている。

第三節　チャティップの共同体文化論

チャティップは最高学府チュラロンコン大学経済学部の元教授であり、タイ国民国家の政治経済学から社会史に方向を転換した村落社会経済史の第一人者である。タイ国内二〇〇カ所以上の村落調査を行ったと語るように、地方史・地域研究の経験豊かな理論家である。チャティップの所論を①タイ近代社会と村落共同体論、②共同体文化をベースとした開発論、③調査研究方法論の諸点から考察し、それぞれに関わる批判の吟味、筆者の評価を加えていきたい(1)。

チャティップの社会理論の特徴は、マルクス主義的社会理論というよりも、コミュニティ・パースペクティブと外部要因による社会変動論の接合にある。彼が実際にマルクス主義から影響を受けていることは、原始共産制による共同体概念と共同体を存続させているアジア的生産様式論や、植民地主義勢力による帝国主義的侵略、及び資本主義経済の侵入の視点を採用していることから明らかである。しかし、生産様式内部の矛盾から次の生産様式へ移行していくとする内部変動論を、封建制からブルジョワ革命を経て資本主義への移行という発展段階論に用いない点において、彼はオーソドックスなマルクス主義の理論家ではない。つまり、前近代の生産様式であったサクディナー制が理論的封建制概念とどの程度一致するのか、チャクリー改革や立憲革命をブルジョワ革命と同定できるかどうか、華僑資本やタイ官僚・王族資本による資本主義生産の勃興時期、性格の位置づけ、近年の多国籍企業による世界資本主義経済システムへの包摂をどう見るか等の諸点において、こうした難問をマルクス主義的歴史認識、社会理論で一貫して説明していない。これらの議論の整理はタイの特殊事情を組み合わせることで、以下のように簡潔に説明される[Anan 1996: 35–37]。

サクディナー制とは前近代の身分制度で、身分を国王が与えた水田面積の高で表したものである。これを官僚貴族、領主が実質的に土地を所有し、農民の生産活動、生活を全面的に支配したとはせずに、ムアン(国家、都市の住人で支配者として言及される者たち)は村落に寄生して生産余剰を収奪する(賦役、貢納)ことだけで満足し、所有地における生産力(農民、農業技術)の管理・運営には関心がなかったとする。従って、タイでは西欧封建制と異なり、国家の政治権力が部分的にしか村落に介入しなかった。村落共同体はそのままに温存されたが、国家の収奪により初期のマニュファクチャーである農村工業をおこすような生産力は持ちえなかった[Chattip

1997a: 59–61]。

しかし、フィリピンやラテンアメリカのように植民地期以来の大土地所有＝農園制による収奪の結果、共同体が崩壊し、直接支配されることがなかったのは、タイ村落経済の基盤であった自然資源の豊饒さ、タイ国家の商人的性格があったからだという。前者には人口密度が他の東南アジア諸国より低く、未開拓のフロンティアを消失したのはごく最近であることが引き合いに出される[Chattip 1997a: 58]。後者に関しては、国家支配階級の財政基盤は村落における余剰生産の収奪以上に、交易の独占、華僑資本への寄生等からもたらされる副収入にあったということであろう。チャイアナンの論考に見られるように、官僚機構に近代化された国家はブルジョワ革命を経ていない。一九六〇年代に入り国家の開発政策と共に資本主義が村落に本格的に入り込んできてから、ようやく村落社会の経済は資本主義経済システムにより国家と緊密な関係を持つようになったと考えられている。村落は自給自足的な経済基盤を近年まで維持し、商品経済の流入も地域ごとの差はあるがここ数十年のこととされる[Chattip and Phonphilai 1996: 104–105]。このようなわけで、タイには村落共同体が前近代よりほぼその原型をとどめる形で存続しているとチャティップは主張するのである。

そうすると、タイ社会のアイデンティティは国家と村落共同体という二つの社会制度に担われ、それぞれが維持してきた伝統に表現されることになる。従来、タイ社会の研究、文化研究では前者のみ偏重されてきたが、これではバランスを欠く。また、国家経済、社会の発展もまた村落を視野に入れたものでなくては、タイ社会はたちゆかない。彼の現在の関心は、地域ごとに村落共同体の社会誌・史を蓄積・集成して、従来のタイ文化と村落共同体の文化を統合した高次のタイ社会固有の社会・文化理論を構成することにあり、地域のタイ文化研究者との連携を試みている(2)。

さて、チャティップの村落共同体論には、実証主義的タイ地域研究者から批判が寄せられている。タイに「自然村」的農村共同体が過去から現在まで存続してきたというのは、農本主義的開発運動の中で理念化された共同体像であって、現在の農村は行政機構末端としての村という政治的区分の中で成立したのではないかというものである［Kemp 1987: 2-53］。北原の解説によれば、一九世紀中盤までの村落社会には貴族に賦役義務を持つ自由農民と奴隷しかおらず、貴族は複数村落にわたって親族単位で農民を支配していた。ところが、チャクリー改革下、地方領主の勢力基盤をそぐべく、賦役・奴隷制が廃止され、国家が農民に慣習的土地所有権を与えて直接支配を試みた。他方、一九世紀後半開国後の米輸出増加に伴い、貴族が国王から認可を得て運河掘削、小作を用いた新田開発を進めたが、国は土地の占有証書を出して地租の対象とした。このようにして、村落は貴族による属人的支配から国家による属地的支配に変わる中で、自然村としての体裁を整えていったとみなされる［北原一九九〇］。

ただし、こうした事実関係はアユタヤーからバンコクにかけての中部タイ、チェンマイ周辺の北タイの史料に限定されるので、北原も述べているように、必ずしも東北タイも含めて、地方領主・貴族、国家の寄生的性格による村落社会の相対的自律性を説くチャティップの議論を完全に否定するものではないだろう。問題はチャティップの説く村落がどれほどタイの村落形態として代表性を持つかであろう。

確かに、現在の農村の境界区分（区（タンボン）の下にある地域社会の単位が村（ムーバーン））、村落の政治機構（中央政府から県、郡役所を通して区長（ガムナン）、村長（プーヤイバーン）に農村開発プログラムをはじめ、様々な政策が流れる）を見る限り、そこに自然村を見るのは難しい。しかし、二〇〇年近くの歴史を持つとして村人に語られる「村」に「村の精神」などない、あったとしても官製の村の精神であるとまで言い切るのも極論であろう。

研究者が共同体として概念化した村落、調査者が発見する行政機構としての村、あるいは聞き取りの中で結晶化していく「村」。これらを実体として統一的に、あるいは本質的に理解しようとするのではなく、「村」として語られる事柄とその語り手から「村の言説」をあぶり出し、そこに支配、訓育等の権力、農民の葛藤、抵抗等を読み込んでいくというハーシュの見解は至当であろう。現在、村落は開発政策の中で「パッタナー（開発・発展)」に標準化された村落の言説と、NGO活動家の理想的共同体論、あるいはダム建設等のプロジェクトに抵抗する村人の利害関心に基づいた言説が争う空間となっているという[Hirsch 1991: 323-340]。こうした見解をふまえれば、チャティップが共同体として語ろうとした事柄は何なのか、それは社会理論としてふさわしいものかどうかが次に議論されよう。

チャティップがあげる共同体の存在を証明する証拠は次のようなものである。①村落社会に個人的所有権の観念、制度が入ったのはラーマ四世の頃であること、入会地等共同体的土地所有があること[Chattip 1997a: 58]。土地登記制度は一九〇九年の地券交付法制定からである。②互酬的労働交換(ローン・ケーク(long kheek)、結い)の慣行[Chattip and Phonphilai 1996: 98-99]。③工芸生産における経営共同[Chattip 1997a: 52-54, 57]。村の綿、絹織物等は交易品としてより、村内消費のために生産されたのであり、産業化していないために、外国製品の流入で一挙に衰退するようなことはなかったとする。そして、東北タイでは現在でも機織りなどなされている事実をあげる。④村人の意識にある系譜的観念や我々意識を示す民俗的語彙[Chattip and Phonphilai 1996: 97-98]。例えば、東北タイの kaan phuuk siao(擬制的兄弟関係を結ぶ儀礼)、南タイの phuak, phuakrao(我々、親族的ニュアンス)、北タイの muuhao(我々)あるいは、南タイの muu kin nam mee diao kan(子ブタのように乳を飲みあった仲)、hua wat diao kan(寺の住職を同じにする仲)、北タイの thuu phii diao kan(精霊を同じく信じる仲)、中央タイの nabthuu chaopho diao kan(土地の守護神を同じく信じる仲)、南タイの thuu khruumoo diao kan(呪医を同じくする仲)、laek taam saai yat diao kan(親族の系譜で物を交換し、現金のやり取りをしない仲)。これは村落の父祖、守護霊崇拝(phii puu taa)の儀礼に象徴的に表れている[Chattip 1997a: 54, 57]。⑤寺の建設に先立って、守護霊の祠が作られていたことや、村落共同の儀礼が仏教儀礼から精霊崇拝レベルまで現在も行われ、村落、親族、家族等の共同性に関わる俗信が信じられていることもあげる[Chattip and Phonphilai 1996: 100-103]。

このような地域ごとに偏差のある項目を逐一検討する紙幅はないが、政治経済・文化の中心地に近い中央タイ

図 9-1　村の精神の集合的シンボルであるラック・ムアン(元来は「国(都市)の柱」の意)

と開発が遅れた東北タイでは村落構造の変動速度にかなりの差がある。その東北タイ農村でさえ、現在、実際に観察可能な村落の共同性は、政府の政策として下ろされた農村開発プログラムやNGO活動から着想、資金を得た、いわば再編された共同性である。それらが実施される以前は、種苗・農業機械購入、販売等が商品経済に組み込まれ、都市・海外への出稼ぎ、村内でも雇用労働主体による世帯ごとの農業経営であった。共同性が表出されるのは村落レベルの仏教儀礼であるが、これも共同体的規制よりも、親族・知人等のネットワークが働いていると見た方が妥当である。確かに、農地所有の格差に基づく階層分解はあまり生じていない。これは出稼ぎによる現金収入獲得が農業経営収入をはるかに上回るようになり、未耕地の終焉、相続に伴う農地の細分化による小農、土地なし層等の村落内階層分解が実際の経済階層と直接結びついていない結果である。さらに、出稼ぎ等の外部社会の経験、各種メディアのコマーシャリズム、子供たちの進学率上昇といった環境の中で、農民の意識は都市生活者の意識とかなり共通するようになり、機会さえあれば農村を出て別の暮らしを始めたがっている者が少なくない。

こうした諸点を考察すれば、サクディナー制以来の村落共同体が社会集団として存続しているとはいえないであろう。おそらく、現在のチャティップは社会集団としての共同体よりも、変容しつつもなお共同体文化を維持している村落に関心を持ち、その文化こそ普遍であると主張しているのだと思われる。具体的にはタイ各地域に伝統として存続している民俗的工芸、芸能、儀礼、あるいは生業に直結した知識・技術の中に共同体の文化は脈々と生き続けているということになる。このように形象化された文化は観察可能であり、議論の対象になりうるが、地域性・時代性を超えてタイのアイデンティティとなる共同体文化なるものは直接問うことができない。共同体文化は表象されることで、その担い手によってのみ、その存在が明らかにされる。チャティップはこうした共同体文化を思想的に表象してきた人物たちの思潮に目を向ける。以下、彼の共同体文化による社会変革のプログラムを見ていきたい。

チャティップは次のような共同体文化論者をあげる。予定調和的な村落観を持ち、共同体文化こそ外部の虚偽意識を退け、開発を促進するというニポット・ティアンウィハーン神父。都市中間層と農民の交流と協働により、双方の力を高め、政府と資本主義の抑圧に対抗するというバムルン・ブンパンヤー(NGO)。礼賛すべき共同体文化を村人の意識に復活させることを説くアピチャート・トンユー(NGO)。分権主義、共同体主義、仏教主義を主張するプラウェート・ワシー(社会批評家)。チャティップは彼らの業績を紹介したうえで、共通の特徴をアナーキズムとする。サーマッキータム(団結主義)と呼ばれる協同組合の分権的自治を目指したプリーディー・パノムヨンを嚆矢として、アナーキズム的精神(分権的民衆主体主義)が農民の自律、互助的行動様式、そして時々の国家への反抗に流れているという。これこそ、西欧の民主主義の精神と合体させたうえで、新しい社会変革を担う主体の精神になりうるのであるが、長らく村落共同体文化と、中央集権的政策に固執するリベラル、社会主義の党派が相互に交流することはなかった。その意味で、NGO活動家や少なからぬ知識人が共同体文化に着目してきたことは大きな前進である。アナーキズムの主たる担い手は農民と自営業者、少数のプロレタリアート、従的担い手として階級、人種、性、年齢、身分、教育の格差から不当な扱いを受けてきた人々があげられる。ブルジョワ革命を経ていない第三世界のタイでは民衆が主体になり、民衆が現に持つ社会集団、村落共同体こそ勢力基盤になる。そして、都市中間層との協働により、彼らの知識・技術を身につけ、国家との交渉力を持つ。最大限の実現目標をアナーキズム、最小限の目標を進歩的資本主義として、その中間である社会民主主義が当面の政治目標になる。

チャティップはアナーキズムを成功させる諸条件として、①自力更正型経済基盤としての小企業、中間・適正技術、自然重視の農業の確立、②知識人が村人に働きかけ、村落にコミュニティ意識を覚醒して、土地改革や農村開発を政府に要求しうるような組織を都市住民と共に作る、③プッタタート比丘、開発に従事する僧侶の事例に示されるように、共同体主義と仏教を接合して新しい理念を作ることを、それぞれ経済、政治、文化的条件としてあげている[Chattip 1991: 118-141]。

このような社会改革の展望の実現可能性に関しては次節で論じることにして、共同体文化論に議論を絞っていきたい。ここに読み取れるのはチャティップのジレンマである。つまり、彼はアナーキズムの精神を村落の共同体文化から読み取るのであるが、当の村落には意識化されていないことを認めている。つまり、村人自身の語りには彼が構想するようなアナーキズムも高次の共同体文化もないのである。そこで、NGO活動家の共同体意識覚醒運動が重要な意味を持ってくる。そして、知識人の役割として彼自身の社会史研究が、農民の覚醒者として政治的実践性を帯びる。この点をチャティップの社会経済史研究の方法論、特に調査論に見ていきたい。

チャティップは民衆の口述史を用いる理由として、公文書に記録された国家の歴史観に立った国定史観が転換されることをあげる。しかも、口述史の聞き取り過程において、村人自身が自身の歴史に気づき、アイデンティティを確立することができる。調査者は地域、共同体文化を認識し、村人と知識人の交流が可能になる。チャティップは聞き取りのテクニックとして、精神分析者のように被調査者の記憶をたどり、埋もれた記憶を掘り起こす必要性を説く。口述史は村人の集合的記憶を鮮明にする効果を持ち、結果的に村人に村落共同体の歴史への誇りと自信を持たせ、自力更生的・民主的な開発の力を喚起するのではないかという(注(2)参照)。

こうした文化研究の方法論には幾つかの批判が寄せられている。資料批判を重んじる歴史家の批判として、村人は史的事実を正しく記憶しているのか？　調査者に合わせて、あるいは自分の考えでフィクションを語ることはないのか？　人類学からのものとして、一度か二度の聞き取りで話者の語りのコンテキストを理解することは可能か？　彼らは半年以上の定着調査を常識とする。こうした批判には調査者と被調査者により村人の歴史解釈を再構成するといえば、それは現象学的社会学、口述の社会史となるのであるが、より根本的な批判がアーナンから出されている。すなわち、村人の記憶の中にある文化、その表象を言説と見る視点がチャティップには欠けている点である。つまり、儀礼を語る村人の言明には、歴史的に条件づけられた社会的コンテキスト、村内及び外部社会との権力関係の解釈が入っており、村人は村外の様々な知識をも用いてそれを語っている。チャティップは文化のルーツ、継続性に関心を持つために、文化と社会的事実を重ねて見がちである。しかし、文化はハイブリッドであり、変形されて再生産されていくものである。その過程で当該の文化の語り手がどのように自己と他者の権力関係を調整していったのかが問われているとアーナンはいう。「チャティップは村人たちが権力関係をどのように調整して、あるいは民族関係、男女関係を調整して現在の民間信仰の構造にしたかというような問題には関心を示さない。なぜなら、彼は信仰が存在していることを確認すればよいのであって、その動態は関心外であるからだ」[Anan 1996: 43-45]。

言語的表現も同様に社会的事実の写像ではない。また、共同体文化としてタイ文化を括っているが、実際にはタイの中心文化と地域の周辺化された文化間の葛藤がある。これは地方に身を置いて地域文化研究を行えば、肌で感じることであろう。東北タイにおいて地域文化研究を行えば、イーサーン研究、ラーオ文化研究ということになろうが、一九九七年時点で大学院修士課程のコース名としてはタイ研究の名称しか許可されない。

中央と地方が調和できるのではないかという期待、国家と村落共同体相互の文化がタイ文化、タイ・アイデンティティにおいて融合できるのではないかという視点がチャティップにはある。彼の政治的スタンスが反体制であるにもかかわらず、近年のタイ政府文化振興政策の中でタイ民族、国民の歴史研究が中核的な位置を占めてくる所以である。チャティップはこれまでのタイ政治経済史研究が評価され、一九九五年 sammakgan kongthun sanapsanun kaanwicai（タイ国研究助成資金）から meethii wicai aausoo（上級研究者）の賞を受け、「タイ国民の社会・文化史研究」の題目で研究資金を受けた[raigaan pracamphii 2538-40 TRF senior research scholar meethii wicai aausoo 38, 39]。翌年の受賞者はイーサーンの民俗的知識・文化の精力的研究を行っているジャラワン・タムワット(Caruwan Thamwat)女史であり、地方大学の研究者の受賞は快挙である。

第四節　言説による社会的現実の構成

北原はチャティップの社会変革プログラムを、共同体文化復興論者の中では、後進資本主義国の事情に合わせた市民社会を追求しているとして評価しつつも、①民衆主体主義的共同所有の理念と市民社会の個人的所有権の論理的統合ができていないこと、②農民間の階層格差を無視した平等な村落共同体を想定していること等をあげて、社会計画論としての抽象性を問題にする[北原一九九六：八三―八五、九三]。また、多くの共同体文化復興論は市民社会・民主主義を十分達成することなく、ポスト・モダンとしてのタイの伝統、共同性回帰を謳っているとみなす。このようなポピュリズムによる民衆(の知恵)、共同体(の精神や伝統)の過大評価は、市民社会を形成するための社会的なステップをとばしてしまって、一気に近代の超克、ナショナリズムへの傾斜につながるのではないかと懸念する。このような事態は、近年の東南アジアにおけるタイの相対的な浮上(バーツ経済圏構想等)に符合しているのではないかとも指摘した[北原一九九三：五九―六〇、七三]。

しかし、チャティップも、ポピュリズム的指導者が民衆や共同体を至高の価値としてファシズムに用いた事実に留意し、アナーキズム(村落共同体)とリベラルな市民運動との連携で右翼運動を防ぐことを考えている[Chattip 1991: 139]。しかし、社会問題の解決を具体的な社会政策・組織形成よりも、社会意識、文化形成の問題に転換していく危険性を共同体文化論は多分にはらんでいる。例えば、農民層分解という現象を見る際に、土地制度改革や農地管理政策の欠如、農協組織や金融機関の未整備を問い直した方が具体的な問題の解決につながるのであるが、村落共同体が商品経済の浸透により基盤を切り崩されたと形容して、資本主義経済システムの本質的批判に突き進むような論調が、共同体文化復興論者には少なくない。共同体文化論や政府のタイ・イデオロギーで強調される団結して問題を解決するというレトリックには、指導者の責任を曖昧にする粉飾があるし、指導者がよければうまくいくといった正法政治(王権)論や政府批判のシュプレヒコールにも、個人の責任主体としての自覚を曖昧にする可能性がある。しかしながら、こうした懸念が、北原をはじめとする実証主義的地域研究者陣営から共同体文化論者にうまく伝わっていないように思われる。その理由は実証主義的・客観主義的言説批判の方法に問題があったからではないかと筆者は考えている。

北原は「問題は言説の非現実性を実証的に説くことではなく、共同体を肯定的に評価する言説それ自体の特徴や構造を検討し、それらと社会構造の関連を自覚的に問わねばならない」としつつも、共同体文化論を市民社会論的立場から論理的に批判することにとどまっているように思われる。社会構造との関連を問い、言説批判するということは、言説が現実の社会関係を正確に把握しているかどうか、すべきかどうかということの議論よりも、言説が現実の社会関係、社会意識を作り上げているのかどうかを分析し、言説の現実構成力を評価することであろう。共同体文化論の社会計画上の実効性を批判して、近代市民社会あるいは資本主義社会において地域共同体、共同体理念の果たす役割は現実に合わせて慎ましくあるべきという結論では、やはりプラクティカルではないという言い方の実証主義的批判に括られてしまうのではないか[北原一九九六：三八—三九、五八、一九五—二〇〇]。そして、このような実証主義、あるいは客観的認識自体が近代主義と共に現在問い直されており、共同体文化論者の立場には、認識論的な論理性が認められるのである。

共同体文化論という言説の非現実性とは、カウンター・ディスコースとして登場したばかりで、共同体文化論の現実構成力が近代主義のそれより劣るということでしかない。これが、ここ十数年のうちに社会運動、文化運動として勢力を得て、歴史的事実として記憶されるようになれば、近代主義同様の現実性を持つであろう。言説の現実性とは、社会構造との関連でいえば、個人の主観的現実を拘束する社会の想像力、権力性に置き換え可能であり、これは客観主義的実証性によって決定されるものではない。近代主義や開発の理念・理論の現実に対する説明力は、まさにこの言説が政策として制度化・組織化され、専門職・研究者を擁することにおいてその実効性が確認される。いわゆる第三世界に近代主義の基準が適用されることで、それらの地域の社会・文化が異質であるのみならず、「発展途上」と認定され、「貧困」「不衛生・病理」等が発見され、開発の対象となるように。近代主義の客観性とは、前近代主義的な現実を構成する力にある。そして、近代主義が言説たる所以は、途上国もいずれ近代化の歴史的過程をたどるという主張にある。世界システム論によれば、先進国が達成した近代も、途上国の過程的近代も、同じ世界資本主義システムの共時的動態なのである。近年、経済のグローバリゼーションの結果、世界システム全体に消費文化、フロー中心の経済政策、ライフスタイルが拡大し、工業中心の産業社会を経ずに、ポスト・モダンの社会・文化が一部途上国に出現している。こうした国家がほどなく金融市場のバルネラブルな構造から経済破綻し、先進国主導の金融政策の傘下に組み込まれている。このような事態に即して見れば、近代主義の歴史認識は客観的分析の基準というより、自伝としての歴史的叙述であろう。チャティップに代表される共同体文化論者たちは、近代主義の言説によらない自分たちの歴史認識、社会理論を作り出そうとしているのである。

それでは、共同体文化論は、現在、タイの社会構造の中でどのような位置を占め、将来、どのような展開をしていくのであろうか。端的にいえば、共同体文化論は公定言説化していき、タイ社会の現実を表象する様々なヴァリアントになる可能性が強い。開発政策との関連では、一九七五年のタンボン計画以来農村開発に農民参加が不可欠の要素となり、農村部の生産資源、生産力を生かした共有資源利用型開発が進行し、当初NGOが考案した米銀行、水牛銀行、貯蓄組合等の組織作りが行政的になされている。NGOと政府の開発戦略はかなり似てきた。

文化政策との関連では、タイ国の経済繁栄に見合った文化振興が図られ、一九九四〜九七年の地域文化振興年では、地域文化保護、地域の伝統技術を生かした地域おこしが行政の肝入りでなされてきた。しかし、何といっても政府観光局主導による一九八七年の Visiting Thailand キャンペーン以来、観光産業の基盤整備(空港、道路、観光地整備、リゾート開発)が行政主体で行われ、地域が観光を産業として意識し始め、その過程で観光するべき「文化」を掘り起こし、地域の特質をパッケージ化してきた経緯がある。経済成長とモータリゼーションがタイ国内にも本格的な観光文化を生み出したのである。マハーサラカーム大学主催、タイ政府観光局公認の一九九七年度ガイド養成講座六〇時間のカリキュラムには、実学科目以外に、東北タイに関わる歴史三時間、以下地理七、社会五、民俗文化六、仏教五、美術七、音楽二、食文化四、文学六、観光文化資源保護五の科目が組んである。海山の景勝地を欠く東北タイでは、地域文化の振興・保護と観光産業が密接な関わりを持つことを示している。

地域医療の面では、郡の病院が地域の伝統的呪医(moo phun baan)から、タイ方医療術、薬草療法等を摂取し、その活動を病院の事業に取り込もうとした例がある。地域内の近代、伝統二つの医療システムを前者に包括していく過程に、伝統文化保護、見直しの言説が機能している。

こうした地域文化の意識化、利用はもはやNGOの専売特許ではなく、制度化されつつある。もちろん、地域資源の利用は社会政策、社会福祉行政の不備を補完する役割を果たしているのであるが、タイの地域特性を生かすという主体的な理由がつく。このような文化政策とNGOの地域文化復興型の開発に、外国人研究者の少なからぬ人たち、開発NGO等は近代主義的開発とは異なるオルターナティブ性を看取し、連携して理論構築、実践を行っていく傾向がある[鈴木規之一九九三；鶴見一九九六]。鶴見の民俗的アニミズムの心性とエコロジーを関わらせる発想には、チャティップが農民の精霊崇拝、アニミズム的心性と共同体を結びつける発想と共鳴する余地が大いにある[Chattip and Phomphilai 1996: 100-101]。現在のチャティップの共同体文化論、タイ文化研究は、こうした背景の中でなされており、地域文化に析出したタイ共同体文化を対象にしているのである。

おわりに

本章では主にチャティップの共同体文化論とその批判者の論説を取り上げ、タイ社会におけるアイデンティティ追求型の文化形成とその文化研究の動向を見てきた。近代史をたどれば、国家によるタイ・アイデンティティの創造、制度的客観化、国民への内面化の段階を経て、現在は民衆側に立つ知識人、地域開発NGOによるタイ・アイデンティティの創造による社会形成への実践が観察される。共同体文化論は、タイのマジョリティでありながら、政治、経済、文化の各領域においてタイ社会の辺境に置かれていた農村地域社会にアイデンティティを創り出す試みである。しかし、このような文化運動が裾野を広げる過程で政治の中枢に取り込まれ、対抗性を喪失し、公定言説として地域社会の文化を標準化していく可能性が散見される。地域生活者、農民にとっての生きる意味として創出された言説が社会の文化となることで、彼らを教育する価値へ転換されるのである。文化の領有をめぐる政治的問題を指摘すること、文化による支配、社会的再生産の局面を具体的に研究していくことが今後のタイ文化研究の課題となろう。

そして、このような方向性においてこそ外国人研究者の活動がある。確かに、タイの共同体文化論の議論は、地域社会、歴史研究の目的であった社会的事実の探求から、それを解釈する文化の問題に移行したために、外国の実証研究者による言説のイデオロギー性批判が、タイで研究し生活する者たちの文化を表象する権利問題を呼び起こした。しかし、当事者性という特権の主張は、本来一枚岩ではない集団内の言説空間を「当事者」という問題設定の下に一元化する権力の行使でもある。特に、共同体文化は元来価値の保有者、体現者を共同体成員に限るために、共同体の外部者を排除し、内部の者には価値の強制を伴う傾向がある。むしろ、当事者であるからこそ、あるいは「当事者」となることで様々な利害関係に立った立論をしなければならなくなる。その表象に隠された利害関係と新たに作り出された言説の機能を明らかにすることが、外部に立つ研究者の役割である。その意味で、アメリカを研究の基盤とするトンチャイがタイ近代国民国家の創造（あるいは、想像の共同体）の過程を史料により明らかにしたり、日本から北原のように共同体文化論の思想的特性を指摘したり、社会計画論としての限界を示唆する試みには意味があったといえる。

（1）本章ではチャティップの共同体文化論、開発論に関係する限りでの文献、講演記録、言辞に言及した。Anan Kancana-phan, *sangkhom thai taam khuamkhit lae khwamfaifan nai gang khong acan chattip natrsupha*, khrongkaansuksaa 'muangthai nai khwaamfaifan khong nakkhit aausoo,' samnakkan kongthun sanapsanun kanwicai 1996（『チャティップ教授の思想と将来展望に見られるタイ社会』）。チャティップの業績で参照した文献は以下の通り。Chattip Nartsupha, *seta-kit mubaan thai nai adit*, krungthep, samnakphim sarangsan lae samnakphim mubaan 1984（『過去におけるタイ村落経済』野中耕一・末廣昭訳『タイ村落経済史』井村文化事業社、一九八七年）、Chattip Nartsupha, *baan kap muang*, krung-thep, samnakphim haeng culalongkon mahaawithayarai 1997（『村落と国家』初版は一九八六年）、Chattip Nartsupha lae Phonphilai Laetwicha, 'watthanatham mubaan thai kap lokanuwat,' Chattip Nartsupha lae Phonphilai Laetwicha, *thitthang watthanatham thai*, krungthep, sunsuksa setthasaat kammuang 1996（三章「村落文化とグローバリゼーション」『タイ文化の進路』）。

（2）チャティップの現在の関心を推察するデータとしては、一九九七年七月三一日マハーサラカーム大学東北タイ文化研究所におけるイーサーン地域研究者との交流、一九九七年八月二三日ムクダハーンにおけるタイ研究イーサーン地域研究者会議の講演を参照。両方に筆者も参加。また、一九九六年八月メージョー農業技術大学農業経営学部での講演記録も参照。Chattip Nartsupha, 'prawatisaat chumchon mubaan,' khana trakit kankaseet sataaban tekunoloyii kankaseet meejoo 2539（「村落共同体の歴史」）。

第十章　現代タイ社会論の課題

本章では一九八〇年代のタイで展開された共同体文化論、一九九〇年代の市民社会論をもとに、現代タイの自画像としてのタイ社会論を見ていきたい。前者は九章で、また後者は七章でも取り上げてきたが、それぞれ地域開発、民主化という同時代の社会的な達成目標へのロードマップとして識者や研究者の間で議論が展開されてきた。ここでは、日本の代表的なタイ研究者である北原淳の共同体文化論批判と、国際タイセミナーにおける研究動向を素材として、筆者なりに現代タイ社会論の課題をまとめ、終章としたい。

第一節　研究動向と社会状況

通常科学では、研究者集団が形成してきた学問領域の枠の中で理論仮説が作られ、事実を検証するという手続きがとられる。検証の方法や手続きの信頼性に関わる認定は研究者集団が制度的に行う。自然科学ほど厳密でなくとも、社会科学においても同様の手続きがとられる。そして、社会的事象に関わる知識が蓄積され、それをふまえた次の研究課題が設定され、調査研究がなされる。時に、パースペクティブの転換（クーンのいうパラダイム革命に匹敵しようが、多元的パースペクティブの競合が常態でもある)が行われ、新しい研究視座と手法を共有する集団が形成されると、そこでもまた通常科学のやり方が繰り返されることになる。研究テーマや研究手法は研究者個人に委ねられているとはいえ、評価を下す研究者集団を無視した研究は職業的研究者では考えられないことであろう。

ところで、自然科学の場合は対象が自己について語り出すことはありえないが、人文・社会科学の対象は大いに語ることがある。研究者集団の権威(学問、国家の威信や権力)により、それらの語りを無視してもすんだ時代は終わっている。とりわけ、現在の人間・社会を扱う社会学において、研究対象(当事者という主体)と向き合い、自己との関係を問いつめながら研究を遂行すること(再帰的研究とでもいおうか)が、研究者集団においても認識され、当事者からはもとより、社会的にも要請されている。

第三国を対象とする地域研究においても、当該国における歴史認識や社会認識を尊重すべきことはいうまでもない。しかしながら、アジアにおいていち早く近代化を成し遂げた日本は、西欧の自己理解を崇拝し、その鏡を通して自画像を構成するか、逆に西欧に対するコンプレックスから反発に転じて、夜郎自大的な自画自賛に陥りがちであった。その反省もあって人文・社会科学の分野において、日本が国際社会において自己理解を示すやり方は消極的なのだろう。自己表現のやり方やその度合いは歴史的経緯や国力を背景としていると思われる。

現代タイ社会では、自己理解や自己表現が国内外で随分となされている。それは当然ながら、タイの東南アジアにおけるプレゼンスと、メコンデルタ流域国家群のリーダーとしての自信を背景としたものであるだけでなく、タイの新中間層と呼ばれる青年・壮年の様々な職業人の志気から来ているものかもしれない。

二〇〇二年にナコンパノムで開催された第八回国際タイセミナーにおいて、国際的なタイ歴史学者である石井米雄教授が、タイを交易国家として東アジア諸国にある通商・交易の資料から位置づけるという講演をした。その際、タイの歴史研究者が、それは自分たちが国史として習ったこととは全く異なり、自国の資料によって確定されてきた歴史がどうして他国から読み替えられなければならないのかという趣旨の発言をし、後述するタイの歴史家チャティップ・ナートスパー教授に私たちの代弁をしてほしいと発言を促す場面に筆者は遭遇した。

アメリカに渡ったタイの歴史家トンチャイ・ウィンニチャクンの『地図化されたタイ』にも似たような反発を聞いたことがある。タイの国民国家形成は、植民地勢力と国境を確定するために国土の測量を行い、地図を作製するという官僚たちの作業によってなされたのだという議論は、ベネディクト・アンダーソンの出版物による国民国家形成の議論(『想像の共同体』)をふまえて、独自のタイ近代史観を提示した傑出した作品である[Thongchai 1994]。しかし、外圧によって仕方なく国境が定められ、国土を有した領域国家(タイは領民の賦役能力を領土より重視したために国境の線引きにはこだわらなかった)が初めてタイ人に認識されたという話は、国土を守るためにビルマ軍やラオス軍と戦いをくりひろげたタイ王朝の威徳にそぐわない。学者といえども、海外の研究者たちの理論的仮説によりタイの国史が再解釈されることに違和感を覚えたのかもしれない。

しかし、タイのエリートや研究者のみならず、NGO活動家や上座仏教の僧侶たちも、自己理解を堂々と表現しているという状況がある。しかも、彼らの語るタイ社会像が、外国人研究者が主導してきた従来のタイ地域研究の成果と齟齬をきたすようなことが少なくない。それらに対して、タイ地域研究を行う外国人研究者がどのように応答するかが問われている。もちろん、タイの当事者たちの自己理解を尊重し、それを励ますような態度はタイでは大歓迎であり、タイに学ぶという姿勢もあってしかるべきである。お互いに変に遠慮をする必要はないし、異見は大いにするべき、互恵主義でやるべきだと筆者は考えている。

本章で事例的に取り上げる北原淳の評論はその先駆的な業績であったが、タイ社会における公表のコンテキストや、研究者と対象との関わり方を含む再帰的研究という観点では、十分に評価されてこなかったように思われる。北原のタイ研究は一九七〇年代後半から九〇年代初期のタイにおける地域開発の状況と不可分に結びついており、彼自身は実証的地域研究者であったが、当時のオルターナティブな開発論と理論的格闘を行った。その作業をレビューしながら、当時の社会開発の動向を振り返ってみるのが本章の第一の目的である。

第二の事例は二〇〇二年にナコンパノムで開催された第八回国際タイセミナーである。そこで議論されたテーマや研究者の動向などを筆者の研究とも重ね合わせながら、現代のタイ社会論の課題を振り返ってみたい。本章では、それをタイ市民社会論の形成という観点から論じ、同時代の社会状況等も紹介しようと考えている。これが第二の目的である。

しかしながら、予め断っておくならば、一九九〇年代後半から現在の最新の研究動向は文化研究に変わってきたようにも思われる。脱構築主義やカルチュラル・スタディーズの導入が盛んになされている。可能であれば、こうした文化の問題にも論を進めたいのであるが、もう数年の期間を置きたいと思う。本章でレビューの対象に設定している「共同体文化論」や「市民社会論」を真っ向から論じ、その視点で事例研究をする人は、実際かなり少数である。

また、本章は主として社会学の領域に対象を限定しており、歴史学や文化人類学、政治学、経済学の領域をほとんどカバーしていない。地域研究は総合的学問であるから、当然タイに関わる諸領域も押さえておく必要がある。しかし、おおよその目配りをすることと、レビューすることは次元の違う作業であって、筆者の能力を超えている。第二の事例では他の学問領域に少しだけふれるにとどまった。

第二節　地域開発の時代——北原淳による「共同体文化論」批判——

一　北原淳のタイ研究と『共同体の思想——村落開発理論の比較社会学』

名古屋大学教授北原淳は日本を代表するタイ社会の研究者である。北原は経済学を専攻し、アジア経済研究所時代からタイ農村の開発と商品経済化、および、それに伴う農民の階層分解と出稼ぎを研究の対象にしてきた。その主な成果は単著『開発と農業――東南アジアの資本主義化』(世界思想社、一九八五)と『タイ農村社会論』(勁草書房、一九九〇)、科学研究費国際学術研究の成果をまとめた共編著の『タイ農村の構造と変動』(勁草書房、一九八七)と『タイ：工業化と地域社会の変動』(法律文化社、一九九五)、『続・タイ農村の構造と変動』(勁草書房、二〇〇〇)にまとめられている。

タイ農村社会では一九六〇年代から八〇年代にかけて地域的差異があるものの、国家の開発政策(道路や灌漑施設を含む農村開発、商品作物生産の奨励等)や、農村人口の増加(慣習的土地占有が認められたフロンティアの消失、および森林伐採による気候変化、保全林内における先住農民と国家の土地争い)により、自営小農や土地なし農民が激増した。バンコクや地方都市周辺、および東部工業地帯の外資系工場が、一九八〇年中頃から農村部の過剰労働力を利用して、タイは一九九七年の金融危機までに年率六、七％の高度成長を遂げ、工業国家に転換したのである。北原の研究チームは中部、東北部農村地域、東部工業地帯で詳細なモノグラフを残した。それらはタイ地域研究者が必ず参照すべき文献になっている。

北原は、神戸大学から名古屋大学に移動(国際経済動態研究センター長等)してから、アジア経済研究のコーディネート的役割を担い、『東南アジアの経済』(世界思想社、二〇〇〇)、『アジアの経済発展における中小企業の役割』(日本図書センター、二〇〇二)、『変動の東アジア社会』(青木書店、二〇〇二)、『東アジアの家族・地域・エスニシティ』(東進堂、二〇〇五)の編著をまとめている。

北原の研究テーマは大きくいえばタイ経済社会の変動であり、それを明らかにするべく三度の科学研究費国際学術研究・海外調査が組織されたのである。上記の編著に関わる書評を瞥見すると辛口の寸言が含まれている。調査報告としては貴重なものであるが理論的な含意を含めてまとめてほしいとか、詳細な調査の読後感としてはどこに著者のエスプリを認めたらよいのであろうかと。これほどの調査研究をまとめたのであるから、なおその上の期待がなされているのだと好意的な解釈も可能である。しかし、研究者の主観的解釈を極力排し、調査資料に事実を物語らせる記述の多さに、当該分野の研究者以外はついていけなかったのかもしれない。端的にいえば、北原の著作や編著は現状分析に徹している。タイに異文化のエキゾチズムや、近代世界や日本人が失った「ふるさと」のノスタルジアを求める一般読者に愛想をふったり、持続可能な発展を目指す開発論を志向する若者やNGO関係者を元気づけたりする類の記述にはほとんど遭遇することがないのである。

北原が一貫して持ち続けた個別の関心は、近代における土地制度、所有関係に基づく社会関係、村落共同体の編成にある。単著の『タイ農村社会論』と『共同体の思想――村落開発理論の比較社会学』(世界思想社、一九九六)、共著の『沖縄の家・門中・村落』(第一書房、二〇〇一)には彼の問題関心が集約されている。日本とタイにおける共同体論争を理論的に追いながら、比較的分かりやすい叙述を展開しているものが、『共同体の思想』である。ここには著者のエスプリが横溢しているといってよい。次の節では、著者の問題意識やタイ社会の文脈に即しながら、構成を変えて内容の紹介と評価を行いたい。

二　『共同体の思想』に見る議論とタイ社会の背景

タイでは一九八〇年代から、村落社会を基盤とした地域開発論がNGO活動家やタイ知識人によって論じられるようになった。タイの伝統的織物・工芸・医療や「民衆の知恵」、村落の相互扶助的関係を生かした開発を行うことで、急激な農村地域の資本主義化から住民の生活基盤を守り、グローバル化した時代においてタイ人としての自尊心を維持していこうという主張である。おりしも、開発政策論でいえば、トリックル・ダウン式の援助政策やインフラ整備の公共投資、あるいは企業進出による産業化よりも、人的資源の能力開発を目指す社会開発の方が地域のポテンシャルを高めるといわれた時期であった。また、地域開発論でいえば、外部資源を導入する計画的開発よりも、地域の社会的資源(人材、伝統文化・技術、コミュニティの社会関係といった社会資本)を利用した内発的発展を目指すべきであるという主張に、タイの共同体文化論や開発論は重なっている。

確かに、日本でも農本主義的な思潮や活動はある。物質主義文明や消費社会のオルターナティブとして一部のポスト・モダン的知識人にそれらが積極的に採用されることもあるし、田舎暮らしは少なくない青年や退職した高齢者を惹きつけてもいよう。しかし、そのような内省的な暮らしは、世界第二の経済規模を誇る日本社会において多くの人の選択するところではないし、地方自治体が豊かなまちづくりをスローガンにすることはあっても、実質的な政策は産業振興が中心である。ところが、タイでは国王が自足的経済(seethakit phoo phieng、意味としては、小規模の農地でも複合農業を行えばタイ国民は十分暮らしていける)を説き、スラク・シワラク[Sulak 1988: 49-72]やプラウェート・ワシーらの国際的な知識人が、仏教を中心とした社会政策や農業を国民に勧める。政府に小農の要求を突きつける貧民フォーラム(samatchaa khon con)や地域開発NGOの活動家が、国王の新理論や知識人の主張を引用しながら、理論武装するのである。

もちろん、タイが昔ながらの稲作社会、農業国家であれば分からぬ話ではない。しかし、アグリ・ビジネスですら、もはやタイの稼ぎ頭ではない。タイはコンピュータ部品や家電製品の輸出、旺盛な消費に支えられた内需が経済を牽引する工業国家である。北原の調査結果や筆者の十数年来の調査からいえることは、農民を守る農政や協同組合の力が弱いタイの農業では、明るい将来展望は描けない。農業は極めて現金収入が得にくい生業である。だからこそ、多くの農民は出稼ぎによる現金収入で耐久消費財を買い、子供たちを学校に通わせ、勤め人にしようとしている。自助努力による生活改善が可能な農民は、農業外収益を増やす方策に腐心している。貧民フォーラムの農民は農政や地域開発の矛盾を背負い込んだ象徴的な存在であるが、上記の主張に最後のよりどころを求めるしかない小農である。彼らの生活基盤を守り、支えるには、農本主義や仏教の言説による激励よりも、社会政策の実施こそ求められるというのが北原の主張であり、筆者も同意するところである。このような問題状況にあるからこそ、先進国受けする内発的発展論やオルターナティブな開発論とは距離をとって[鈴木規之一九九三〕、タイの新しい開発論がタイ社会の発展に実質的に寄与するかどうかを地域研究者として誠実に見ていきたいというのが、北原の十年来の問題意識であったろうと推察する。

北原は「共同体」を実体概念ではなく、方法論的概念であると定義する。ロバート・ニスベットのコミュニティ論や小谷汪之によるマルクスの共同体論批判を参照しながら、「近代」を評価または批判するために作られた概念が「共同体」にほかならないという。資本主義社会形成の歴史的段階を説明するために原始共同体が措定されたし、文明社会の対極にあるものとして未開社会が措定され、近代に対置される社会的事実としてそれぞれが学問的論議の対象となった。しかし、それらは封建的支配や植民地支配により形成された全体社会の一部なのであり、一方から他方へと進化したのでも発展したものでもない［北原一九九六：二章］。

戦後日本において、近代化・民主化を達成するために、封建遺制としてのイエ・ムラの社会関係、社会意識が批判的に研究された。共同体的なるものは個人を抑圧するものであった。しかし、高度経済成長の時代、都市化と過疎化が同時進行し、社会関係が弛緩する中で、地域社会の新たな集合的シンボルをコミュニティ概念により創造する町づくりや村おこしが盛んになった。内発的発展の基礎となる共同社会がそこにあるとみなすか、なければ創出の条件作りを検討する調査研究が、農村社会学はもとより、地域社会学でも注目されている。このように、共同体という概念は実践的目的をもって語られる概念＝言説なのである。

そこで、次に問題になるのが、言説の適切な批判と評価である。東北タイの自作農中心の村落に典型的であるが、封建領主や地主の勢力が及ばない自律的でフラットな村落共同社会が歴史的に存在し、その伝統が村の精神として現在も存続していると、タイ村落の社会史をチャティップ［チャティップ一九八七］や、ＮＧＯ活動家のセーリー・ホンピット［Seri 1990］らは語る。それに対して、北原は、ケンプ、ヴァンダーギーストの研究や自らの中部タイ調査からも、そのような議論は必ずしも社会史の事実に基づいていないと論じている［北原一九九六：一章］。

しかし、タイ村落共同体論は、国際的なタイ研究の学会では認められないにしても、民衆主体・参加型の開発論では十分に活用されている。そうであれば、何のためにそのような概念構成がなされたのかという文脈を読みとる必要がある。次に、「共同体文化論」が社会的に有効な実践理論たりえないと批判するのであれば、言説の内容と論者の立場との関係を知識社会学的に読み解いてから、言説批判がなされなければならないのである。

北原によれば、タイの共同体論に限らず、東南アジアで論じられている共同体論には以下の特徴がある。①反近代主義(シューマッハー、イリイチ、福岡正信の影響等が強く、資本主義経済システムへのオルターナティブを目指す)、②ポピュリズム(民衆主体、反エリート)、③ナショナリズム(タイであれば仏教等の文化アイデンティティの強調)である。この本では、チュラロンコン大学で歴史学の教授であったチャティップ・ナートスパーと、プラウェート・ワシー医師の所論を取り上げている。

チャティップの『タイ村落経済史』では自律的村落の歴史的持続が強調されているが、その理論的背景は「半植民地・半封建テーゼ」であるという。チャティップの『村落と国家』に端的に書かれていることは、タイは植民地勢力に対して自主独立を守り、部分的な資本主義の流入しか経験していないために、国家(バンコク等の都市)から遠く離れた地方の村落は共同体を維持できた。また、交易国家(あるいは労働力のみ賦役という形態で支配した歴代王朝)であったタイは、土地の支配関係に基礎を置く封建制であったわけではない。加えて、広大な未開拓の森林(野獣、マラリアの巣でもあり、河川流域以外は、道路や医療の発達を見るまで入り込むことが困難であったといわれる)にいくらでも慣習的な占有権を獲得できた時期は、自作農民が普通であり、彼らが比較的階層差のない(生産の余剰がそれほどもない)村落共同体を形成していたと考えられる。こうした村落共同体の伝統がタイ王朝の国家とは別に維持されてきたのだといわれる。チャティップはこのような地方村落の特徴を生かした分権的自治を共同体論の中で目指していた［北原一九九六：三章］。

東北タイには、タイのスコータイ、アユタヤー、ラタナーコーシン王朝、チェンマイのランナー王朝等の国史とは関係づけられない地域の歴史があった。紀元前の歴史を示すバンチェーン遺跡(壷や種々の焼き物、遺構等)、紀元後一〇世紀より前の仏像や石塔から存在を推測されるタワラワディー時代、一一、一二世紀のピマーイやパノーム・ルン等の遺跡群を残したクメール朝時代が存在した[Rogers 1996]。ピマーイの石造神殿は、素人目にも、スコータイやアユタヤーの煉瓦積み仏塔や寺院よりも建築に技術と労力を要したように見える。それらを動員できる政治権力と、村落共同体との関係、すなわち社会体制はどうであったのだろうか。東北タイの伝統と呼ばれる村の伝統技術、相互扶助の社会関係と規範、精霊崇拝と混交した仏教儀礼と、遺跡群が示す当時の政治的権力・文化の強さのコントラストは強烈である。ある時点で、ある地域に勢力を持った政治権力や文化がどのように継承され、あるいは消失したのか不明な点が多いことも事実であるが、村落共同体の歴史的解明には、村の古老の語りを超えた時代の歴史的資料の分析が必要ではないだろうか。

プラウェート・ワシー医師が説く「仏教農業」は、タイの学僧が説く仏教中心の社会政策に含められよう。上座仏教と王権の関係の原型はアショーカ王が仏教の擁護者であったことに求められようし、その伝統は現在のタイ憲法にも規定されているタイ国王は仏教徒でなくてはならないという文言や仏教の擁護者としてのふるまいにも現れている。クーデターを起こした軍の将校が挨拶に行くのは、国王とタイ国サンガの僧団長である。このようにタイでは政治に仏教の正統性を付与するやり方が正当と考えられている。体制側でなくとも、高名な学僧プッタタート師や彼の教えを信奉する学者、僧侶は、政治批判や社会批判に仏教の論理を用いる。とりわけ、近年は資本主義経済システム、消費社会の文化、西欧化の行きすぎを批判するために、節制や自足を説く仏教の考え方に社会政策をのせようという議論が一定の勢力を持っている。ワシーの所論である①民衆主体の開発、②漸進的民主主義、③社会各層のネットワーク、④民衆と僧侶の識者が指導、という理想的な統治のモチーフには、チャティップのアナーキズム(分権)のラディカルさはないものの、反近代の色彩がより強いと北原は考えている。ポスト・モダン的思想への飛躍を感じるのである(タイの仏教的言説と社会的正当性の議論については、櫻井二〇〇〇)。

そこで北原が問うのは、現在のタイ社会の諸矛盾は資本主義や西欧化の帰結なのであろうか、それともタイの政治システムの問題が相当に大きいのかということである。共同体論者や仏教に基づいた社会政策(「正法主義共同体」)は、『市民社会』的成熟を欠く、現実の後発的資本主義社会の特徴をもって、それを『近代社会』と混同した」のではないかという[北原一九九六：九一―九三]。

一九九一、九二年の民主化闘争、民主党のチュアン政権、九七年の新憲法策定に至る政治的環境の中で、タイでは市民社会が大いに論じられるようになった。高度経済成長のおかげもあり、新中間層の創出と政治意識との関連も論議された。このような政治的状況及び学問の動向を見ても、タイ社会が市民社会的成熟を欠くとまではいえなくなってきたことは確かである。この共同体論の論議は一九八〇年代のものであったことをふまえておく必要がある。

しかしながら、北原が注目した問題点の多くは、タイの市民社会論が現在直面している問題状況をそのまま映し出しているとも考えられる。つまり、共同体論にせよ、市民社会論にせよ、現体制を批判するために用いられる実践的な理論なのであって、共同体や市民社会がタイに実際に存在した、ないしは作り上げられつつあるという事実認識とは別個のコンテキストで使用されている。しかも、概念の構造や用法には共通の特性もうかがえる。

北原の議論に戻ると、タイの共同体論を構成する要素あるいは社会的背景として、①マルクス主義的認識の失敗、②コミュニティ・ディベロップメントとしての開発論、③タイの文化イデオロギー・文化的パーソナリティ論、④バーツ経済圏、メコンデルタ圏におけるタイのプレゼンス等が考えられるという。『共同体の思想』において、①は一章、②は序と一章、③が四、五章、④が四章の中で説明されている。②については先に説明を加えてあるし、④は現在の東南アジアにおけるタイの国力を考えれば容易に推察されよう。

まず、タイにおけるマルクス主義の受容に関わる問題点である。一九六〇～七〇年代にかけて植民地解放闘争で勝ち抜いた共産主義や社会主義政権と国境を接して対峙せざるをえなかったタイは、東西冷戦体制の前線であった。タイ共産党は政府から徹底した弾圧を受け、学生運動や労働運動の活動家は一九七〇年代に東北タイの森へ逃げ込まなければならなかった。政府のプロパガンダによるコミュニストへの忌避感は一般の人々の間では根強いものになる。このような状況下でマルクス主義の文献が一部しか翻訳されないために理論的洗練がなされず、中国共産党の指揮を仰ぐだけのタイ共産党に多くの若者が希望をなくし、森から出てきたのだという。彼らの中には地域開発NGOに学生運動時代の志をつないだり、研究者として民主化に実践的な関心を示したりしている者が多い。しかし、北原は学問的には、ウドムの『半植民地タイ』、チット・プーミサックの『タイ封建制の素顔』で展開された歴史的段階論や土地所有史観、チャイアナンのアジア的生産様式論や、チャティップの二段階革命的認識などが後続の研究者に十分に練り上げられることなく、トピックが移っていったことを指摘している。チュラロンコン大学のジャイ・ウンパーコーンが主張するタイのマルクス主義ないしは左派の思想と研究は、学生時代の民主化運動に原体験を有し、国内で理論的・実践的展開ができないままに、一九八〇・九〇年代のスターリン主義とは一線を画す西欧の左派と交流することで生み出されてきたように見える[Ungpakorn 2003]。その点で、前章で述べたチャティップ・スクールとは断絶がある。

議論の詳細は北原の論述に直接当たっていただくとして、タイでは一九七六年の民主化弾圧以降、共産主義、社会主義のイデオロギーを学問的に制度化しうる研究者集団や研究の環境が十分整えられていなかったことのみ押さえておきたい。筆者は、タイの社会科学では、現体制の批判や社会改良主義的施策論が盛んになされる反面、社会的不平等を改善するための税制や社会保障制度の具体的な論議に話が及ばず、共同体論や仏教精神による社会統治等の理念的・道徳的議論に多くの人が流れてしまうのを不思議に思っていた。しかし、このような思想の傾向は、サリットが冷戦体制下で強力におしすすめた王権―仏教―国家の結合による政治的正統性の確立と、途上国特有の政治と社会的諸領域の開発主義化が大きく影響しているのだと思われる。

タイの文化的イデオロギーとみなされるものも政治的に作られたものと考えられないだろうか。実は、同じことがタイの文化的パーソナリティ論にもいえるように思われる。北原の論述のうち、四、五章は人類学・社会学の領域で展開されている興味深い箇所である。そこでの具体的な問題の指摘は首肯しうるが、問題の構成が心理学的還元や静態的文化論に陥る危険があるように思われる。この点を少し細かく見ていこう。

ＮＧＯの開発論では、村落社会のリーダーとして篤農家や村民が伝えてきた「民衆の知恵」が評価される。家畜飼料となるキャッサバやパルプ材のユーカリ等の換金作物栽培をやめて、水稲と野菜栽培等の畑作、家畜飼育、養魚等を行う複合農業や、農薬や化学肥料を使わずに作物の組み合わせや益虫の利用などで適度に粗放的農業を行う自然農法が注目されている。これらの農法は地力と天水に依存してきた昔ながらの粗放的農法とも異なり、研究熱心でかつ勤勉な農民でなければ継続は難しい。従って、結局のところ、このような農法の普及は一部の個人的に力量のある農民や富農のレベルアップにつながっても、農民層全体の底上げには力が及ばないのではないかと、北原の見方は悲観的である。むしろ、農民が組織的に農政や、市場に交渉力を持つような施策をとるべきではないかという。日本風にいうならば、二宮尊徳主義では農民の窮乏は救えないというところであろうか。

このような農業の改善運動に進む文化的背景を、北原は主にムルダーの現象学的タイ社会分析によりつつ、共同体的認識とアニミズム的認識に求める。つまり、共同体の内／外を明確に区別する境界を設定し、外の邪悪な／聖なる(両義的)力を訓化し、内に取り入れ利用するやり方である。そのやり方が精霊崇拝や商品経済化への積極的な適応等に典型的に見られるという。そこには超越的な原則がなく、個人の裁量と状況次第で対応は自在であり、たくましいといえるが、全体的な方針と一貫性を欠く。エンブリーのルースなタイ社会という概念は、タイの村落構造が東アジア社会と比較してタイトであるかどうかという論点だけで論じられるべきではなく、むしろ、文化的パーソナリティ論と読むことで(エンブリーの記述はまさにこちらに力点があった)、タイの社会的行為と社会構造との関係が見えてくるのではないかと北原はいう[北原一九九六：四、五章]。

確かに、タイ社会をつぶさに観察して社会構成の方法を超越的に理論化したムルダーの著作は示唆に富む[Mulder 1979; 1997]。タイでは対面状況における行動の原則が力の行使であるというわけである。それは官僚制に最も適合的であるが、権限を有する者とそれに従わざるをえない者があり、日常的な二者関係では上位・下位（ピー・ノーン）が素早く認識され、それに基づいて庇護・服従の関係ができあがる。このような関係が安定すれば内集団が形成され、そのネットワークが組織内外で交渉力を発揮する。グループ内においてそのヒエラルキーさえ受容すれば、上位者は尊敬を集める代わりに下位の者に報酬を提供する。集団は構成員の最大限の利得を守り、増大させるために外部の様々な個人や集団と渡り合うわけであるが、その際の交渉力は所属する集団の力量による。こうした集団が集団外の者に対して無法に近いことを行うことは、タイの汚職の構造に典型的であろう（タイの汚職と宗教意識の関係に関わる分析は、Nareenoot 2003 に詳しい）。

荒ぶる精霊には供物を捧げ、禍が降りかからないように通りすぎるのを待ち、状況次第ではその精霊を守護神として祀ることで加護をいただく。これがタイの精霊崇拝であり、仏教といえども威徳が神通力の源になり、その霊験を求めて人々は金銭を惜しまない。道徳よりも力の操作を可能にする呪術的宗教意識をムルダーはアニミズムといい、タイ社会のアナロジーとしているのである。社会的行為の原則を文化的パーソナリティとの相即から説明する典型的な文化人類学的知見であるが、社会学の立場からは肯定できない。

なぜなら、このような問題解決の仕組みが存在するのは、共同体特有の意識形態やアニミズム的思考に由来するものではなく、社会的制度やシステムで当該の問題を解決できないからこそ、保身のためにやむをえず内集団のコネクションによりかからざるをえないとも解釈可能だからである。汚職は心性の問題か構造の問題か。結局は、鶏が先か卵が先かの決着のつかない論議になるが、北原も指摘しているように、基層社会の特性と考えられるものも、近年の政治・社会変動により変わってきているだろうことは間違いない。農民は、バンコクはおろか、海外へも出稼ぎに行き、村落の社会生活や経済は村落で完結したものではなくなっている。子供たちは教育達成を通して職業獲得へ至るメリトクラシーに組み込まれている。評価は別として自己完結型の村落社会はないし、従って共同体的メンタリティも相当に変化していると思われる。

以上、北原によるタイの共同体論批判を概観してきたが、結論は北原の言葉をそのまま引用すれば、いたって平凡なものとなる。第一に、近代社会(国家、市場)―共同体(村落、道徳)といった二項対立的認識では現実の社会変動は捉えられないし、従って有効な社会政策論に資する説得力のある議論は提供できない。理想を追い求める過程の美学、自己満足に陥るだけである。第二に、地域共同体という現実の「共同体」が何を政策的課題として、問題解決の糸口がどこにあるのかを具体的に探るような共同体論こそ必要ということである[北原一九九六：終章]。この二点は、学説史の精密な理解と現場に密着した調査研究という実証的研究の蓄積、及び、相手方の議論の土俵に入って理解を試みようという誠実な態度によってこそ得られた結論であろう。

ところで、現時点における農村社会の研究は、北原が言説批判を展開した段階よりかなり先に進んでいるといってよい。タイ農村の地域住民が農業経営のために入会林、用水池、灌漑施設の維持・管理にあたって共同慣行を持つことは既に多くの論者が指摘しており、世帯間の協同関係を基盤とした事例分析、組織形成の可能性については、重富が詳しく報告している[重富一九九六]。共同体論的言説によらない住民組織形成の議論である。また、農村地域開発の問題に次いで多くの研究者の関心を集めている環境保護・地域資源保全の領域では、地域住民、政府、企業等のステークホルダーがどのような利害関係・関心に基づいて行動しているのかを明らかにし、そのうえで問題解決の現実的な解決策を提言する緻密な研究が展開されてきている[佐藤仁二〇〇二]。

北原が地域社会と全体社会を架橋する議論が必要であるという論点については、次の節で述べるように、一九九〇年代のタイでは、社会・政治面においても、研究の領域でも市民社会論が盛んに論じられるようになってきた。従って、北原のこの著作は時代を限定したうえでのタイ社会の同時代論を考える重要な論考であったと考えるべきである。

第三節　市民社会形成の時代――国際タイセミナーにおける議論――

一　国際タイセミナーの概要

国際タイセミナーは三年に一度開催されるタイ研究者の集まりである。学会組織ではなく、大会時に次期開催地、担当校が決定される。大会コミッティーの委員はその都度選抜される。二〇〇二年は、タイ、ラームカムヘーン大学が主催し、東北タイのナコンパノムで開催された。一九九九年はアムステルダム、二〇〇五年はデ・カルプのノーザン・イリノイ大学である。

国際タイセミナーに参加するタイの先生方は海外で学位をとり、有名大学に勤務し、海外とのチャネルを持っているエリート教員が多い。若手は、ここに参入をねらう海外留学中の大学院生である。これに対して、外国の研究者は、若手はタイで現在調査研究を行っている大学院生や博士課程修了レベルの研究者と、常連のタイ研究の大御所たちである。この中間に、筆者も含めてタイ・プロパーというよりも様々な教育科目を担う様々な大学の教員が加わっている。使用言語はタイ語と英語である。学会発表はほとんど英語で行われる。タイでやる際はタイ語の発表が多くなる。開催校関係者の発表である。この英語というのが実にタイ研究の勢力地図に対応している。つまり、アメリカ、オーストラリア、イギリスが強い。それらの国からの留学帰国組、現在留学中の大学院生、英語圏の大学に入りたいタイの教師や学生との指導関係を上手に使いながら、上記の国の研究者は研究チームを作る。このネットワークを使いながら、それらの国からまた大学院生が調査に来る。最近の日本の若手研究者は、日本の拠点大学の院生と海外の大学院生で二分される。どちらもタイの大学に籍を置いて調査することになる。

これらの英語系の人たちはいわば組織の力で研究しているといえなくもないが、ヨーロッパの研究者でアジア研究をやっているところの人たちは、本国では組織に所属していても、タイでは単独の調査研究が多いようで、個人で力量のある人が多い。それ以外のインド、タイ周辺の東南アジア諸国、中国の研究者は国内に少数民族としているタイ族、あるいはタイの移民研究が一般的である。日本の場合は、組織力を持つ拠点大学と、拠点大学出身であるが現時点では単独で研究している者、筆者のように突然タイ研究を思い立った者、とにかくタイをやりたい若者と雑多である。分野も様々であり、研究者になっている者、これからなりたい者、タイに関心のある他領域の研究者等も含めると、日本の研究者の層の厚さは世界トップクラスではないかと思われる。歴史学、民族学、社会学、言語・文学等人材が揃っている。

しかしながら、国際タイセミナーでは歴史学の石井米雄教授をはじめとする数名の大御所を抜かせば、日本の影が薄い。前回のアムステルダムでの発表者は十数人で多かったが、今回に至っては、日本人の発表者は七、八人である。全体の一〇分の一程度。大挙して行くこともないが、タイへの巨額のＯＤＡ、研究ファンドを提供している国としては寂しい。

二　国際タイセミナーのテーマ

国際タイセミナーのテーマ・セッションはバラエティに富んでいる。歴史、文化、民族・民俗、現代社会・政治・経済、文学・芸術などタイに関連するものであれば何でも発表してよい。テーマ名ごとに、筆者がセッションに参加し、あるいは要旨集から得た情報により、内容の概観を以下に列挙してみよう。

一　タイとラオス人民民主共和国(国境、経済協力、ラオス社会研究)
二　東北タイ研究(開催地にちなんだ東北タイの文化・社会の紹介的研究)
三　タイ語の変遷(タイ開催、及び開催校が人文学部のため)

四　タイ社会と文学
五　メディア（タイのサブカルチャー等、西欧化とタイのアイデンティティという問題）
六　環境（メイン・テーマ、環境保護をめぐり政府とNGOの対立、地域資源の利用等）
七　ディアスポラ（最近は移民研究をカルチュラル・スタディーズ風に表現する）
八　文化危機（西欧化、近代化とタイ固有の文化との相克という問題設定）
九　タイ社会の民俗的知識（オルターナティブ論と連結した地域の再評価等）
一〇　芸術・音楽（パフォーマンス、映像記録など）
一一　経済危機とその衝撃（メイン・テーマ、タイの現代政治・経済の研究）
一二　タイ近代史と国境・地域の自律性（メイン・テーマ、国民国家論を相対化する地域史の試み）
一三　タイの歴史の再解釈（タイ国史を周辺諸国の歴史文献から批判的に見直す）
一四　芸術と象徴（人文系への配慮）
一五　一四～一九世紀の港湾、交易（タイの国史を海洋交易国家という視点から見直す）
一六　ポスト・コロニアリズム（文化・社会レベルにおけるグローバリズムの影響）
一七　農村におけるミクロ、マクロ的変動（農村経済、社会学的内容）
一八　ジェンダー（メイン・テーマ、タイ文化・社会研究の新しい動向）
一九　言語と文化の危機（タイ国内少数民族の言語がタイ語にのみこまれていく状況）

今回の特徴は、主催校のラームカムヘーン大学人文学部が工夫した言語・文学関連の発表が多いことである。私が発表したのは第一七部会であり、「東北タイ農村開発NGOに期待される地域社会形成の役割」といった農村開発の事例研究であった。北原が数年前に述懐していたことだが、その時点ですら農村開発は時代遅れのテーマであったという。そこからさらに時代が進み、農村社会学の発表は筆者だけであった。農村を舞台にしてもマクロな農業政策やフェア・トレードの議論、及び非常にミクロなエイズ治療機関の象徴論的空間分析であった。どうしたら農村は豊かになれるのか、あるいは地域住民自身による自治が形成されるのかという問題設定は愚直すぎて、芸がないように思われたかもしれない。

三　タイ市民社会論の行方

国際タイセミナーにおいて、もう一つ注目したいことは、農村開発などの地域社会の研究が民俗・文化レベルの研究を除いてあまり見受けられないことに加えて、前回、アムステルダムの統一テーマであった「タイは市民社会になったか」というテーマがなくなったことである。現代社会論が文化論として論じられる傾向が強まっている。これは、タイで開催されたことと関係がある。タイで社会主義研究は長らくタブーであり、一九九〇年代に入っても私はマルキストであると学会会場で公言しているのは、チュラロンコン大学のジャイ・ウンパーコーン教授[Ungpakorn 2003]くらいで、社会問題を論じることは可能でも、問題を生み出した社会階層・制度を論じることには勇気がいる。

筆者の発表は、地域開発NGOの課題は開発を政府や地域に代わってすることではなく、地域住民と共に自治と地域発展の担い手になっていくことであるという至極当たり前の議論である。そこには一つの議論の仕掛けがある。NGOが行政や外国NGOの補助金を受けて開発をやる段階から財政的に自立化を迫られる段階になったことは、NGOの危機ではなく好機であるというひねった見方をしている。つまり、自前で金を集めなければならないのだが、そのために自分たちの活動方針、内容を地域社会や都市の中間層といわれる人たちに説得して資金調達をやる必要がある。その過程で、NGOの活動を広範な支援の中で展開していく可能性が出てきた。従来はNGO自身が金と人を外部に頼って開発をしていた。これを今実現できないのであれば、市民社会といい、草の根の開発といっても自分の組織すら自前で維持できないのに、どうして地域にサステナブル・ディベロップメントなる理念とノウハウを与えることができるのか。結局はNGOワーカー、開発・環境維持という職種・制度を作るだけではないのか。タイは貧しいのでボランティアがいない、できないなどという議論はウソである。

実際、二〇〇四年一二月二六日に発生したスマトラ島沖の巨大地震と津波で、タイのプーケット、パンガー両県は五三〇〇人以上の死者と多くの被災者を出したが、国内外から多くのボランティアがかけつけた。彼らはバンコクの中間層であったり、時間のある学生や若者であったり、十分組織化された活動ではないが、ボランティアの気運は急速に高まっている。もちろん、今回は被災者支援の緊急活動であり、恒常的な社会問題解決・地域支援とは異なる。

ただし、地域支援・福祉と間接的に結びつく、タイ人の慈善行為はある。村の寺、高僧が止住する寺院に行ってみればよい。富裕階層、中間層はもちろん、底辺層の善男善女がなけなしの金を布施している。その何分の一かでもNGOが獲得できたらNGOは自立できる。

筆者は以前、布施を使いながら開発する僧侶の活動を調査し、タイの開発僧という論文を書いた[櫻井二〇〇〇]。NGOになくて僧侶にあるもの。それは御利益である。このように書くと宗教にはかなわないと思われるかもしれないし、実際そうなのだが、お金を出す人の心境を考慮してみてもらいたい。僧侶は二二七の戒律を守る特殊な人たちであり、私有財産もなければ家族も持たない。食べるもの、着るものは布施してもらったものだけである。在家は布施が僧の私物や生活費になるとは考えない。自分たちに代わって修行し、功徳を積む人たちの場である寺院の建築か、それが終われば地域住民への慈善活動になる。それに対してNGOは組織・スタッフの維持で大半を使ってしまうであろう。一般の人々は、心の問題や現世・来世での功徳の方が、多少の生活上の利便性向上よりもよほど大事だと考えている。そこに、何ほどかの開発をもたらしてもたいして有り難いとは感じないであろう。現金収入はないのであるが、衣食住が一応たりているのがタイの地域社会の強みであり、豊かさである。こうした人たちを動員する仕掛け、工夫が理念のレベルでも方法のレベルでもタイのNGOに求められている。

大規模なダム工事等の公共事業により立ち退きを命じられたり、生業が脅かされたりするような状況では、NGOのプロテスト戦術は地域住民にとって頼もしい限りである。しかし、地域の自治や長期的な生活の充実等の差し迫っていない問題を地域の人たちに説得するのは、実際容易ではない。

筆者はこうした議論を年来展開しているのであるが、筆者の説明力不足もあり、どこまで理解してもらえたか心配である。それでも、発表には少なくないタイの研究者が聞きに来てくれた。若手の優秀なタイの大学院生に、では具体的にどのようなプログラムが考えられるかという質問を受けたが、すぐこうしたことを政策的に発想し、研修プログラムでの定着を考えるのが、タイ開発主義の悪い癖である。地域社会の状況に合わせてその地域の人たちが工夫する経験が大事であり、そこから自治のノウハウが育っていく。とりあえずやってみて試行錯誤すればいいのである。市民社会はその経験を保障する場ともいえる。筆者は政策提言型の研究ではなく、社会の記述の研究を心がけているので、実際にその点をつかれると弱いのであるが、タイが西欧型民主主義、市民社会論の実験場と化さない方がよいと考えている。しかし、タイはイギリスに市民社会の原型を求め、アメリカにビジネスの模範を求めているように見える。政治・経済のグローバリズムが進行する現代社会では無理からぬことであるが、むしろ、日本とタイの政治のやり方には共通点が多く、お互いに学ぶこともあるのではないかと考えている。

さて、マクロなタイ市民社会論の行方である。一九九〇年代も後半になると、タイの新憲法が施行され、民主主義の政治体制は充実の度合いを高めたといえる。選挙違反候補者が出た場合には当選の取り消し、再選挙など、腐敗防止の仕組みは日本以上に進んでいる点もある。新憲法において、地方の無学なボスが票買いの悪習で政治家に転身するのを防ぐために、国会議員の資格を大卒以上と規定したまではよかった。しかし、そのために、国民の九〇%は被選挙権を失ってしまった。多数による愚かな民主主義より少数の賢者による法治主義の方がまだましという発想であった［玉田二〇〇三：一八五―一九七］。一九九〇年代後半は、新憲法の作成・実施という政治課題もあったが、市民社会論議が非常に盛んな時期であり、多くの論者が持説を展開した。

筆者の粗雑な整理によれば、タイにおける民主主義のキーワードは「参加」である。これはＮＧＯ活動家に顕著であるが、社会評論家であれ、学者であれ、政治家であれ、ここに行き着く。その際、参加を保障する政治・行政のシステムが論者により異なるのである。保守的な政治家であれば、国家と王権が温情主義的に国民に権利を与えるのであり、政治学・法律家であれば、憲法がこれを保障し、不正を裁く。ＮＧＯや社会運動に関わる人々は、民衆の全ての面における参画が重要であると説く。参画の仕方は委員会が樹形図のようになっているシステムであり、地域コミュニティレベルから国家行政までこの構造になる。手間と時間がかかりすぎ、意志決定ができない恐れがあるので、各層の専門家に実際の業務は委ねられる。農民、企業、その他の様々な利益団体が代表者を送り込んで政治を行うというものである。

ところで、これは先に述べたウンパーコーン教授が指摘したのだが、こうした市民社会論の青写真において、階級ごとの利益代表を主張した論者はいなかったという。つまり、タイ人としての一致団結、国家の各位・各層の参加を語るものはあったが、本来、利益が社会階層ごとに異なるのであれば、それが対立することがあり、そのすりあわせをする場として議会政治を構想するのだという人があまりにも少なかったということであろう。確かに、国家と民衆、政府と市民という対立図式は耳にたこができるくらい聞くのであるが、市民レベルに利害対立があるという想定はあまりなされていない。

タイにおける悪のシンボリズムは、かつては異民族、帝国主義であり、第二次世界大戦後は軍部、悪徳政治家、多国籍企業であり、現在は、国家とグローバリズムである。国家の拘束力を嫌うのが企業家、ホワイトカラーであり、国家に代わる市場の論理を優先した方が自由な社会になると考えている。他方で、強者が支配する市場の論理、すなわちグローバリズムにも反対し、タイの社会・文化の危機を論じるのである。これらの時代における悪はおしなべて、タイ社会の外部に位置するものである。悪とはその時点で人々の外部にあると意識されたシンボルであり、悪と対抗するのが、タイ・アイデンティティの求心力となる国家、王権、仏教であるというのがタイ社会・文化論の定番の議論である。認識の共同体の内部に利害対立の構造があり、そこから様々な矛盾が発生するという事実をあえて指摘しないのはなぜか。

さて、民主党のリベラルな政治は、無視された民衆のバックラッシュにあうことになる。二〇〇一年のタクシン・シナワット率いるタイ愛国党の勝利は、彼のビジネス・タイクーンとしての経営手腕に国民の期待が移ったというよりも、民主党がＩＭＦ下の緊縮財政で切り捨てた地方農民や都市労働者の票をタイ愛国党が集めた結果である。その集め方が旧態依然の票買いであったかどうかはここでは述べない。農民の三年間負債繰り延べ、一行政区(タンボン)一〇〇万バーツの創成資金融資など、地方経済に血を通わせる政策が公約であげられた。その原資をどこに求めるかは極めて問題であり、それが行財政改革であった。政治家と高級官僚、企業との癒着、汚職をなくせば、そのくらいの金は出てくるというわけである。正論である。しかし、なぜ汚職が発生するのかという制度や社会構造そのものの問題は考慮されていないし、意図的に無視されている。

彼が数年で巨万の富を得たのは、彼のＩＴ起業家、投資家としての才覚のほかに、政府から携帯電話事業を始めるコンセッションをとりつけたことによって独占体制を短期間に築いた結果でもある。その後、数年で政治家として首相の座を射止めたのは、豊富な資金力で自らの票田を獲得し、人脈に連なる政治家を養うことができたからである。彼は市場経済と民主主義のルールに従って権力の頂点に上りつめた。党派や派閥間の調整という政治に時間を費やさず、権力の中枢を関係者で固め、トップダウンで政策を素早く実施するＣＥＯ型政治に社会改革を期待する官僚や企業家も少なくない。二〇〇五年二月六日に実現したタイの下院総選挙(定数五〇〇)では、与党タイ愛国党が三七六議席を獲得して、野党民主党に圧勝した。

要するに、金権政治を嫌った新憲法による民主主義政治は、ポピュリスト型政治にたどりついたのである。タイの市民社会論には、地方と社会の下層農民と労働者を市民社会形成の主体と認識せず、有識者と中間層が牽引役を果たすという構想が強かった。村落共同体に国家との対抗勢力を想定したもう一つの市民社会論もまた、自治をなす政治主体、つまり市民としての地域住民の政治意識を成熟させるための具体的な方法論を欠いていたように思われる。

問題を解決する一つの鍵として、つきなみではあるが、地域開発NGOが従来行ってきた地域住民への生活に根ざした生涯学習を高等教育機関が積極的に支援する方法があるかもしれない。

市民社会の基礎となる地域社会の自治にしても、全体社会レベルの議会政治にしても、グローバル化した市場経済や労働市場の動向にかなり左右される。一九九七年の経済危機は、タイの金融市場の政策に問題があったとはいえ、アジア金融危機に巻き込まれたものであった。その結果、短期資金を引き上げられたファイナンス会社及びそこから融資を受けた企業が軒並み倒産し、景気の縮小がさらなる倒産を招いて失業者が溢れたのである[末廣二〇〇〇：八〇―一〇七]。およそ、財務官僚ですら予測できなかった事態に、もはや、共同体文化論で強調されていた「民衆の知恵」や、識者の思想や僧侶の徳では対応できない。村の社会生活に必要な知識と経済生活のそれとは性質が異なるものである。一般市民に経済社会のメカニズムを分かりやすく解説し、不利益を受けないような生活防衛の方策を教える生涯学習の場が必要である。従来のタイの社会教育は、地方農村部や山地民に対しては、タイ国民化という開発教育が社会教育としてなされてきた印象がある。しかし、初等教育、中等教育においても、地域文化や地域住民の子供たちへのまなざしや人生設計との関わりで教育効果を考える必要があろう。南部のイスラム寄宿舎学校のように地域の自生的な社会教育とグローバルな宗教教育制度がリンクしている事例などもある(1)[尾中二〇〇二]。

近年、地方大学が社会教育として、地方自治の中心となるタンボン協議会の補佐役を務める人材の教育を担うという新しい構想が実施されている。タイも日本に先行して国立大学のエージェンシー化を推進していったのであるが、そこで大学の社会的貢献の方策について様々な試みがなされているし、日本同様の産みの苦しみもそこにはある[Sakurai and Somsak 2003]。

結局のところ、タイの市民社会論も市民社会を担う市民の形成という実践論に向かわざるをえず、そこでは市民の政治的成熟を促進する生涯学習という大きな文化的潮流と結びつくのではないかと考えられる。その際に、東北タイ、マハーサラカーム県の大学が実施したような、いきなりイギリスの社会教育の実践例(リーズ大学との協力)をタイ農村や地方都市に持ち込むようなやり方はあまり成功しないだろうと思われる。まだしも、共同体文化論の方が、地域の社会資源の把握や人材の活用、住民のインセンティブを高める方策を備えているように思われる。いずれにせよ、タイは西欧社会であれ、アジアの先進国であれ、それらの国々から社会形成の理念と実践例を直輸入するような段階の国家ではない。今後も独自の社会形成を行っていくであろう。外国人研究者の役割としては、忌憚のない異見によってタイ社会のバランス維持に寄与することであろう。

おわりに

本章では、まず一節でタイ地域研究の再帰的研究動向の問題をとりあげ、二節では北原淳のタイ共同体論を詳しく紹介し、三節では国際タイセミナーの研究テーマをもとにタイの人文・社会科学の動向と市民社会論の関連を述べておいた。「現代タイ社会論の課題」という大きなタイトルのわりには論述の範囲が狭く、また緻密さに欠けた点もあったかもしれない。一九八〇年代におけるタイの「共同体文化論」と一九九〇年代におけるタイの「市民社会論」だけを考察の対象とした。しかし、それらの議論には、タイの知識人やNGO活動家、市民運動家が、タイ社会論という自己理解を十二分に表現し、その理念に基づいて活動した記録が残されている。紙幅の都合でタイの市民社会論そのものを論じることはできなかったが、市民社会論の理論的系譜とタイのコンテキストについては、佐藤と鈴木が詳しく述べており、また、タイの研究者たちがそれぞれのフィールドにおいて市民社会形成の理念と実践について報告した筆者の編著がある[Sakurai and Somsak 2003]。機会があれば目を通して頂きたい。

（1）　南部情勢は二〇〇四年に緊迫してきた。二〇〇四年四月二八日に、ヤラー、パッタニー、ソンクラーの三県で警察関連施設が同時に襲撃され、治安当局に鎮圧された。イスラム過激派が地元の青年たちを先導したとされる。また、一〇月二五日に、イスラム教徒の釈放を要求したデモ隊を警察と軍が鎮圧し、パッタニーの陸軍基地に逮捕者をトラックで輸送する際、八十余名を窒息死させた。これ以外にも、地元住民を含む公務員が銃撃される事件が多発し、警察と軍の強権的対応に地元住民、イスラム教徒が反発する等、緊張状態が続いている。タクシン首相は一二月五日に、軍に命じて一億羽の日本の折鶴を南部諸県の上空から投下させ、融和・平和を訴えたが、効果のほどは不明である。鶴をおったのは有志であるが、公務員・学校の生徒が大半であった。

付録　タイの各種統計

1　人　口

表 1-1　タイ王国地域別人口の推移(1919-2000 年)

(人)

	タイ全国	バンコク	中部	北部	東北部	南部
1919 年	9,207,355	437,294	2,409,602	2,014,846	3,092,117	1,253,497
1929 年	11,506,207	713,384	2,897,873	2,521,311	3,887,275	1,486,364
1937 年	14,464,105	890,453	3,556,394	3,223,234	4,952,288	1,841,736
1947 年	17,442,689	1,178,881	4,250,016	3,642,711	6,210,281	2,160,800
1960 年	26,257,916	2,136,435	6,134,867	5,572,310	8,991,543	3,271,965
1970 年	34,397,374	3,077,361	7,534,516	7,488,683	12,025,140	4,271,674
1980 年	44,824,540	4,697,071	9,726,272	9,074,103	15,698,878	5,628,216
1990 年	54,548,530	5,882,411	12,076,724	10,584,443	19,038,497	6,966,455
2000 年	60,916,441	6,355,144	14,215,503	11,433,061	20,825,262	8,087,471

出所：タイ統計局(National Statistical Office Thailand)より作成

表 1-3　出生率(1980 年，1990 年，2000 年)

	全国	バンコク	バンコク近郊都市	中央	西	東	北	東北	南
1980	3.65	2.24	2.61	2.69	3.45	3.92	2.83	4.21	5.01
1990	2.28	1.3	1.59	1.97	2.00	2.04	1.98	2.78	2.85
2000	1.82	1.17	1.23	1.64	1.63	1.69	1.76	2.15	2.25

出典：経済社会開発委員会(Office of the National Economic and Social Development Board)

表 1-4　出生率の現状と予測(2000-2020 年)

	全国	バンコク	バンコク近郊都市	中央	西	東	北	東北	南
2000-2005	1.81	1.16	1.22	1.63	1.62	1.68	1.75	2.14	2.24
2005-2010	1.79	1.15	1.21	1.61	1.6	1.66	1.73	2.11	2.21
2010-2015	1.76	1.13	1.19	1.59	1.58	1.63	1.70	2.08	2.18
2015-2020	1.74	1.12	1.17	1.56	1.55	1.61	1.68	2.05	2.15

出典：経済社会開発委員会(Office of the National Economic and Social Development Board)

表 1-2　タイ王国男女別人口の推移(1963-2002 年)

(人)

年	全国人口	男性	女性
1963 年	28,476,777	14,633,145	13,843,632
1964 年	29,555,198	14,801,088	14,754,110
1965 年	30,572,834	15,353,935	15,218,899
1966 年	31,482,496	15,824,509	15,657,987
1967 年	32,468,953	16,334,246	16,134,707
1968 年	33,552,238	16,884,536	16,667,702
1969 年	34,523,122	17,373,825	17,149,297
1970 年	35,550,105	17,897,883	17,652,222
1971 年	35,820,097	18,553,258	18,266,839
1972 年	38,359,008	19,316,933	19,042,075
1973 年	39,950,306	20,143,590	19,806,716
1974 年	41,334,152	20,827,025	20,507,127
1975 年	42,391,454	21,359,489	21,031,965
1976 年	43,213,711	21,790,510	21,423,201
1977 年	44,272,693	22,314,857	21,957,856
1978 年	45,221,625	22,775,852	22,445,773
1979 年	46,113,756	23,205,927	22,907,829
1980 年	46,961,338	23,627,727	23,333,611
1981 年	47,875,002	24,067,597	23,807,405
1982 年	48,846,927	24,549,873	24,297,054
1983 年	49,515,074	24,911,684	24,603,390
1984 年	50,583,105	25,449,044	25,134,061
1985 年	51,795,651	26,059,668	25,735,983
1986 年	52,969,204	26,642,889	26,326,315
1987 年	53,873,172	27,070,155	26,803,017
1988 年	54,960,917	27,574,256	27,386,661
1989 年	55,888,393	28,001,343	27,887,050
1990 年	56,303,273	28,181,202	28,122,071
1991 年	56,961,030	28,463,102	28,497,928
1992 年	57,788,965	29,018,092	28,770,873
1993 年	58,336,072	29,205,086	29,130,986
1994 年	59,095,419	29,552,978	29,542,441
1995 年	59,460,382	29,678,600	29,781,782
1996 年	60,116,182	29,973,059	30,143,123
1997 年	60,816,227	30,295,797	30,520,430
1998 年	61,466,178	30,591,602	30,874,576
1999 年	61,661,701	30,650,172	31,011,529
2000 年	61,878,746	30,725,016	31,153,730
2001 年	62,308,887	30,913,485	31,395,402
2002 年	62,799,872	31,139,647	31,660,225

出所：タイ統計局(National Statistical Office Thailand)より作成

表 1-5　1990，2000，2020（予測）年における年齢集団別人口構成比

（人）

	1990 年	%	2000 年	%	2020 年	%
全国	56,303,273	100	62,249,000	100	70,820,000	100
0～14 歳	16,457,447	29.23	15,345,000	24.65	13,457,000	19.00
15～59 歳	35,701,905	63.41	41,034,000	65.92	45,479,000	64.22
60 歳以上	4,143,921	7.36	5,870,000	9.43	11,884,000	16.78
バンコク	5,882,411	100	6,492,000	100	7,465,000	100
0～14 歳	1,267,071	21.54	1,154,000	17.78	992,000	13.29
15～59 歳	4,264,748	72.50	4,826,000	74.34	5,151,000	69.00
60 歳以上	350,592	5.96	512,000	7.89	1,322,000	17.71
東北地方	19,038,497	100	21,284,000	100	22,767,000	100
0～14 歳	6,307,455	33.13	5,832,000	27.40	4,817,000	21.16
15～59 歳	11,522,098	60.52	13,598,000	63.89	14,022,000	61.59
60 歳以上	1,208,944	6.35	1,854,000	8.71	3,928,000	17.25

出所：タイ統計局（National Statistical Office Thailand）より作成

表 1-6　家族類型別の世帯構成比（1980 年，1990 年，2000 年）

	世帯主が 14 歳以上 59 歳未満			世帯主が 60 歳以上		
	1980 年	1990 年	2000 年	1980 年	1990 年	2000 年
単身世帯	4.2	6.2	10.1	7.5	7.3	10.0
核家族	70.6	67.6	60.3	40.0	39.7	33.1
複合家族	25.1	26.3	29.6	52.5	53.0	56.9

出所：タイ統計局（National Statistical Office Thailand）より作成

2　労　　働

表 2-1　労働人口の構成比

	1994	1995	1996	1997	1998	1999	2000
農業	47.7	44.7	43.8	43.7	41.6	42.5	41.9
非農業	47.1	51.1	52.7	53.1	51.2	51.2	52.3
失業	2.6	1.7	1.5	1.5	4.4	4.2	3.6
季節労働	2.6	2.5	2	1.7	2.8	2.1	2.2
計	100	100	100	100	100	100	100

出所：地方自治局と統計局（Department of Local Administration and National Statistical Office）より作成

表 2-2　地域別最低賃金の推移(日額)　(バーツ)

	バンコクおよび近郊区[1]	中部	北部・東北部	その他の県
		チョンブリ サラブリ	チェンマイ ナコンラチャシマ	
1980	54	47	44	
1981	61		61	52
1982	64	61		
1983	66	63	63	56
1985	70	65	65	59
1987	73	67	67	61
1989	78	70	70	65
1990	90	79	79	74
1991	100	88	88	82
1992	115	101	101	94
1993	125	110	110	102
1994	135	118	118	110
1995	145	126	126	118
1996	157	137	137	128
1997	157	137	137	128
1998	162	140	140	130
1999	162	143	143	133
2000	162	145	143	133
2001	165	145	143	133
2002	165	149	144	133・135[2]
2003	170	149	144	133・135

注：1　Bangkok, Samut Prakan, Nonthaburi, and Pathumu Thani, Nakhon Pathom, Samut Sakon

2　133バーツ：Kanchanaburi, Kalasin, Kamphaeng Phet, Chanthaburi, Chainat, Chumphon, Trat, Nakorn Phanom, Prachin Buri, Ratchaburi, Songkhla, Surat Thani, Nong Bua Lamphu, and Uthani Thani.

135バーツ：Chayaphum, Chiang Rai, Trang, Tak, Nakhon Si Thammarat, Nakhon Sawan, Nan, Prachapkhirikhan, Pattani, Phayao, Phatthalung, Phichit, Phitsanulok, Phrae, Mahasarakham, Mukdahan, Mae Hong Son, Yasothon, Yala, Roi Et, Lop Buri, Lampang, Loei Si Sa Ket, Sakon Nakhon, Satun, Samut Sonkhram, Sa Kaeo, Suphan Buri, Nong Khai, Amnart Charoen, Udon Thani, Uttaradit, and Ubon Ratchatani.

出所：山本博史・『アジアの工業化と農業・食糧・環境の変化』筑波書房 1999, p. 88 および労働・社会福祉省賃金委員会(Office of Wage Committee, Ministry of Labour and Social Welfare)より作成

表 2-3　職業別に見た男女別収入比(1998 年)

(%)

月収(バーツ)	専門職		管理職		事務職		販売業	
	男	女	男	女	男	女	男	女
3,000 以下	2.6	4	8.7	6.6	2.1	4.3	49.6	54.6
3,001-6,000	10.7	12.8	14.8	10.9	33.3	47.5	30.5	32
6,001-9,000	17.9	21.1	10.1	14.7	27.1	23.6	9.7	7
9,001-20,000	50.3	50.8	36.9	41.3	31.6	18	7.7	4.8
20,001 以上	18.5	11.3	29.5	26.5	5.9	6.6	2.5	1.6
計	100	100	100	100	100	100	100	100
月収(バーツ)	農業		運輸業		職人		計	
	男	女	男	女	男	女	男	女
3,000 以下	87.4	90.5	18	30.5	18	31.5	55.2	61.7
3,001-6,000	10.1	7.9	51	49.5	60.9	61.8	25.5	24.2
6,001-9,000	1.4	0.9	18.4	6.3	13.9	5.1	8.4	5.6
9,001-20,000	0.8	0.6	9.9	11.9	6	1.2	8	6.5
20,001 以上	0.3	0.1	2.7	1.8	1.2	0.4	2.9	2
計	100	100	100	100	100	100	100	100

出所：タイ統計局労働力調査(National Statistical Office, Labour Force Survey 1998. http://www.nso.go.th)

表 2-4　世帯あたりの平均月額収入の地域別推移(1981-1998 年)

(バーツ)

	タイ全土	バンコクおよび近郊区	中部	北部	東北部	南部
1981	3,378	5,972	3,665	2,886	2,512	3,256
1986	3,631	6,949	4,006	3,106	2,555	3,657
1988	4,106	7,877	4,220	3,400	3,067	3,959
1990	5,625	11,724	5,827	4,719	3,529	5,153
1992	7,062	15,951	6,906	5,255	4,525	6,383
1994	8,262	16,418	8,724	6,260	5,599	8,014
1996	10,779	21,947	10,907	8,331	7,388	9,846
1998	12,492	24,929	12,643	9,779	8,546	11,461
	コミュニティのタイプ		中部	北部	東北部	南部
1996	都市部		15,758	17,138	17,228	15,375
	衛生区		13,219	9,436	9,842	13,259
	農村部		9,589	7,326	6,404	8,609
1998	都市部		15,289	18,685	19,848	17,128
	衛生区		15,050	12,297	11,488	12,544
	農村部		11,676	8,538	7,422	10,375

出所：National Statistical Office, Household Socio Economic Survey および National Statistical Office, Report of the 1998 Household Socio-economic Survey, 2000 p. 24 より作成

(出典：開発協力銀行『貧困プロファイル　タイ』2001 年，p. 4 より転載)

3　教　　育

表 3-1　タイ王国の教育費別予算の推移

（10 万バーツ）

	義務教育	ノンフォーマル教育
1987 年	35,629.6	628.5
1988 年	37,637.3	670.0
1989 年	40,365.0	782.0
1990 年	50,619.4	875.3
1991 年	62,158.5	1,091.8
1992 年	69,738.3	1,398.2
1993 年	88,177.3	1,601.5
1994 年	100,486.0	1,809.2
1995 年	110,657.8	1,983.5
1996 年	132,977.6	2,812.6
1997 年	156,173.6	2,703.4
1998 年	153,341.6	2,794.9
1999 年	151,579.8	2,907.7
2000 年	159,141.5	3,048.0
2001 年	160,864.2	3,461.3
2002 年	162,428.0	3,566.5
2003 年	153,420.5	3,621.8
2004 年	158,037.7	3,796.7

出所：タイ統計局(National Statistical Office Thailand)

表 3-2　1996年と2000年における 3 歳から21歳の児童人数(人)，学生数(人)，パーセント

	総計	幼児園	初等教育	中等教育				高等教育
				小計	中学校	高等学校	職業教育	
年齢	3-21 歳	3-5 歳	6-11 歳	12-17 歳	12-14 歳	15-17 歳	15-17 歳	18-21 歳
1996 年								
人口	21,337,500	3,224,800	6,566,800	6,897,200	3,413,200	3,484,000	3,484,000	4,648,700
学生	12,495,714	2,029,752	5,910,332	3,896,145	2,421,350	808,114	666,681	659,485
%	58.6	62.9	90.0	56.5	70.9	23.2	19.1	14.2
2000 年								
人口	20,861,600	3,153,400	6,439,800	6,662,900	3,277,200	3,385,700	3,385,700	4,605,500
学生	13,210,663	2,161,284	6,012,047	4,053,388	2,329,650	1,098,551	625,187	984,944
%	63.3	68.5	93.4	60.8	71.1	32.4	18.5	21.4

出所：タイ統計局(National Statistical Office Thailand)教育関連統計より作成

表4-1　国内総生産に占める各産業の構成　1995-2001

(100万バーツ)

	1995	1996	対前年比(%)	1997	対前年比(%)	1998	対前年比(%)	1999	対前年比(%)	2000	対前年比(%)	2001	対前年比(%)
農業	458,975	505,031	9.12	513,991	1.74	564,879	9.01	502,826	−12.34	510,985	1.60	532,084	3.97
農作物	250,557	284,482	11.93	287,811	1.16	326,861	11.95	262,962	−24.30	267,159	1.57	283,600	5.80
畜産	42,475	43,959	3.38	43,925	−0.08	43,914	−0.03	49,734	11.70	41,451	−19.98	53,883	23.07
漁業	84,184	87,947	4.28	95,202	7.62	107,983	11.84	103,462	−4.37	109,468	5.49	104,480	−4.77
林業	8,016	8,291	3.32	7,037	−17.82	6,239	−12.79	5,630	−10.82	5,304	−6.15	5,551	4.45
農業関連サービス	12,697	13,443	5.55	13,201	−1.83	13,590	2.86	13,719	0.94	12,336	−11.21	13,111	5.91
農産加工等	61,046	66,912	8.77	66,815	−0.15	66,292	−0.79	67,319	1.53	75,267	10.56	71,459	−5.33
鉱業	50,322	63,410	20.64	82,402	23.05	84,318	2.27	87,362	3.48	116,685	25.13	126,183	7.53
工業	1,190,456	1,303,526	8.67	1,360,842	4.21	1,360,031	−0.06	1,446,711	5.99	1,576,863	8.25	1,638,771	3.78
建設	302,635	341,518	11.39	271,824	−25.64	178,680	−52.13	166,253	−7.47	150,069	−10.78	152,356	1.50
電力・水道	101,231	106,833	5.24	118,958	10.19	142,277	16.39	130,399	−9.11	146,108	10.75	166,525	12.26
運輸・通信	302,970	341,051	11.17	369,949	7.81	360,918	−2.50	376,111	4.04	396,454	5.13	429,938	7.79
小売り業	671,372	718,698	6.58	763,006	5.81	732,248	−4.20	742,828	1.42	787,272	5.65	792,124	0.61
銀行・保険・不動産	315,514	346,263	8.88	322,733	−7.29	243,096	−32.76	164,058	−48.18	155,407	−5.57	159,837	2.77
不動産貸し付け	99,338	109,279	9.10	115,076	5.04	120,099	4.18	123,101	2.44	125,088	1.59	125,851	0.61
行政・軍事関連	157,555	171,329	8.04	181,095	5.39	195,257	7.25	204,172	4.37	211,218	3.34	222,356	5.01
サービス業	535,844	604,103	11.30	632,734	4.52	642,644	1.54	693,258	7.30	739,436	6.25	777,393	4.88
国内総生産 GDP	4,186,212	4,611,041	9.21	4,732,610	2.57	4,626,447	−2.29	4,637,079	0.23	4,916,505	5.68	5,123,418	4.04

出典：国家経済社会開発委員会(Office of the National Economic and Social Development Board, Compiled by; Statistical Forcasting Bureau, National Statistical Office)

表4-2　1人当たり実質GDPの推移(1990-2001年)

(バーツ)

	1990年	1991年	1992年	1993年	1994年	1995年	1996年	1997年	1998年	1999年	2000年	2001年
1人当たり実質GDP	34,839	37,389	39,840	42,595	45,867	49,523	51,920	50,702	44,929	46,468	48,159	48,697

出典：タイ統計局(National Statistical Office Thailand)

表 4-3　タイの主要輸出品 20 製品(2000 年，2003 年)

(百万ドル)

	リスト	2000 年	2003 年
1	コンピュータ・部品	8,739.5	8,189.6
2	IC	4,484.0	4,624.6
3	自動車&部品	2,419.4	3,969.6
4	ゴム	1,524.7	2,787.7
5	ラジオカセット・テレビ&部品	1,964.9	2,501.8
6	プラスティック	1,865.6	2,148.4
7	繊維製品	3,132.7	2,761.8
8	稀少石/宝石	1,741.8	2,514.8
9	米	1,641.0	1,833.9
10	エアコン・部品	1,079.6	1,430.3
11	鉄&鉄製品	1,399.2	1,687.2
12	魚缶詰	2,067.1	2,135.8
13	ゴム	1,060.4	1,556.4
14	化学製品	1,248.1	1,581.4
15	電気製品・部品	901.1	1,080.0
16	機械・部品	801.4	1,248.2
17	プラスティック製品	894.2	1,236.2
18	エンジンのピストン	327.4	541.8
19	機械用オイル	1,294.9	1,020.2
20	電子基盤	1,121.6	742.1
20 品の計		39,708.7	45,591.6
その他		29,915.6	34,457.7
総計		69,624.2	80,049.4

出所：タイ国政府商務省輸出振興局

表 4-4　タイ王国の地域別森林量の推移

(100 ha)

	1988 年	1989 年	1991 年	1993 年	1995 年	1998 年	2000 年	2000 年 (構成比)
北地方	80,402	80,222	77,143	75,231	73,886	73,057	96,270	56.59
東北地方	23,693	23,586	21,799	21,473	21,265	20,984	26,526	15.59
中部	17,244	17,223	16,616	16,408	16,288	16,049	21,461	12.62
東地方	7,834	7,786	7,691	7,634	7,591	7,507	8,438	4.96
南地方	14,630	14,600	13,449	12,808	12,455	12,125	17,413	10.24

注：1988-98 年の森林面積は保全林のみ。2000 年の森林面積は衛星写真による森林面積。
出所：国立公園・自然保護局(National Park, Wildlife and Plant Conservation Department) Geo-Informatics

表 5-1　タイ人の信仰(2003 年)

(人)

県	人口	%	仏教	%	イスラム教	%	キリスト教	%	他	%	寺院	イスラム教の教会堂	キリスト教の教会堂
全国(1998 年)**	61,466,187	100	57,134,880	92.95	3,220,233	5.24	991,600	1.61	119,474	0.19	31,071	3,424	3,724
東地方(1998 年)	4,131,042	100	3,925,713	95.03	100,949	2.44	102,283	2.48	2,097	0.05	1,963	127	-
西地方(1998 年)	4,773,398	100	4,673,107	97.90	27,286	0.57	71,144	1.49	1,861	0.04	2,160	34	-
北地方(1998 年)	12,159,933	100	11,614,364	95.51	186,127	1.53	302,225	2.49	57,217	0.47	7,545	29	-
東北地方(1998 年)	21,312,165	100	20,935,925	98.23	10,335	0.05	363,240	1.70	2,665	0.01	14,151	12	-
南地方(1998 年)	8,066,779	100	5,665,396	70.23	2,333,418	28.93	51,573	0.64	16,392	0.20	2,109	2,692	-
バンコク(1998 年)	5,647,800	100	5,195,977	92.00	359,200	6.36	56,478	1.00	36,145	0.64	440	164	-
チョンブリー県(1998 年)	1,053,433	100	1,001,889	95.11	16,641	1.58	33,409	3.17	1,494	0.14	324	26	-
ラーヨン県(1998 年)	515,008	100	486,951	94.55	7,778	1.51	20,244	3.93	35	0.01	250	8	5
チェンマイ県(1998 年)	1,582,223	100	1,294,133	81.79	144,701	9.15	121,565	7.68	21,824	1.38	628	13	336
チェンラーイ県(2003 年)*	1,273,445	100	1,224,123	96.13	2,375	0.19	26,220	2.06	20,727	1.63	1,041	12	174
ウドーンターニー県(2003 年)	1,467,362	100	1,458,202	99.38	393	0.03	8,767	0.60	0	0.00	1,485	1	25
ソンクラー県(2003 年)	1,284,864	100	822,698	64.03	30,451	2.37	421,950	32.84	9,765	0.76	387	348	-
パターニー県(2003 年)	632,667	100	120,611	19.06	512,056	80.94	1,458	0.23	0	0.00	89	622	7

出所：*データ 2003 年，県文化課(samnakgaan Wathamatham cagwat)
**データ1998年，首相府国家教育委員会(samnakgaan khanakamakaan kaansukusaa heegchaat samnak nayoknathamonthorii)より作成

表 5-2　タイ民族別人口の推移（1997 年，2002 年）　（人）

エスニック集団	1997 年	2002 年
カレン族　Karen	353,574	95,088
モン Hmong 族　（ミャオ族 Meo）	126,300	24,551
ミェン族　Mien（ヤオ族 Yao）	48,357	8,022
アカ族　Akha	56,616	12,909
ラフ族　Lahu	85,485	20,347
リス族　Lisu	33,365	7,338
ラワ族　Lawa（Lau）	17,637	5,098
ティン族　Kha（Kha Htin）	38,823	10,474
カム族　Khmu	13,674	2,523
ムラブリ族　（Mlabri）	125	63
山岳少数民族合計	774,316	186,413
パラウン族　Palaung	1,626	500
トンス族　Tonsu	257	43
タイ・ルー族　Tai Lue	6,472	996
ホー族　Haw	21,579	4,109
タイ・ヤイ族　Tai yai（Shan）	20,068	4,658
その他の少数民族　Other	9,086	2,922
少数民族合計	59,088	13,221
平地に住む少数民族	157,718	52,945
合計	991,122	252,579

出所：タイ労働・社会福祉省統計資料（Ministry of Labor and Social Welfare）より作成

表 5-3　バンコクにおける国籍別人口(2000 年)　(人)

国籍	都市部	郡部	合計
タイ	18,744,555	41,447,638	60,192,193
中国	48,941	92,708	141,649
インド	6,553	2,559	9,112
ネパール	4,361	9,131	13,492
パキスタン	1,286	1,635	2,921
バングラデシュ	797	1,152	1,949
スリランカ	883	9,281	10,164
ベトナム	6,640	1,696	8,336
ラオス	6,479	22,658	29,137
カンボジア	6,315	12,403	18,718
日本	7,223	2,748	9,971
韓国	917	345	1,262
フィリピン	1,126	138	1,264
ミャンマー	27,798	80,742	108,540
マレーシア	792	498	1,290
シンガポール	594	209	803
インドネシア	438	111	549
米国	3,570	841	4,411
カナダ	740	167	907
オーストラリア	1,301	294	1,595
ニュージーランド	745	1,658	2,403
英国	2,556	661	3,217
ドイツ	1,739	792	2,531
ポルトガル	88	55	143
オランダ	295	111	406
フランス	1,131	212	1,343
デンマーク	361	76	437
スウェーデン	495	175	670
スイス	701	296	997
イタリア	495	163	658
ノルウェー	408	397	805
他	7,987	47,740	55,727
不明	84,020	204,821	288,841

出典：タイ統計局(National Statistic Office Thailand)
〔都市部：バンコク郡，特別市，自治市，衛生区〕
〔郡部：上記以外の自治町〕

表 5-4　1997-2003 年の交通省に登録した車

(千台)

	1997	1998	1999	2000	2001	2002	2003
乗用車(定員 7 人以下)	1,812	1,974	2,124	2,111	2,281	2,651	2,881
乗用車(7 人以上：バン)	538	555	527	554	583	608	518
ピックアップ(小型トラック)	2,587	2,779	3,098	3,209	3,341	3,544	3,631
バイク	11,650	12,464	13,245	13,817	15,236	16,581	18,210
他の車	319	316	340	339	319	290	309
計	16,906	18,088	19,334	20,030	21,760	23,674	25,549

出典：運輸通信省(Ministry of Transport and Communications(www.mot.go.th/stats_main3.htm))

表 5-5　1997-2003 年のタイ電話公社(TOT)に登録した携帯電話

(台)

	1997	1998	1999	2000	2001	2002	2003
携帯電話(全)	1,105,748	1,016,495	1,154,784	1,451,619	2,391,575	2,329,348	13,224,265
470 system: NMT	49,645	37,678	28,396	21,868	15,273	11,310	6,548
900 system: NMT & GSM	1,056,103	978,817	1,126,388	1,429,751	2,376,302	2,318,038	13,072,327
1900 system	—	—	—	—	—	—	145,390

注：2003 年に携帯電話登録数が飛躍的に増加しているが，通信会社の各種プロモーションによる普及と考えられる。

出所：TOT Corporation Public Company Limited(旧タイ電話公社)の統計より作成

6　社会保障

表6-1　タイにおける社会保障制度一覧

保障分野	制度名	給付内容・特徴	管理機関	対象者層
医療	公務員医療給付制度(CSMBS)	原則として入院についてはフリーアクセス，外来は公的病院のみフリーアクセス。外来は償還払い。自己負担はなく，最も手厚い公的医療制度。	財務省	国家公務員
	30バーツ制度	その他の公的医療制度に加入していない全ての国民が30バーツの定額で外来・入院サービスを受けることが可能。利用医療機関は事前登録制で公立に限定されることが多い。	保健省	無保険者全員
	労働者補償制度(WCS)	いわゆる労働災害保険。就業時の傷害に関してカバー。原則フリーアクセス。償還払い方式。リハビリテーションまでカバーしている点が特徴。	労働社会福祉省社会保障局	従業員10人以上の事業所の職員(2002年4月より従業員1名以上に改正)
	被用者社会保障制度(SSS)	入院，外来の両方をカバーしているが，事前登録制をとっており，フリーアクセスは保障されていない。受診時の自己負担はない。現金給付もある。出産，死亡，傷害についても給付あり。		
年金	被用者社会保障制度(SSS)	180カ月の加入により年金受給が可能になる賦課方式の年金制度。退職直前の5カ月の給与水準を元に給付額が決定される。		
	民間セクター共済基金	各民間企業単位で設立することができる共済基金。雇用者と被用者の合意によって設立される。給付内容は共済基金による。	各民間企業の基金	民間企業従業員
	退職共済基金	米国の401(k)に類似した確定拠出型年金。所得の15%までを積み立てることが可能。5,000バーツ最低限度積み立て額。拠出金は非課税。	民間金融	自営業者
	政府年金基金(GPF)	25年以上の拠出で受給資格が得られる。給与の3〜5%程度を拠出。政府からも同率が拠出される。	政府年金基金	政府職員(総合職)
	政府職員基金	給与の3%程度を拠出。政府からも同率が拠出される。	政府職員基金	政府職員(一般職)
	政府系企業共済基金	加入者の給与の3%〜15%が積み立てられる確定拠出型であるが，年金制度はなく，一時金の支払いとなる。ただし，一時金で養老保険などを購入することも可能である。	政府系企業共済基金	政府系企業従事者
年金機能	福祉老齢給付(公的扶助)	社会福祉給付として高齢者に支給される。月額300バーツで3カ月毎に900バーツが支給される。拠出金がないため公的扶助として位置づけられるが年金的機能を持つ。	労働社会福祉省公的福祉局	高齢者(ニーズが認められる者)
公的扶助	その他公的扶助	家族給付：一回2,000バーツまで，年に3回まで受給可能。 障害者，児童(その扶養者)に対し，500バーツの給付。	労働社会福祉省公的福祉局	ニーズが認められる者
失業	被用者社会保障制度(SSS)	未定(2003年度の施行を目指して準備中)	労働社会福祉省社会保障局	従業員1人以上の事業所の職員

資料：各種資料より三和総合研究所作成
(出典：国際協力銀行『タイ王国における社会保障制度に関する調査』2002年，7頁より転載)

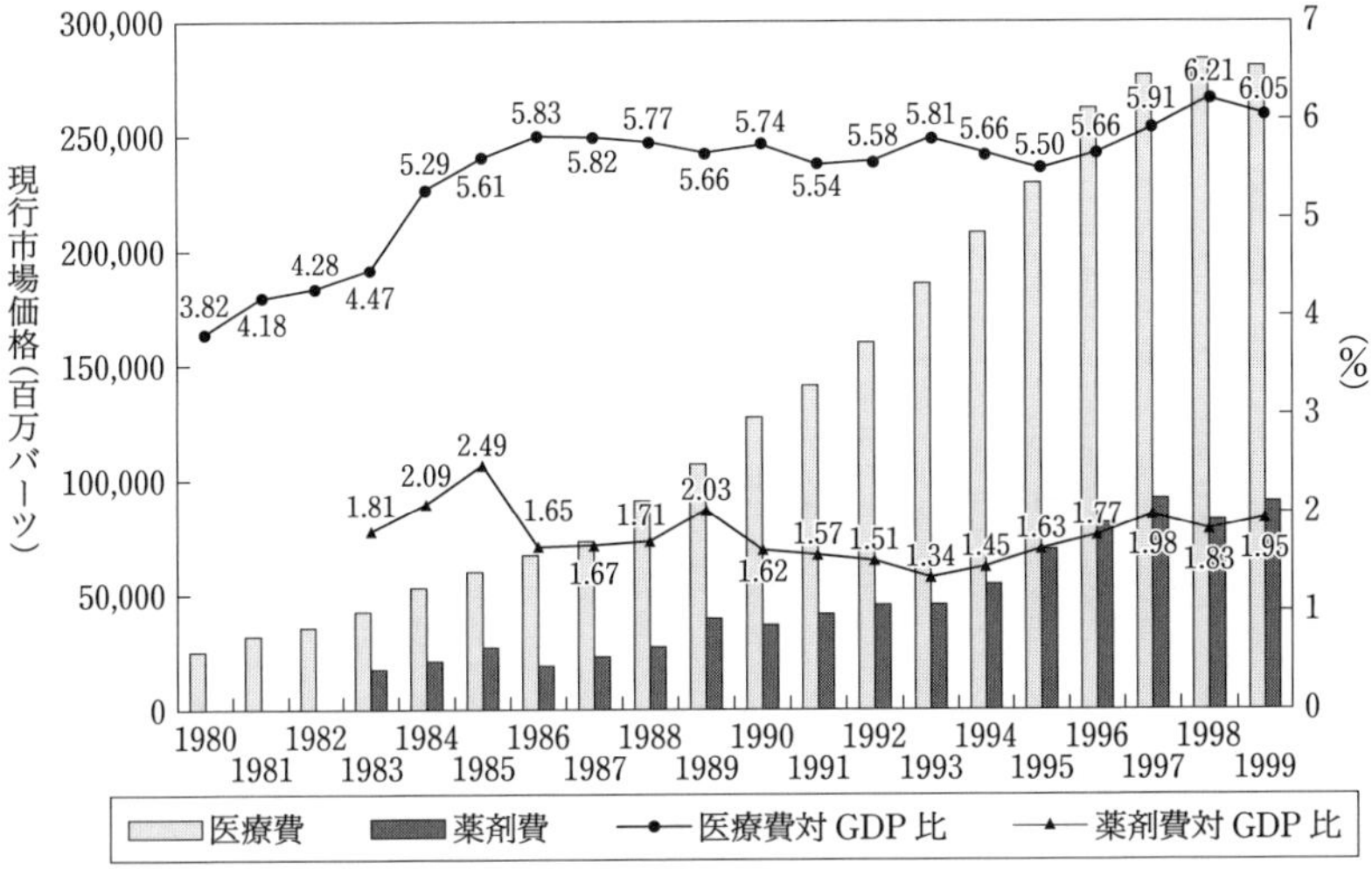

図 6-1 医療費・薬剤費支出の推移

資料：Health Systems Research Institute (2002)

(出典：国際協力銀行『タイ王国における社会保障制度に関する調査』2002年，23頁より転載)

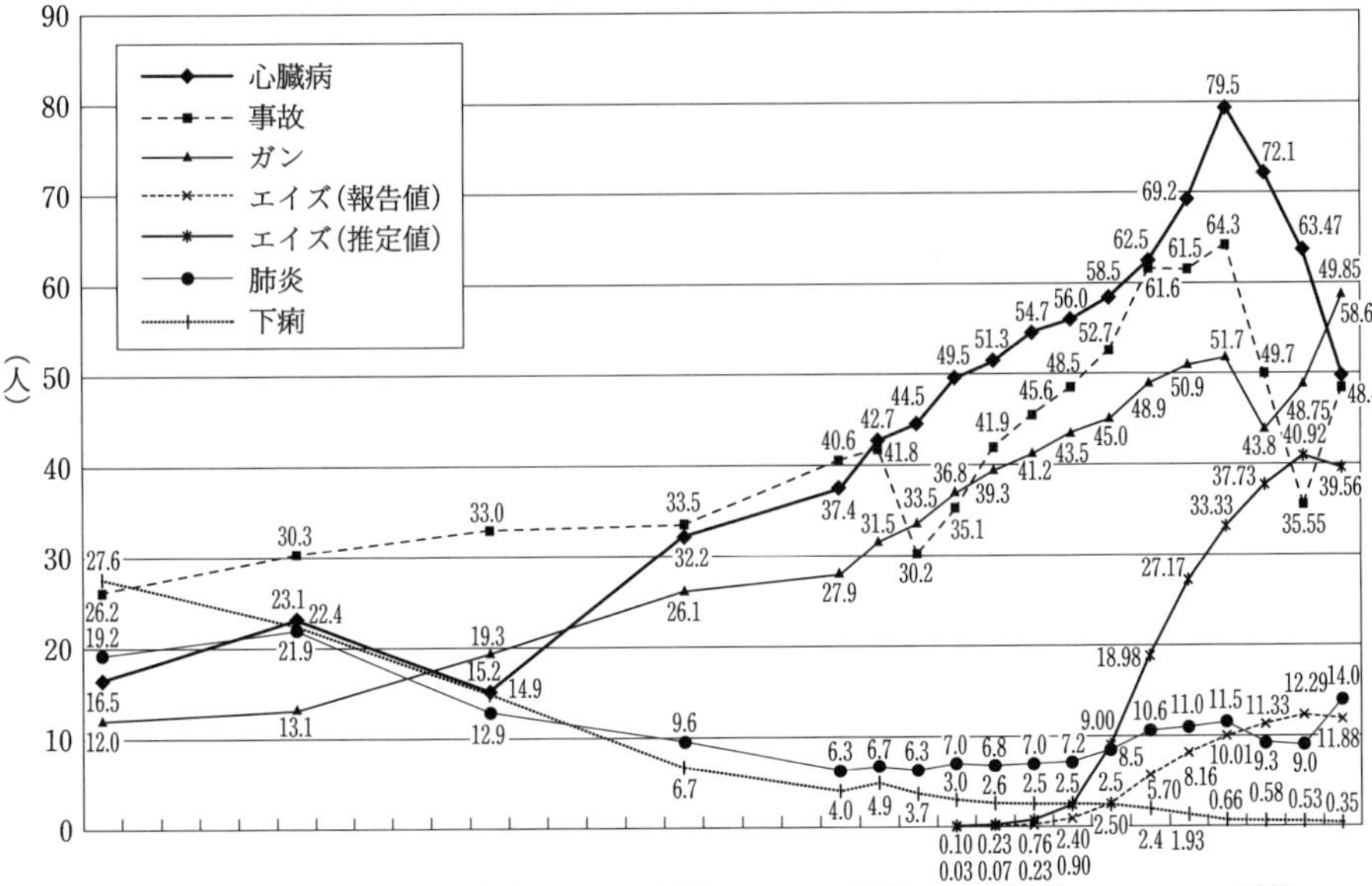

図 6-2 人口 10 万人あたりの疾病別死亡者数

資料：Health Systems Research Institute (2002)

(出典：国際協力銀行『タイ王国における社会保障制度に関する調査』2002 年，21 頁より転載)

7　行政・自治

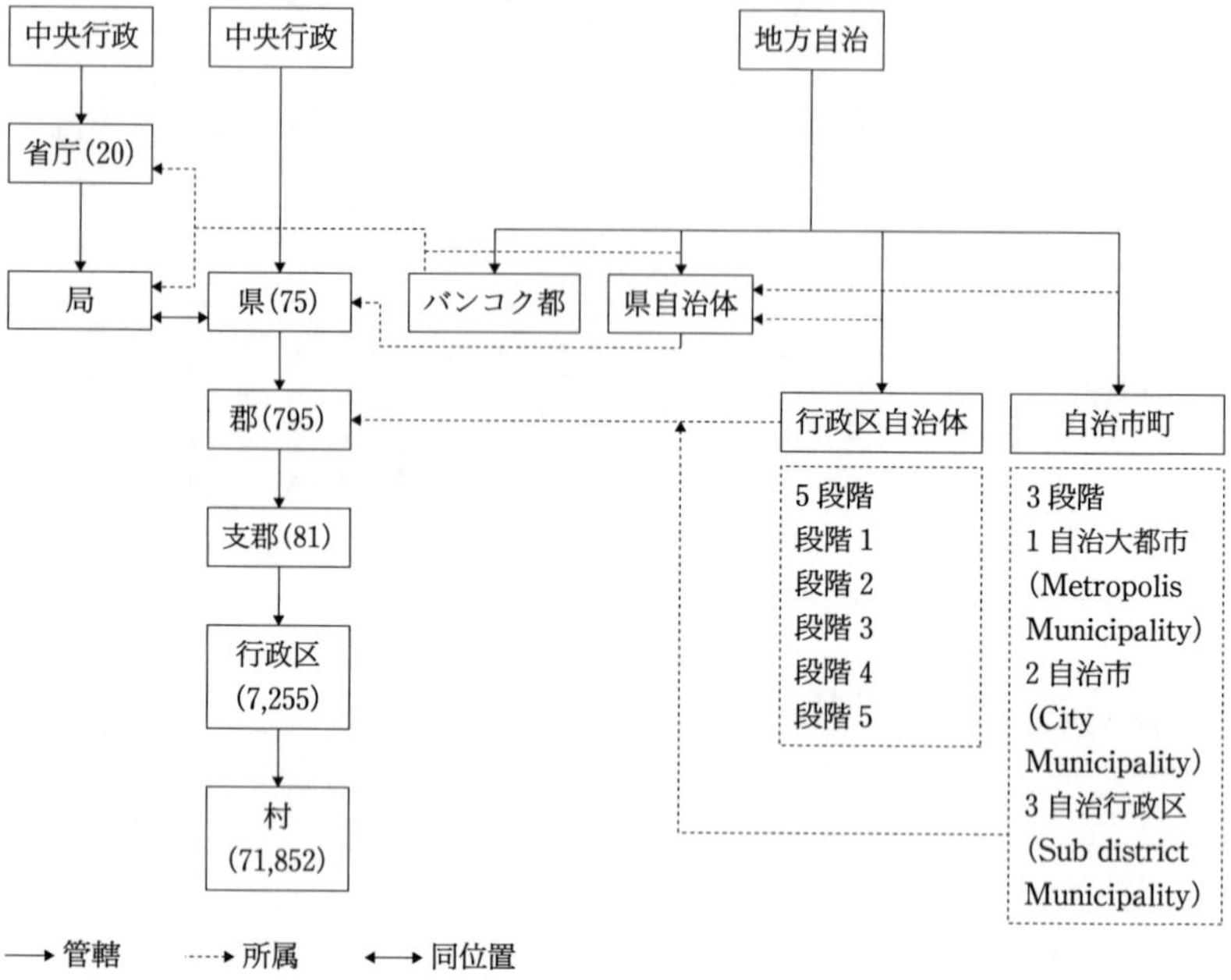

図 7-1　タイの行政機構
出典：県・郡・行政区・村に関する地域統計　http://www.ect.go.th/local/static.html

表 7-1　自治市町の区分(財政規模と人口)

	財政(バーツ)	居住人口	自治体の数
自治大都市(City Municipality)	100,000,000 以上	50,000 以上	22
自治市(City Municipality)	20,000,000 以上	10,000 以上	104
自治行政区(Sub district Municipality)	20,000,000 以上	7,000 以上	1,010
全体			1,136

出典：地方自治体人事基準委員会(Commission on local government personnel standards 2003 http://www.local.moi.go.th/local_sub2.htm)

表 7-2　行政区自治体の区分(財政規模と職員)

	財政(バーツ)	職員数	自治体数
段階 1	20,000,000 以上	21	74
段階 2	12-20,000,000	12	77
段階 3	6-12,000,000	6	205
段階 4	3-6,000,000	4	833
段階 5	3,000,000 未満	3	5,556
Total			6,742

出典：タイ統計局(Statistical Office of Thailand)タイの行政区自治体の基礎資料編

以上の資料作成にあたっては，北海道大学大学院文学研究科社会システム科学講座に在籍する博士課程大学院生のクルプラントン・ティラポン，スチャリクル・ジュタティップ，及び修士課程の鈴木雅，清川梢の各氏にデータ収集を手伝ってもらった。また，札幌医科大学看護学部講師の道信良子氏にも助言を頂いた。記して感謝します。

初出一覧（全ての論文において、増補・訂正・削除等、一部または大幅な改稿を行った）

第Ⅰ部
第一章　調査研究の課題と方法
　書き下ろし
第二章　社会変動と地域開発
「工場労働者のアイデンティティ形成と生活文化――在タイ日系鉛筆製造工場を事例に」小林甫編『科学研究費報告書：現代市民の生活価値変容と青年教育改革――教育社会学的・教育社会史的研究』一九九七年、九五―一四四頁。タイ地域社会研究の概要を大幅に加筆修正したもの。
第Ⅱ部
第三章　家族における互酬性の規範と先祖祭祀
「家族における互酬性の規範と死者供養――タイ東北部農村家族を事例に」『現代社会学研究』五巻、一九九二年、一三三―一六三頁。
第四章　宗教実践の構成と社会変容
「実践宗教の構成と社会変容――東北タイ農村社会を事例に」『社会学評論』四六巻第三号、一九九六年、三二七―三四七頁。
第Ⅲ部
第五章　労働者のアイデンティティ形成
「工場労働者のアイデンティティ形成と生活文化――在タイ日系鉛筆製造工場を事例に」小林甫編『科学研究費報告書：現代市民の生活価値変容と青年教育改革――教育社会学的・教育社会史的研究』一九九七年、九五―一四四頁。労働社会学研究の概要を大幅に加筆修正したもの。

第六章　日系企業における労働者のアイデンティティ形成と生活構造
「在タイ日系鉛筆製造企業における労働者のアイデンティティ形成と生活構造」『社会学評論』四九巻第四号、一九九九年、五四九—五六七頁。

第Ⅳ部

第七章　東北タイ地域開発における開発ＮＧＯの課題
「東北タイ地域開発における開発ＮＧＯの課題——市民社会論との関わりで」『タイ研究』一号、二〇〇一年、一—一八頁。

第八章　東北タイにおける日本語教育支援型ＮＰＯの活動と市民交流
『関心共同圏』としての市民社会形成——東北タイ日本語教育支援型ＮＰＯの活動を事例に」『北海道大学文学研究科紀要』一一一号、二〇〇三年、一一九—一五五頁。

第Ｖ部

第九章　タイ・アイデンティティと文化研究
「タイ・アイデンティティと文化研究——チャティプ・ナートスパー氏による共同体文化論の検討を中心に」『現代社会学研究』一一巻、一九九八年、四九—六九頁。

第十章　現代タイ社会論の課題
「現代タイ社会論の課題——『共同体文化論』『市民社会論』をめぐって」金子勇編『現代社会の社会学的地平——小林甫教授退官記念論集』北海道大学文学部社会システム科学講座、二〇〇四年、六〇—七五頁。

あとがき

本書は一九九二年から二〇〇四年までの間に書いた既発表論文を編成したものである。八章の日本語教育NPO調査(自身のNPO活動も含む)以外の調査研究は、二〇〇〇年以前のものであり、データ・知見共に少し古くなっていることは否めない。しかし、一九九一年二~三月に調査した村落の風景は二〇〇四年一月の訪問時にもあまり変わっていない。出稼ぎでタイ国内はおろか中東、東アジアまで足をのばした男たちは、くたびれたせいか、米と野菜、換金作物をおとなしく作っている。そうした世帯の現金収入は、彼らが稼いだ金で中学・高校、専門学校へと進んだ子供たちの仕送りで、ある程度はまかなえるようになっている。寺の宗教委員会役員たちは、調査時点の老人たちからこうした出稼ぎ世代に代わってきているが、男たちのやるべきことをやってきた自足と安堵の表情は当時のままである。

しかし、彼らの農業を継ぐ子世代は育っていない。町の中学・高校へ通う子供たちは下宿しており、週末に村へ帰る。アスファルト道路が整備されたとはいえ、ウドーンターニーの市街地まで車で一時間。農民の兼業は相変わらず出面か道路工事等の仕事であり、常雇いの仕事を週日行い、週末に農業をやるといった日本のような兼業農家が増える可能性はこの地域では考えられない。だから、ほとんどの子供が町で働く機会を探して村を出るのである。村には子供はいるがその親たちが出稼ぎ等で不在の家が少なくない。壮年世代が少ない。村の各世代がせいぞろいするのは、ソンクラーンの時期であろうか。

一九六〇年代から二〇〇〇年代にかけてタイ社会は大転換を遂げた。本論では十分触れていないが、少子化である。一九六〇年頃の合計特殊出生率が六・〇前後であったのが、二〇〇〇年の人口センサスでは一・八二、バンコクでは一・一七である。ここからタイ社会が今後直面せざるをえない幾つもの問題が派生してくる。

第一に、少子化は子供に対する教育投資を加速化する。一人っ子か二人きょうだいで教育投資を親から受けた子世代は、一九九九年時点で高等学校就学者が同世代の五八・三％、高等教育（専門、短期大学、オープン大学含む）を受ける者は二〇％を超えている。彼らはホワイトカラーの仕事を求めており、大学卒業者の就職浪人の割合は地方では半分を超えるだろう。

第二に、既に述べた農村地域の過剰労働力（とりわけ青年世代）を利用した輸出工場特区型の産業振興が早晩限界に達するであろう。高等教育の伸び率に見合った就職の機会、要するに産業が形成されていない。小学校や中等学校前期卒業者が減ってきている。彼らに対する最低賃金は、中国の中等教育修了者の賃金を超えている。海外から投資する企業にとって、タイの未熟練労働者の魅力が薄れてきた。

第三に、少子化に伴う高齢社会化の対策、とりわけ年金や医療等の社会保障制度の整備が相当に遅れているため、タイでは従来通り家族に相互扶助の自助努力が求められる。しかし、規模を縮小したタイの核家族はそれに耐えていけるだろうか。経済変動のセーフティー・ネットになっていた農村コミュニティは、いつまでも緑の豊かなふるさとのままではない。森林減少に伴う気候変動によって日照りや水害が発生しやすくなり、農薬や化学肥料を多用する近代農業は土壌を劣化させている。農業後継者不足がすぐに問題になるだろう。都市生活者は親の介護を含む扶養が可能であろうか。都市の新中間層といっても共働きでないと暮らしていけない世帯が大半である。都市でも農村でも、家、車、耐久消費財を買うために収入を貯蓄に回す余裕のない家が多い。そのようなライフスタイルが内需としてタイの経済成長を今なお牽引していることは認めざるをえないが、老いた時、病気になった時に家族だけでやっていけるのであろうか。

タイを含めた東南アジアの新興工業国家が直面する少子高齢化社会への社会政策には、西欧の社会福祉先進国よりも、日本や東アジア社会の経験が参考になると思われる［金子二〇〇三］。来るべき日のために、時代を展望するビジョンと共に、社会資本を充実させる政策の提言を社会科学者はなすべきであろう。

本書が扱った社会変動は農村社会の変貌、農民から労働者へ、開発主義をめぐる諸問題等、地域社会に限定されたものであった。今後の地域社会の発展は、マクロな社会政策とリンクさせていく必要がある。家族、教育、労働、社会保障等の社会集団・制度の諸領域、及びタイの人々の日常生活における社会過程において、今、そして、これからどのような変化が生じているのかをフォローする調査研究が今後の課題である。

本書をなすにあたって、これまで筆者の調査にご協力を願ったタイの方々に最初に御礼を申し上げておきたい。東北タイの村落やバンコク郊外の工場でインタビューに応じてくれた方々、NGOや行政の方々、長らく受け入れ研究機関になってもらったマハーサラカーム大学の先生方には、タイの文化と社会を一から教えて頂いた。調査というよりも勉強させてもらったのであり、今後ともそれは変わることはない。タイでまがりなりにも調査ができたのは、調査先や大学で出会ったタイの友人たちのおかげである。

筆者のタイへの関わりはNGOの活動であったが、その縁でチュラロンコン大学教授スリチャイ・ワンゲーオ先生の導きを得てタイ地域研究を志すことになった。初学者に近い筆者の調査論文を適切に批判し、また激励してくれた北原淳先生をはじめ、タイ研究の先達・同輩の方々に感謝申し上げたい。京都大学の林行夫先生、足立明先生には、東北タイの民俗宗教と開発の言説について啓発されてきた。日本社会学会、日本タイ学会においても先学の先生方にご教示を受けたし、琉球大学の鈴木規之氏、新潟大学の佐藤康行氏をはじめ、筆者の科研の分担研究者・研究協力者にも刺激を受けた。調査は個人であるが、同学の研究者との交流がなければ、知見を磨くことはできなかった。

社会学の方法論ということでは、北海道大学大学院で筆者に社会学を一から教えて頂いた米村昭二先生にまず感謝申し上げたい。農村社会学や民俗宗教研究の視点と調査の基本を教えて頂いた。地域社会学の視角は、北海道社会学会の諸先生方からのご示唆、とりわけ故布施鉄治先生と小林甫先生の著作に啓発された。こじんまりした学会ながら、特定分野の専門家になることなく、社会全般に目配りする社会学の基礎を筆者は北海道で学んだ。

本書の論文が、家族、地域社会、経営・労働、NGO・NPO等の組織、宗教と文化の構造、政治や経済等の全体社会の構造に言及しているのは、まず社会の構造を一通り調べなくては特定領域の社会現象は分からないという北海道社会学会の学風の影響であろう。本書のこの特長は、タイの専門家から見れば詰めが甘い部分であることは承知している。科研の総合的地域研究を、個人で時間をかけてミニチュア版でやる筆者のようなスタイルは、現在の学術研究の水準からいえば非生産的である。一つの領域を一〇年、二〇年やって専門家になる時代である。その意味で、タイをまるごと知りたいという好奇心は維持しつつも、次のタイ地域研究の成果を公刊できる時には、専門領域の調査研究にしたいと考えている。

最後になるが、タイでの調査研究の環境を整えて頂いた先の勤務校であった北星学園女子短期大学、現在の勤務校である北海道大学大学院文学研究科の先生方、とりわけ社会システム科学講座の諸先生にも御礼申し上げます。また、同講座の学生・大学院生には、講義やゼミ等で自分の考えをまとめる時間を共有してくれたことにも御礼を言いたい。

本書は北海道大学大学院文学研究科の研究叢書として刊行されなければ、そう簡単に世に出る機会を得られなかった。文学研究科の先生方には重ねて御礼申し上げたい。北海道大学図書刊行会の前田次郎氏には、数年来タイ研究の成果をまとめるよう励ましていただき、今中智佳子氏には編集・校正で大変なご尽力を賜った。御礼申し上げたい。

そして、何よりも、この十数年間、安心してタイへ調査に通えたのは家族のおかげと感謝している。

櫻井義秀（さくらい　よしひで）

1961年　山形県上山市に生まれる
1984年　北海道大学文学部哲学科宗教学専攻卒業
1987年　北海道大学大学院文学研究科博士課程行動科学専攻中退
北星学園女子短期大学家政学科専任講師，北海道大学文学部講師，助教授をへて
現　在　北海道大学大学院文学研究科教授（社会システム科学講座）

主要著書
Sakurai Yoshihide and Somsak Srisontisuk, *Regional Development in Northeast Thailand and Formation of Thai Civil Society,* Khon Kaen University Press 2003

北海道大学大学院文学研究科　研究叢書 8
東北タイの開発と文化再編
2005年5月10日　第1刷発行

著　者　櫻井義秀
発行者　佐伯　浩

発行所　北海道大学図書刊行会
札幌市北区北9条西8丁目　北海道大学構内（〒060-0809）
Tel. 011（747）2308・Fax. 011（736）8605・http://www.hup.gr.jp/

アイワード/石田製本

ISBN4-8329-6521-2

書　名

本書についてのご感想・ご意見

今後の企画についてのご意見

ご購入の動機

1 書店でみて　　2 新刊案内をみて　　3 友人知人の紹介
4 書評を読んで　　5 新聞広告をみて　　6 DMをみて
7 ホームページをみて　　8 その他（　　　　　　）

値段・装幀について

A 値　段（安　い　　普　通　　高　　い）
B 装　幀（良　い　　普　通　　良くない）

郵便はがき

料金受取人払

札幌中央局
承認

1748

差出有効期間
2006年10月31日
まで

060-8787

札幌市北区北九条西八丁目
北海道大学構内

北海道大学図書刊行会 行

ご氏名 （ふりがな）		年齢 歳	男・女
ご住所	〒		
ご職業	①会社員　②公務員　③教職員　④農林漁業 ⑤自営業　⑥自由業　⑦学生　⑧主婦　⑨無職 ⑩学校・団体・図書館施設　⑪その他（　　　）		
お買上書店名	市・町　　書店		
ご購読 新聞・雑誌名			

索　引

ア　行

カ　行

サ　行

タ　行

ナ　行

ハ　行

マ　行

ヤ・ラ行

参考文献

Amara Pongsapich, 1995, 'Non-governmental Organizations in Thailand,' Tadashi, Yamamoto ed., *Emerging Civil Society in the Asia Pacific Community*, Japan Center for International Exchange.

Amara Pongsapich and Nitaya Kataleeradabhan, 1997, *Thailand Nonprofit Sector and Social Development*, Chulalongkorn University Press.

Anan Kancanaphan, 1996, *sangkhom thai taam khwamkhit lae khwamfaifan nai gang khong acan chattip natrsupha*, khrongkaansuksaa 'muangthai nai khwaamfaifan khong nakkhit aausoo,' samnakkan kongthun sanapsanun kanwicai. (『チャティプ教授の思想と将来展望に見られるタイ社会』)

Anek Laothammatat, 1997, *anuthin kaan duunthaag khong khuwaam khit: cak "rat" suu "araya sagkhom" lae "phonmuang"*, sathaban chumchon thongthin phathanaa 2540. (『国家から文明・市民社会への思想的覚え書き』地域コミュニティ開発研究所)

Anuchat Puangsamli, 1997, *'prachasangkom: kham khuamkhid lae khuammaai*, sathaban chumchon thongthin phathanaa 2540. (『市民社会——言葉，思想と意味』地域コミュニティ開発研究所)

Apichai Pantanasean, 1996, *neeokhit tessadii lae phaapruam khoog phattanaa*, botthii 4 gaan phattanaa chonabot dooi rat lae ogkon phattanaa eekachon, muunithi phuumipanyaa samnakgaan koogthun sanapsanun kaanwichai 2539. (「４章　政府とＮＧＯによる地域開発」『開発の概念，理論，構図』民衆の知恵財団とタイ科学研究費助成基金刊行)

Befu Harumi, 1977, 'Social Exchange,' Annual Review of Anthropology.

Blair, Harry, 1997, 'Donors, Democratization and Civil Society: Relating Theory and Practice,' David Hulme and Michael Edwards eds., *NGOs, States and Donors: Too Close for Comfort ?,* Save the Children.

Buddhadasa Bhikkhu, 1986, *Dhammic Socialism*, By Chief translator and editor Donald K. Swearer, Thai Inter-Religious Commission for Development, Bangkok.

Chai-anan Samudavania, 1991, 'State-Identity Creation, State-Building and Civil Society,' Craig J. Reynolds eds., *National Identity and its Defenders: Thailand,*

1939-1989, Silkworm Books.

Chattip Nartsupha, 1991, 'The Community Culture School of Thought,' M. Chitakasem and A. Turton eds., *Thai Consciousness of Knowledge*, School of Oriental and African Studies University of London 1991.

Chattip Nartsupha, 1997a, *baan kap muang*, krungthep, samnakphim haeng culalongkon mahaawithayarai.（『村落と国家』初版は 1986 年）

Chattip Nartsupha, 1997b, 'prawatisaat chumchon muubaan,' khana trakit kankaseet sataaban tekunoloyii kankaseet meejoo 2539.（「村落共同体の歴史」）

Chattip Natsupha, 1984, *setakit mubaan thai nai adit,* krungthep, samnakphim sarangsan lae samnakphim muubaan.（野中耕一・末廣昭訳『タイ村落経済史』井村文化事業社，1987 年）

Chattip Nartsupha and Phonphilai Laetwicha, 1996, 'watthanatham mubaan thai kap lokanuwat,' Chattip Nartsupha and Phonphilai Laetwicha, *thitthang watthanatham thai*, krungthep, sunsuksa setthasaat kanmuang.（3 章「村落文化とグローバリゼーション」『タイ文化の進路』）

Chou Meng Tarr, 1988, 'The Nature of Structural Contradictions in Peasant Communities of Northeastern Thailand,' *Southeast Asian Journal of Social Science* 6 (1).

Embree, John F., 1950, 'Thailand, a Loosely Structured Social System,' *American Anthropologist* 52, pp. 181-193.

Escobar, Arturo, 1984-85, 'Discourse and Power in Development: Micher Foucault and the Relevance of his Work to the Third World,' *Alternatives* 10, pp. 377-400.

Escobar, Arturo, 1991, 'Anthropology and the Development Encounter: the Making and Marketing of Development Anthropology,' *American Ethnologist*.

Fortes, Meyer, 1970, 'Pietas in Ancestor Worship,' *Time and Social Structure and Other Essays*, Athlone Press.

Funatsu Tsuruyo, 1997, 'Environmental Disputes in Thailand in the First Half of the 1990s: Movements in Urban and Rural Areas,' Sigeki Nishihira et. al. eds., *Environmental Awareness in Developing Countries*, Institute of Developing Economies.

Gehan Wijeyewardene, 1991, 'The Frontiers of Thailand,' Craig J. Reynolds eds., *National Identity and its Defenders: Thailand, 1939-1989*, Silkworm Books.

Gouldner, Alvin W., 1960, 'The Norm of Reciprocity: a Preliminary Statement,' *American Sociological Review* 25 (2).

Grillo, R. D. 1997, 'Discourses of Development: The View from Anthropology,' R. D. Grillo and R. L. Stirrat eds., 1997, *Discourses of Development: Anthropological*

Perspective, Berg.

Hanks, Lucian M, 1962 'Merit and Power in the Thai Social Order,' *Anthropologist* 64 (6), pp. 1247–1261.

Heinze, Ruth-Inge, 1982, *Tham Khwan: How to Contain the Essence of Life*, Singapore University Press.

Hirsch, Philip, 1990, *Development Dilemmas in Rural Thailand*, Oxford University Press.

Hirsch, Philip, 1991, 'What is the Thai Village ?,' Craig J. Reynolds eds., *National Identity and its Defenders: Thailand, 1939–1989*, Silkworm Books.

Hirsch, Philip, 1994, The Thai Countryside in the 1990s, *Southeast Asian Affairs 1994*, Institute of Southeast Asian Studies.

Jaturong Boonyarattanasoonthorn, 1995, 'Globalization and Thai NGOs Strategies,' Jaturong Booyarattanasoontorn and Gawin Imparasertsuk, *Thai NGOs: The Continuing Struggle for Democracy*, Thai NGO Support Project.

Kasian Tejapira, 1996, 'The Post-modernization of Thainess,' Proceedings of the 6th International Conference on Thai Studies, Theme 3 Cultural Crises and the Thai Capitalist Transformation.

Kemp, Jeremy H., 1987, 'Seductive Mirage: The Search for the Village Community in Southeast Asia,' *CASA* 1987 pp. 2–53.

Kemp, Jeremy H., 1989, 'Introduction,' Peasants and Cities: *The Thai Peasant Village Community*, Sojourn 4 (1).

Keyes, Charles F., 1984, 'Mother of Mistress but never a Monk: Buddhist Notions of Female Gender in Rural Thailand,' *American Ethnologist* 11 (2).

Keyes, Charles F., 1989, *Thailand: Buddhist Kingdom as Modern Nation-State*, Editions Duang Kamol.

Khanakamakaan prasaangaan ogkon eekachon phattanaa chonabot phak isaan 1997, *NGOs isaan: thaag luak phalag kaan plienpleeg* (東北タイ地域開発ＮＧＯ調整委員会『東北タイＮＧＯ――社会を変えていく力』) 8 (10).

Kirsch, A. Thomas, 1975, 'Economy, Polity, and Religion in Thailand,' G. William Skinner and A. Thomas Kirsch, *Change and Persistence in Thai Society*, Cornell University Press.

Kirsch, A. Thomas, 1985, 'Text and Context: Buddhist Sex Role/Culture of Gender Revisited,' *American Ethnologist* 12 (2).

Kromkaan pkkrog krasuag mahathai, 1996, *kumu pathibatgan sapha thambon lae ogkaan suwan thanbon* 2538. (内務省地方自治局『行政区評議会及び行政自治体便覧』)

Lave, Jean, and Etienne Wenger, 1993, *Situated Learning: Legitimate Peripheral Participation*, Cambridge University Press 1991.（佐伯胖訳『状況に埋め込まれた学習』産業図書）

Lee, Raymond L. M., 1994, 'Modernization, Postmodernism and the Third World,' *Current Sociology* 42 (2).

Lee, Raymond L. M., 1997, 'The Limits and Renewal of Modernity: Reflections on World Development and Asian Cultural Values,' *International Sociology* 12 (3), pp. 269-270.

Melucci, Alberto, 1989, *Nomads of the Present: Social Movement and Individual Needs in Contemporary Society*, Temple University Press.

Mingsarn Santikarn et. al., 1993, 'Employment Income and Education of Northern Women,' *TDRI* 8 (3).

Mizuno Koichi, 1986, 'Multi-household Compounds in Northeast Thailand,' *Asian Survey* 8 (10).

Mulder, Niel, 1979, *Inside Thai Society: An Interpretation of Everyday Life*, Duang Kamol.

Mulder, Niel, 1997, *Thai Images: The Culture of the Public World*, Silkworm Books.

Nareenoot Damrongchai, 2003, 'Reinterpretation of "Tam-boon" in Contemporary Thai Society,' Sakurai Yoshihide and Somsak Srisontisuk eds., *Regional Development in Northeast Thailand and Formation of Thai Civil Society*, Khon Kaen University Press.

National Statistical Office, 1992 *Statistical Yearbook Thailand*.

Office of Agricultural Economics, *Agricultural Statistics of Thailand Crop Year 1990/91*.

Ooms, Herman, 1976, 'A Structural Analysis of Japanese Ancestral Rites and Beliefs,' William H. Newell ed., *Ancestors*, Mouton Publishers

Pasuk Phongpaichit, 1982, *From Peasant Girls to Bangkok Masseuses*, International Labour Office.（田中紀子訳『マッサージ・ガール――タイの経済開発と社会変化』同文舘出版，1990 年）

Pasuk Phongpaichit, 2000, 'Civilising the State: State, civil society and politics in Thailand,' *Watershed* 5 (2) TERRA.

Pasuk Phongpaichit and Chris Baker, 1996, *Thailand's Boom !*, Silkworm Books.

Pasuk Phongpaichit and Chris Baker, 1998, *Thailand's Boom and Bust*, Silkworm Books.

Pasuk Phongpaichit and Chris Baker, 2000, *Thailand's Crisis*, Silkworm Books.

Potter, Jack M., 1976, *Thai Peasant Social Structure*, The University of Chicago Press.

Richter, Kerry, and Orathai Ardam, 1989, *Child Labor in Thailand's Fishing Industry: A Case Study of Samut Sakhon*, Institute for Population and Social Research, Mahidol University.

Rogers, Peter, 1996, *Northeast Thailand: from Prehistoric to Modern Times*, Duang Kamol.

Sakurai Yoshihide, 1990, 'Aspects of Japanese Development Cooperative Activities in Thailand,' *Journal of Hokusei Gakuen Women's Junior College* 27, pp. 105-138.

Sakurai Yoshihide, 1999, 'The Role of Buddhist Monks In Rural Development and Their Social Function in Civil Society,' *Tai Culture* 4 (2), Southeast Asia Communication Center December, pp. 108-124.

Sakurai Yoshihide, 2003, 'A Comparative Study of Higher Education in Thailand and Japan: Several Issues Regarding the Independent State University Administrative Corporations,' John Renner and Jim Cross eds., *Higher Education without Borders—Sustainable Development in Higher Education*, EDU-COM 2002, pp. 313-321.

Sakurai Yoshihide and Somsak Srisontisuk, 2003, *Regional Development in Northeast Thailand and Formation of Thai Civil Society*, Khon Kaen University Press.

Salamon, Lester M., 1994, 'The Rise of the Nonprofit Sector', *Foreign Affairs* 73 (4).

Seri Phongphit, 1990, *Thai Village Life: Culture and Transition in the Northeast*, Moobaan Press.

Skinner, G. William, and A. Thomas Kirsch, 1975, *Change and Peusistance in Thai Society*, Cornell University Press.

Somboon Suksamran, 1977, *Political Buddhism in Southeast Asia: The Role of the Sangha in the Modernization of Thailand*, C. Hurst & Company.

Srisawang Phuavongphaet, 1995, 'NGOs' and people's movements: As reflected by themselves and others,' Suntaree Kiatiprajuk ed., *Thai Development Newsletter* 29: *NGOs in the year 2000.*

Sulak Sivaraksa, 1988, *Socially Engaged Buddhism*, Thai Inter Religious Commission for Development.

Sume Tantiwechakul 1993, 'phurabaat somdetphuracaoyuhua kap phathana chonabot,' Seri Phongpit ed., *phuumi panyaa chaobaan kap kaan phatanaa*

chonabot, muniti phuumi panyaa 2536, pp. 3-16.（「国王と地域開発」『民衆の知恵と農村開発』民衆の知恵財団刊）
Suthy Prasartset, 1995, 'The Rise of NGOs as a Critical Social Movement in Thailand,' Jaturong Booyarattanasoontorn and Gawin Imparasertuk, *Thai NGOs: The Continuing Struggle for Democracy*, Thai NGO Support Project.
Tambiah, S. J., 1970, *Buddhism and the Spirit Cults in North-east Thailand*, Cambridge University Press.
Tambiah, S. J., 1976, *World Conqueror and World Renouncer: A Study of Buddhism and Polity in Thailand against a Historical Background*, Cambridge University Press.
Thai Development Support Committee, 1989, *Thai Development Newsletter:* 17: *Thai Children; Their Development and Rights The Thai Peasant Village Community*.
Thak Chaloemtiarana, 1979, *Thailand: The Politics of Despotic Paternalism*.（玉田芳史訳『タイ——独裁的温情主義の政治』勁草書房，1989 年）
Thirayut Bunmii, 1998, *sagkhom khemkeg thamarat hegchat yuthasaat kuhaaina prathetthai, saaithan* 2541.（『強い社会：good governance タイ国を破滅から救う戦略』）
Thongchai Winichakul, 1994, *Siam Mapped —— A History of the Geo-body of a Nation*, University of Hawaii Press.
Thorbek, Susanne, 1987, *Voices from the City: Women of Bangkok*, Zed Books Ltd.
Ungpakorn, Giles, 2003, *Radicalising Thailand: New Political Perspectives*, Institute of Asian Studies, Chulalongkorn University.
Voravidh Charoenloet, Amara Soonthorndhada, and Sirinan Saiprasert, 1991, *Factory Management, Skill Formation and Attitudes of Women Workers in Thailand: A Comparative between an American Owned Electrical Factory and a Japanese Owned Electrical Factory*, Institute for Population and Social Research, Mahidol University.
Willis, Paul, 1977, *Learing to Labour: How working class kids get working class jobs*, Collier Macmillan.（熊沢誠・山田潤訳『ハマータウンの野郎ども』筑摩書房，1985 年）
Wirawan, Manakul, 1994, 'Comparison of Cost-Return Between Rice and Other Crops in the Area Defined as Unsuitable for Rice Production in Thailand', *Journal of the Faculty of Agriculture* 66, Hokkaido University.
Witayakorn Chiengkul, 1986, 'Thailand, 1986,' Godfrey Gunatilleke ed., *Migration*

of Asian Workers to the Arab World, The United Nations University.
Yogyut Trinotchakon, 1993, ‘kaan rakusaa kon beep nai baan isaan’ Seri Phongpit ed., *phuumi panyaa chaobaan kap kaan phatanaa chonabot*, muniti phuumi panyaa 2536, pp. 65-86.（ヨグユット・トリヌッチャコン「東北タイの民間医療」セーリー・ポンピット編『民衆の知恵と農村開発』民衆の知恵財団刊）

アーナン・カンチャナバン 1993「北タイにおける治療儀礼――モー・ムアンの力と地位の変化」田辺繁治編著『実践宗教の人類学』京都大学学術出版会。
秋元律郎 1997『市民社会と社会学的思考の系譜』御茶の水書房。
アグリ・ネクスト編集部 1997『野の声を聞く』ローカル通信舎。
綾部恒雄 1971『タイ族――その社会と文化』弘文堂。
有賀喜左衛門 1948「不幸音信帳から見た村の生活」『村落生活』207-264頁。
有賀喜左衛門 1969「家の系譜」『有賀喜左衛門著作集Ⅶ』未来社，390-391頁。
イカロス出版部 2002『日本語教師になるための本 2002』イカロス出版。
石井米雄 1975『上座部仏教の政治社会学――国教の構造』創文社。
市村真一 1988「日本的経営とアジアの社会経済」市村真一編著『アジアに根付く日本的経営』東洋経済日本労働研究機構。
稲上毅 1981『労使関係の社会学』東京大学出版会。
稲上毅 1989「技術移転と『経営の現地化』：在タイ日系繊維企業Ａ社の事例研究」『転換期の労働世界』有信堂高文社。
岩崎育夫編 1998『アジアと市民社会――国家と社会の政治力学』アジア経済研究所。
入谷盛宣編 1989『新版　タイの投資関連税制便覧』アジア経済研究所。
臼井晋・三島徳三編 1994『米流通・管理制度の比較研究――韓国・日本・タイ』北海道大学図書刊行会。
OECF 1998「社会開発特集：社会開発とは何か」『ニューズレター63号』1998年6月号。
大野昭彦 1992-93「在タイ日系企業における労務管理組織と従業員の組織適応(Ⅰ)(Ⅱ)」『アジア経済』33(12)，34(1)アジア経済研究所。
岡本邦宏 1995『タイの労働問題』日本貿易振興会。
尾中文哉 2002『地域文化と学校』北樹出版。
小野澤正善 1986「タイにおける宗教的シンクレティズム」『文化人類学３』アカデミア出版会。
金沢夏樹 1993『変貌するアジアの農業と農民』東京大学出版会。
金子勇 2003『都市の少子社会――世代共生をめざして』東京大学出版会。
鎌田慧 1987『アジア絶望工場』講談社。
加茂利男・遠州尋美編 1998『東南アジアーサステナブル世界への挑戦』有斐閣。

河森正人 1998「高度経済成長と市民社会の形成過程」岩崎育夫編『アジアと市民社会――国家と社会の政治力学』アジア経済研究所。
北原淳 1985『開発と農業――東南アジアの資本主義化』世界思想社。
北原淳編 1987『タイ農村の構造と変動』勁草書房。
北原淳 1990『タイ農村社会論』勁草書房。
北原淳 1993「共同体理論再考」秋元英一他編『市場と地域――歴史の視線から』日本経済評論社。
北原淳 1996『共同体の思想――村落開発理論の比較社会学』世界思想社。
北原淳 1999「タイにおける都市＝農村関係の言説の考察」坪内良博編『地域形成の論理』京都大学学術出版会。
北原淳・赤木功編 1995『タイ：工業化と地域社会の変動』法律文化社。
北原淳・赤木功・竹内隆夫編 2000『続タイ農村の構造と変動―― 15 年の軌跡』勁草書房。
口羽益生編 1990『ドンデーン村の伝統構造とその変容』創文社。
口羽益生・武邑尚彦 1983「『屋敷地共住集団』再考――東北タイドンデーン村の追跡調査(中間報告)」『東南アジア研究』21(3)，297-300 頁。
口羽益生・前田成文 1980「屋敷地共住集団共住集団と家族圏」『東南アジア研究』18(2)，197-204 頁。
小池和男 1980『中小企業の熟練』同文舘出版。
小池和男・猪木武徳編 1987『人材形成の国際比較：東南アジアと日本』東洋経済新報社。
国際交流基金 2003「世界の日本語教育：国別情報タイ」(http://www.jpf.go.jp/j/urawa/world/kunibetsu/1999/thailand.html)
国際交流基金 2005『海外の日本語教育の現状――日本語教育機関調査・2003 年(概要版)』凡人社。
国際交流基金日本語国際センター 2000『海外日本語教育の現状――日本語教育機関調査 1998』
小島昭 1984「開発途上国の予算政治――タイの農村開発との関連において」『アジア経済』25(10)。
小島廣光 1998『非営利組織の経営――日本のボランティア』北海道大学図書刊行会。
小林甫 1992a「大企業労働者の生活と文化における『同化の中の異化』電機産業M社グループ・S社を通しての実証的研究」『北海道大学教育学部付属産業教育計画研究施設研究報告書 40』1-28 頁。
小林甫 1992b「組立ライン労働者の生活史と生活規範」布施鉄治編著『倉敷・水島：日本資本主義の展開と都市社会』東信堂，199-209 頁。
小林英夫 1992『東南アジアの日系企業』日本評論社。

斉藤環 2003『ひきこもり文化論』紀伊國屋書店。
櫻井義秀 1992「家族における互酬性の規範と死者供養」『現代社会学研究』5号，133-163頁。
櫻井義秀 1995「『開発』の言説支配と対抗的社会運動」『現代社会学研究』8号，28-59頁。
櫻井義秀 1996「実践宗教の構成と社会変容——東北タイ農村社会を事例に」『社会学評論』46(3)，327-347頁。
櫻井義秀 2000「地域開発に果たす僧侶の役割とその社会的機能——東北タイの開発僧を事例に」『宗教と社会』6号，27-46頁。
櫻井義秀 2001「東北タイ地域開発における開発ＮＧＯの課題——市民社会論との関わりで」『タイ研究』1号，1-18頁。
笹森秀雄 1955「都市における社会関係に関する実証的研究」『社会学評論』22号，日本社会学会。
佐藤仁 2002『稀少資源のポリティクス——タイ農村にみる開発と環境のはざま』東京大学出版会。
佐藤俊樹 1996「交錯する視線」今田高俊・園田茂人編『アジアからの視線』東京大学出版会。
佐藤康行 1992「北タイの一村落における世帯間農業共同の諸形態——ランプーン県メーター郡タカ区タカ村の事例」『新潟大学人文科学研究第八十二輯』。
佐藤康行 1993「北タイ農民における生産・生活様式の相違について——チェンマイ県サンパトーン郡マックムルン区トンケーオ村の事例」『新潟大学人文科学研究第八十四輯』。
佐藤康行 1997「東北タイ農村における生活組織の変容に関する実証的研究」『協同組合奨励研究報告23』家の光出版総合サービス。
佐藤慶幸 1989「ゆたかさのなかの社会運動」『社会科学討究』35(2)。
佐藤慶幸 1992「生活世界と社会運動」『社会科学討究』40(3)。
重富真一 1996『タイ農村の開発と住民組織』アジア経済研究所。
スウィナイ・ポンナワライ 1990「タイにおける日本企業のヒトの問題」清成忠男・小池和男編『アジアの挑戦：日・韓・タイにおける国際分業と企業戦略』東洋経済新報社。
末廣昭 1993『タイ——開発と民主主義』岩波書店。
末廣昭 1994「アジアの開発独裁論」中兼和津次編『講座現代アジア2近代化と構造変動』東京大学出版会。
末廣昭 2000『キャッチアップ型工業化論——アジア経済の奇跡と展望』名古屋大学出版会。
スキナー，G. W.，1981，山本一訳『東南アジアの華僑社会——タイにおける進出・

適応の歴史』東洋書店。
杉山晃一 1976「祖霊祭祀と死者供養――北部タイの一水田農村における事例研究」『日本文化研究所研究報告』第 12 集，東北大学。
杉山晃一 1977「葬式儀礼と合力慣行――北部タイの一水田農村における事例研究」『文学部研究年報』27 号，東北大学。
鈴木孝夫 1999『日本人はなぜ英語ができないか』岩波書店。
鈴木規之 1993『第 3 世界におけるもう一つの発展理論――タイ農村の危機と再生の可能性』国際書院。
隅谷三喜男編 1970『アジアの労働問題』東洋経済新報社。
スリチャイ・ワンガェーオ 1986「タイ農村社会研究の動向と展望(1970～84)」『社会学雑誌 3』神戸大学社会学研究会。
武邑尚彦 1990「第 5 章　家族と親族」口羽益生編『ドンデーン村の伝統構造とその変容』創文社，342-347 頁。
田坂敏雄・宮本謙介編 1989『東南アジアの開発と労働者形成』勁草書房。
田坂敏雄 1991a『タイ農民層分解の研究』御茶の水書房。
田坂敏雄 1991b『熱帯雨林破壊と貧困化の経済学――タイ資本主義化の地域問題』御茶の水書房。
田坂敏雄 1992『ユーカリ・ビジネス――タイ森林破壊と日本』新日本出版社。
玉田芳史 2003『民主化の虚像と実像――タイ現代政治変動のメカニズム』京都大学学術出版会。
チャティップ・ナートスパー 1987『タイ村落経済史』井村文化事業社。
中央公論編集部 2002『英語は公用語として必要か』中央公論出版社。
チラ・ホンブラダロム，糸賀滋編 1992『タイの人的資源開発――過去・現在・未来』アジア経済研究所。
坪内良博 1980「タイ農村研究への視角――故水野浩一教授の業績をめぐって」『東南アジア研究』18(2)，180-181 頁。
鶴見和子 1996『内発的発展論の展開』筑摩書房。
西浦功 1997「表出的役割からみたボランティア団体の組織運営」『現代社会学研究』10 号，118-131 頁。
西川潤編 1997『社会開発――経済成長から人間中心型開発へ』有斐閣。
日本語教育学会 2003「教師募集」(http://wwwsoc.nii.ac.jp/nkg/)。
日本社会学会 2003「特集　社会調査――その困難をこえて」『社会学評論』53(4)。
入管協会 2001『在留外国人統計』(平成 13 年度)。
野津幸治 2001「プッタタート比丘の思想と生涯」西川潤・野田真里編『仏教・開発・NGO――タイ開発僧に学ぶ共生の智慧』新評論。
野原光 1988『自動車産業と労働者』法律文化社。

橋本卓 1984「タイの地方行政と農村開発」『アジア経済』25(10)。
橋本卓 1996「チャクリー改革期における地方統治改革」玉田芳史編『チャクリー改革とタイの近代国家形成』総合的地域研究成果報告書 11。
橋本卓 1999「タイ国における地方行政改革の動向と課題(1)(2)」『同志社法学』50(4)(5)。
パースク・ポンパイチット，糸賀滋編 1993『タイの経済発展とインフォーマル・セクター』アジア経済研究所。
服部民夫，船津鶴代，鳥居高編 2002『アジア中間層の生成と特質』アジア経済研究所。
浜口恵俊 1988『「日本らしさ」の再発見』講談社，180-197 頁。
濱島朗 1985「大企業体制下の労働者意識――特に豊かな労働者階級の間における中流意識の浸透をめぐって」間宏・北川隆吉編『経営と労働の社会学』東京大学出版会。
林行夫 1989a「ラーオ系稲作村における互助規範と功徳のシェアの社会的意味」『ソシオロジ』34(1)。
林行夫 1989b「ダルマの力と帰依者たち――東北タイにおける仏教とモータム」『国立民族学博物館研究報告』1-116 頁。
林行夫 1990「村落宗教の構造と変容」口羽益生編『ドンデーン村の伝統構造とその変容』創文社。
林行夫 1993「内なる実践へ――上座仏教の論理と世俗の現在」前田成文編『講座東南アジア学 5　東南アジアの文化』104-108 頁。
林行夫 2000『ラオ人社会の宗教と文化変容――東北タイの地域・宗教社会誌』京都大学学術出版会。
バンコク日本人商工会議所編 1995『タイ国経済概況 1994/95 年』。
姫岡勤 1952「封建道徳に表れたわが国近世の親子関係」『社会学評論』2(3)。
平井京之介 1995「家を化粧する：北部タイの女性工場労働者と消費」『民族学研究』59(4)。
平田利文 1981「タイ近代教育成立期における仏教と教育に関する一考察」『九州教育学会研究紀要 9』106-110 頁。
フーコー，M.，1977，田村淑訳『監獄の誕生』新潮社(Foucault M. 1975, Surveiller et punir -Naissance de la prison, Ballimard)。
福井捷郎 1988『ドンデーン村：東北タイの農業生態』創文社。
福澤淑子 2001「国際協力 NPO の存続条件と課題――日本語教師派遣事業を事例として」北海道大学文学部卒業論文。
藤井史朗 1994「下請中小企業の労働者像――長野県丸子町機械工業事業所(A社，B社)労働者を対象とした事例研究」日本労働社会学会編『日本労働社会学年報』5，時潮社，54-56 頁。

布施鉄治 1994「生活・生活史研究と地域社会変革の論理」『現代社会学研究 7』。
布施鉄治編 1992『地域社会変動と階級・階層――炭都夕張／労働者の生産・労働――生活史・誌』御茶の水書房。
船津鶴代 2000「タイにおける中間層論」服部民夫他編『アジア諸国における中間層論の現在』アジア経済研究所。
舟橋尚道 1988「日本的労使関係の個性」『国際化と労使関係――日本型モデルの含意』総合労働研究所。
文化庁 2001『日本語教育統計』
文化庁 2002「平成 13 年度国内の日本語教育の概要」(http://www.bunka.go.jp/1aramasi/)。
法務省入国管理局 2001a『本邦における不法残留者の数について』(平成 13 年度)。
法務省入国管理局 2001b『入管法違反事件について』(平成 13 年度)。
前田綱紀 2000「タイにおける言語施策の動向と日本語教育の現状」国立国語研究所編『日本語教育年鑑 2000 年版』くろしお出版。
松田藤四郎、金沢夏樹 1991『タイ稲作の経済構造』農林統計協会。
水野浩一 1981『タイ農村の社会組織』創文社。
三原龍志 1998「タイ国における日本語教育の現状報告」国際交流基金タイ国バンコクセンター。
宮台真司 1995「終わりなき日常を生きろ――オウム完全克服マニュアル」筑摩書房。
村上文司 1995「企業行動の国際化と摩擦――グルーバル・ローカルモデルの視点から」『現代社会学研究 8』1-27 頁。
村嶋英治 1987「現代タイにおける公的国家イデオロギーの形成」『国際政治 84　アジアの民族と国家――東南アジアを中心として』日本国際政治学会。
本島邦夫 1982『大企業労働者の主体形成』青木書店。
本島邦夫 1991「『企業社会』と『生活価値』」日本労働社会学会編『日本の労働者像』時潮社。
文部科学省高等教育局留学生課発行 2001『我が国の留学制度の概要』(平成 13 年度)。
矢野秀武 2002「タイ都市部の仏教運動における自己と社会関係の再構築」宮永國子編『グローバル化とアイデンティティ・クライシス』明石書店。
山尾政博 1992「タイ協同組合史序説―― 1968 年協同組合法制定への軌跡」『農業水産経済研究』4。
山村賢明 1971『日本人と母』東洋館出版社。
山本博 1988「東北タイにおける農業・農民生活の現状と農協経営改善協力(総合報告書)(図表編)」タイ国農業協同組合振興プロジェクト。
山本博 1990「タイの工業化と農業・農民」『農業問題研究 31，32』農業問題研究会。
山本博 1999『アジアの工業化と農業・食糧・環境の変化――タイ経済の発展と農

業・農協問題に学ぶ』筑波書房。
山本博史 1998『タイ糖業史——輸出大国への軌跡』御茶の水書房。
吉沢四郎 1995『日本ＯＤＡの総合的研究』中央大学出版部。
吉田幹正 1984「タイの農村開発行政と地方分権化」『アジア経済』25(10)。
吉原久仁夫 1988「日系企業のパートナー」市村真一編著『アジアに根付く日本的経営』東洋経済日本労働研究機構。
米村昭二 1974「同族をめぐる問題(1)——家、同族と祖先崇拝との関連を中心に」『社会学評論』24(1)。
渡辺真知子 1992「タイの労働市場——季節性と低雇用問題」『アジア経済』33(12)。